nuevo sueña²

ESPAÑOL LENGUA EXTRANJERA

B1
Libro del alumno

Directora y coordinadora del proyecto

M.ª Ángeles Álvarez Martínez

Coordinadora del nivel Medio

Ana Blanco Canales

Autoras

M.ª Aránzazu Cabrerizo Ruiz
M.ª Luisa Gómez Sacristán
Ana M.ª Ruiz Martínez

ANAYA ñ ELE

Dirección
M.ª Ángeles Álvarez Martínez

Programación y esquemas gramaticales
M.ª Ángeles Álvarez Martínez, Ana Blanco Canales y M.ª Jesús Torrens Álvarez

Coordinación del Nivel Medio
Ana Blanco Canales

Autoras
M.ª Aránzazu Cabrerizo Ruiz, M.ª Luisa Gómez Sacristán y Ana M.ª Ruiz Martínez

4.ª edición: 2015

Equipo editorial
EDICIÓN Y COORDINACIÓN: Milagros Bodas y Sonia de Pedro
ILUSTRACIÓN: Álvaro Núñez
CUBIERTA: Fernando Chiralt
DISEÑO Y MAQUETACIÓN: Alfredo Martín y Ricardo Polo
CORRECCIÓN: Beatriz Ruiz Rodríguez
EDICIÓN GRÁFICA: Nuria González, Alfredo Martín y Ricardo Polo
ESTUDIO DE GRABACIÓN: Anaya Educación

© DE LA DIRECCIÓN Y COORDINACIÓN DEL PROYECTO SUEÑA: M.ª Ángeles Álvarez Martínez
    DE LA PROGRAMACIÓN Y ESQUEMAS GRAMATICALES: M.ª Ángeles Álvarez Martínez, Ana Blanco Canales y M.ª Jesús Torrens Álvarez
    DE LA COORDINACIÓN DEL NIVEL MEDIO: Ana Blanco Canales

© DEL TEXTO: M.ª Aránzazu Cabrerizo Ruiz, M.ª Luisa Gómez Sacristán y Ana M.ª Ruiz Martínez

© DE ESTA EDICIÓN: Grupo Anaya, S. A. 2015

DEPÓSITO LEGAL: M-24628-2015
ISBN: 978-84-698-0763-7
PRINTED IN SPAIN

Fotografías
AGE Fotostock, Agencia EFE, Álbum, Archivo Anaya (Cosano, P.; Enríquez, S.; Fernández, R./IPA PRESS; Jove, V.R.; Leiva, Á.; Lezama, D.; Martin, J.; Martín, J. A.; Pastor, L. R.; Sánchez, J.; Steel, M.), Corbis / Cordon Press, Getty Images, Thinkstock, 123RF.

Fotografía de cubierta
Thinkstock/Getty Images

Las normas ortográficas seguidas en este libro son las establecidas por la Real Academia Española en su última edición de la *Ortografía*.

Instituto Cervantes

Este Método se ha realizado de acuerdo con el Plan Curricular del Instituto Cervantes, en virtud del Convenio suscrito el 14 de junio de 2001.
La marca del Instituto Cervantes y su logotipo son propiedad exclusiva del Instituto Cervantes.

nuevo sueña

Nadie se baña dos veces en las mismas aguas de un río, pues somos y no somos los mismos. (Heráclito)

15 años enseñando español como referente

SUEÑA se presenta con un nuevo formato, gráfico y didáctico, para continuar su andadura en el aula, donde miles de profesionales siguen confiando en él por considerarlo una herramienta de trabajo flexible que da respuestas pedagógicas eficaces sin perder de vista el nivel del usuario al que va destinado.

DESTREZAS INTEGRADAS

MÉTODO COMUNICATIVO

CONTENIDOS GRADUADOS

PROGRAMACIÓN EXHAUSTIVA

La gran virtud de **SUEÑA** es la programación que vertebra los cuatro libros y los cinco niveles. Consideramos fundamental que los contenidos estén graduados y sean coherentes, lo que se consigue con una programación exhaustiva y sólida. Creemos en los trabajos que se fundamentan en el rigor y en el conocimiento del proceso educativo, en este caso, en el proceso de aprendizaje de una segunda lengua. No se trata solo de que los alumnos aprendan español, sino de que sean conscientes de que, día a día, sus conocimientos se amplían y de que desarrollan un uso cada vez más competente.

ENFOQUE COMUNICATIVO

Desde su aparición en 2001, **SUEÑA** sigue las directrices del Instituto Cervantes, por lo que obtuvo, en su momento, el respaldo de esta institución. En posteriores ediciones, se ha ido adaptando a las **referencias de lenguas adscritas a los materiales de la enseñanza aprendizaje de segundas lenguas.**

De enfoque eminentemente comunicativo, las destrezas están integradas y ampliamente desarrolladas; de este modo, la mayor parte de las actividades y ejercicios, tanto del Libro del Alumno como del Cuaderno de Ejercicios, trabajan los contenidos lingüísticos con la práctica de una o varias **destrezas.**

SUEÑA 2 está dirigido a los estudiantes con un conocimiento básico del español. Tiene como objetivo alcanzar una competencia lingüística media que les permita desenvolverse eficazmente en situaciones cotidianas complejas.

nuevo sueña

LAS NOVEDADES

SUEÑA 2 integra los contenidos nociofuncionales y lingüísticos, pero se inicia una sistematización de la gramática. El final de cada secuencia de trabajo se cierra gráficamente con el apartado **Toma nota** y **Suena bien**, de tal forma que se indica claramente el inicio de la siguiente secuencia. Se han ampliado algunas **fichas gramaticales**, que ganan en claridad con el nuevo diseño.

La nueva maquetación, la renovación de las imágenes y la incorporación de nuevas ilustraciones han sido determinantes para dar fluidez y claridad al planteamiento de los contenidos fundamentales de la unidad.

LA CULTURA

La sección **Maneras de vivir** presenta, de forma moderna y atractiva, los aspectos y las referencias culturales tanto de España como de Hispanoamérica, teniendo en cuenta las diferencias y las semejanzas.

SUEÑA sigue manteniendo su dinamismo y su actualidad. Continúa siendo un método eficaz para impartir hasta 200 horas de clase, lo que implica, según las directrices del MCER, el **cambio de nivel de lengua**. Por ello, es válido tanto para un curso académico como para dos, adaptable al número de horas de que se disponga.

¿CÓMO SE ESTRUCTURA SUEÑA 2?

- Cada lección está dividida en dos ámbitos temáticos, que permiten una mayor variedad de contextos funcionales.
- Contiene **fichas informativas** que amplían o presentan algún contenido gramatical o léxico.
- **Suena bien** y **Toma nota** son dos secciones dedicadas a la fonética / entonación, así como a la escritura y ortografía, respectivamente.
- Existen **fichas gramaticales** que presentan de manera secuenciada la información, tras las cuales aparece un bloque de actividades para trabajar el contenido de manera gradual.
- **Maneras de vivir**
- **Recapitulación**
- **Transcripciones**
- **Glosario** (traducido a cinco idiomas).

FICHAS INFORMATIVAS
con contenido léxico, gramatical o funcional

ICONO DE REFERENCIA
a las actividades del **CUADERNO DE EJERCICIOS**

FICHAS GRAMATICALES
que vertebran la secuenciación del ámbito y ayudan al rentabilizar el aprendizaje

SECCIÓN DE CULTURA
pensada para la comunicación participativa entre los estudiantes.

Cada ámbito se articula en secuencias que cierran con el apartado **Toma nota** o **Suena bien**

CUADERNO DE EJERCICIOS
concebido para el refuerzo y complemento de las actividades del Libro del Alumno.

índice

ESCRITURA	LÉXICO	FONÉTICA	CULTURA
Ortografía - división silábica Tipos de escrito - descripción	- ciudades: características y ubicación - geografía - clima	- las vocales	
Acentuación - reglas generales Tipos de escrito - formulario médico	- la familia: parentesco - tipos de familias	- acento de intensidad: palabras agudas, llanas y esdrújulas	- tipos de familia
Ortografía - reglas de uso de *b* y *v* Tipos de escrito - cartas personales	- vocabulario relacionado con los estudios	- /p/, /t/, /k/ /b/, /d/, /g/	
Puntuación - (,), (.) Tipos de escrito - cartas personales	- verbos de acción que expresan acciones habituales - acciones y actividades cotidianas - actividades para los fines de semana - trabajo ,	- /p/, /t/, /k/ /b/, /d/, /g/	- gente joven en su tiempo libre
Ortografía - reglas de uso de *g* y *j* - reglas de uso de *h* Tipos de discurso - narración	- profesiones y centros de trabajo	- grupos consonánticos	
Acentuación - acentuación de los monosílabos Tipos de discurso - descripción	- el cuerpo humano - la estética	- grupos consonánticos	- tipos de profesiones
Ortografía - *hecho / echo* - *haber / a ver* - *porque / por qué* Tipos de escrito - denuncias	- ropa y complementos	- /r/, /r̄/, /l/	
Ortografía - *si no / sino* - *mediodía / medio día* - *adonde / a donde* - *también / tan bien* Tipos de escrito - denuncias	- transportes	- /r/, /r̄/, /l/	- los medios de comunicación
Ortografía - reglas de uso de *y* y *ll* - reglas de uso de *x* y *s* Tipos de escrito - narración: el género biográfico	- verbos y expresiones para contar una biografía	- contraste entre /θ/ y /s/	
Ortografía - reglas de uso de *y* y *ll* - reglas de uso de *x* y *s* Tipos de escrito - descripción / narración	- sucesos, misterios, crímenes y robos	- /x/	- cuentos y leyendas

ESCRITURA	LÉXICO	FONÉTICA	CULTURA
Ortografía - palabras con la misma pronunciación y escritura diferente (*se cayó / se calló; ahí / hay / ¡ay!....*) **Tipos de escrito** - descripción de rutas	- nombres y verbos ligados al tema del medio ambiente	- /-d-/, /-r-/ y /-l-/ en posición intervo-cálica	
Acentuación - verbos + pronombres **Tipos de escrito** - descripción de rutas	- viajes turísticos (alojamientos, destinos, tipos de turismo) - gastronomía	- /-d-/, /-r-/ y /-l-/ en posición intervo-cálica	- grandes rutas
Acentuación - diptongos, triptongos e hiatos **Tipos de discurso** - argumentar una opinión	- deportes y espectáculos	- pronunciación de diptongos, triptongos e hiatos	
Acentuación - diptongos, triptongos e hiatos **Tipos de discurso** - argumentar una opinión	- la música	- pronunciación de diptongos, triptongos e hiatos	- la música latina
Ortografía - siglas **Tipos de escrito** - anuncios (ofertas y solicitudes)	- tiendas, servicios públicos, hoteles	- esquemas tonales básicos (I)	
Ortografía - abreviaturas **Tipos de escrito** - anuncios (ofertas y solicitudes)	- léxico laboral	- esquemas tonales básicos (II)	- profesiones con alma
Ortografía - el uso de las mayúsculas y de las minúsculas	- la casa; tipos; partes	- esquemas tonales de las oraciones interrogativas y exclamativas (I)	
Tipos de escrito - la carta comercial	- la calle; mobiliario urbano; edificios	- esquemas tonales de las oraciones interrogativas y exclamativas (II)	- fiestas y celebraciones famosas
Ortografía - repaso general de los signos de puntuación y normas de acentuación **Tipos de escrito** - notas y recados personales	- medios de comunicación	- esquemas tonales de la enumeración enunciativa	
Tipos de escrito - notas y recados personales	- medios de comunicación	- esquemas tonales de las oraciones coordinadas	- la gastronomía española

1 Vamos a conocernos

ámbito ❶ **Aprendiendo a conocernos**

APRENDEREMOS A
- Describir ciudades, situación geográfica, clima
- Comparar lugares, personas y costumbres

ESTUDIAREMOS
- *Ser* y *Estar:* contraste
- El adjetivo calificativo (género, número, posición y concordancia)
- Adjetivos comparativos
- Impersonalidad con *se*
- *Ser / Estar / Haber*
- La presencia del artículo
- División silábica
- Tipos de escrito: descripción
- Geografía, clima y ciudades
- Las vocales

ámbito ❷ **¡Qué familia!**

APRENDEREMOS A
- Hablar de la familia
- Describir características personales, estados de ánimo y sentimientos

ESTUDIAREMOS
- Los posesivos
- Adjetivos que cambian de significado
- Adjetivos de carácter que cambian de significado
- El sustantivo (el número)
- Reglas generales de acentuación
- Tipos de escritos: formulario médico
- La familia: parentesco. Clases de familia
- Palabras agudas, llanas y esdrújulas
- Tipos de familia

ámbito 1
Aprendiendo a conocernos

CE 1. **1** ¿Conoces estos personajes y ciudades del mundo hispano? Habla con tu compañero y escribe el nombre de los que conozcáis.

1. _____

2. _____

3. _____

4. _____

5. _____

6. _____

7. _____

8. _____

CD1 1 **2** Vas a escuchar una breve descripción de cada personaje y ciudad. Relaciona las audiciones con las fotos y comprueba si habías puesto bien todos los nombres.

CD1 1 **3** Vuelve a escuchar el audio y responde estas preguntas.

1. ¿Qué escritor tiene el Premio Cervantes?
2. ¿Dónde está enterrado García Márquez?
3. ¿Cuál es su novela más famosa?
4. ¿Qué cosas tienen en común las dos actrices hispanas?
5. ¿Cuál es más joven?
6. ¿De qué época es la arquitectura de Antigua y Salamanca?
7. ¿Cuál es la ciudad más poblada de Hispanoamérica?
8. ¿Cómo se llama la avenida más ancha de Buenos Aires?

4 Piensa en un personaje famoso, real o de ficción. Tus compañeros te harán preguntas para adivinarlo, pero tú solo puedes contestar «sí» o «no».

► SER

■ **Define, clasifica y describe cualidades**
– Identidad: *¡Hola! Soy Javier Ridruejo.*
– Origen, nacionalidad: *Somos españoles.*
– Religión, clase social, profesión: *José es electricista.*
– Descripción física de personas, objetos y lugares: *María es alta.*
– Descripción del carácter: *Los españoles son amables.*

■ **Valoración general de hechos**
Es divertido salir por la noche en España.

► ESTAR

■ **Expresa el resultado de un proceso o acción**
– Estados físicos de personas y cosas: *Estoy muy cansada.*
– Estados anímicos de personas: *Estoy deprimido.*
– Estado civil: *Estamos casados.*
– Circunstancias y estados de objetos y lugares: *La farmacia está cerrada.*

■ **Valoración de objetos, cosas y hechos**
La sopa está sosa.

CE 3. 4. **5** Completa con *ser* o *estar* y descubrirás algunas curiosidades sobre el mundo hispano.

1. Muchos españoles *(son / están)* _____ morenos o castaños.

2. Mario Vargas Llosa *(es / está)* _____ peruano y español.

3. España *(es / está)* _____ dividida en 17 comunidades autónomas.

4. La avenida más ancha del mundo *(es / está)* _____ en Buenos Aires.

5. Barcelona y Madrid *(son / están)* _____ las ciudades más habitadas de España.

6. Antigua *(es / está)* _____ una bella ciudad de Guatemala.

7. El 40 % de la población de esta ciudad *(es / está)* _____ casada.

8. Caracas *(es / está)* _____ muy bonita, pero *(es / está)* _____ muy ruidosa.

9. Los argentinos *(son / están)* _____ muy amables.

10. Santiago *(es / está)* _____ la capital de Chile.

11. Muchas calles de Antigua no *(son / están)* _____ asfaltadas.

12. Cuba *(es / está)* _____ una isla.

13. México D. F. *(es / está)* _____ la ciudad más populosa de Hispanoamérica.

14. Quito *(es / está)* _____ una ciudad interior.

▶ SER

■ **Tiempo**
Hora: *Son las ocho de la mañana.*
Fecha: *Hoy es martes.*
Periodo de tiempo: *Es otoño.*

■ **Lugar**
Espacio donde ocurre un hecho o acontecimiento:
La boda será en la iglesia Magistral.

■ **Cantidad**
Es poco / mucho / demasiado.
Precio: *Son 200 euros.*

■ **Posesión**
La casa es de mi hermano.

■ **Materia**
El anillo es de oro.

■ **Destinatario y finalidad**
Este regalo es para ti.

▶ ESTAR

■ **Tiempo**
Fecha: *Estamos a martes.*
Periodo de tiempo: *Estamos en verano.*

■ **Lugar**
Ubicación de personas y cosas: *Mi prima está en casa.*
Posición: *Estuvimos toda la tarde de pie.*

■ **Cantidad**
Precio variable: *Hoy el pollo está a 2,07 euros.*

■ **Acción en desarrollo (*estar* + gerundio)**
Elena está durmiendo la siesta.

CE 5. **6** Contesta utilizando *ser* o *estar*. Si es necesario, investiga en internet.

1. ¿Dónde está Managua? _____

2. ¿Desde qué hora están abiertas las tiendas en España? _____

3. ¿El Día de los Muertos es una fiesta española o mexicana? _____

4. ¿El profesor está sentado o de pie? _____

5. ¿A cuánto está el dólar? _____

6. ¿De qué país son originarias las castañuelas? _____

7. ¿Dónde está Arequipa? _____

8. ¿Con qué material está construida la Alhambra de Granada? _____

7 Sitúa geográficamente todas estas ciudades e imagina cómo pueden ser.

ruidosa / elegante / moderna / cosmopolita / divertida / antigua
monumental / turística / tranquila / acogedora

La Habana

Madrid

París

Las Vegas

Estambul

Venecia

8 Piensa en tu ciudad o en tu país y cuéntales a tus compañeros cómo es, dónde está, qué hay, cuáles son sus monumentos más importantes...

✔ es...	✔ es...	✔ está...	✔ hay...
■ industrial	● grande	■ en el interior	● monumentos
■ agrícola	● pequeña	■ en la costa	● centros comerciales
■ ganadera	● tranquila	■ cerca / lejos del mar	● iglesias
■ comercial	● ruidosa	■ al norte / al sur	● museos importantes
■ turística	● confortable	■ al noroeste	● teatros
■ financiera	● antigua	■ al oeste / al este	● parques
■ empresarial	● moderna	■ al sudeste	● bares y restaurantes

suenabien

En español hay cinco fonemas vocálicos: /a/, /e/, /i/, /o/, /u/.

CD1 2
9 Clasifica las palabras que vas a oír según la vocal que tengan.

▶ a _____

▶ e _____

▶ i _____

▶ o _____

▶ u _____

CD1 3
10 Escucha estas palabras y clasifícalas teniendo en cuenta si la última sílaba lleva *o* o *u*.

▶ o _____

▶ u _____

CD1 4
11 Escucha estas palabras y anota el número de vocales que tiene cada una.

1. ☐   3. ☐   5. ☐   7. ☐   9. ☐

2. ☐   4. ☐   6. ☐   8. ☐   10. ☐

► EL ADJETIVO

GÉNERO

- Si el masculino termina en:
  - *-o* ⟶
  - *barato*
  - *-ote, -ete* ⟶
  - *grandote, regordete*
  - *-án, -ín, -ón* ⟶
  - *holgazán, dormilón*

- El femenino se forma en:
  - *-a*
  - *barata*
  - *-ota, -eta*
  - *grandota, regordeta*
  - *-ana, -ina, -ona*
  - *holgazana, dormilona*

Todos los demás no cambian:
verde, agradable, fácil, superior, mayor, menor, mejor, peor…

NÚMERO

- Si el singular termina en:
  - *– vocal* ⟶
    caro, blanca
  - *– consonante* ⟶
    útil
  - *-í* ⟶
    iraní

- El plural se forma añadiendo:
  - *-s*
    caros, blancas
  - *-es*
    útiles
  - *-ís, -íes*
    iraníes

POSICIÓN

- Se coloca normalmente detrás del sustantivo:
  El coche rojo es el mío.
- Puede colocarse delante para realzar su expresividad:
  Una blanca luna aclaró la noche.
- Algunos adjetivos *(bueno, malo, alguno, ninguno, primero, tercero)* pierden la *-o* cuando van delante de un sustantivo masculino singular:
  No es mal chico.
- *Cualquier, gran* + sustantivo masculino o femenino singular:
  Déjame cualquier libro. / Es una gran chica.
- Van detrás de sustantivo masculino singular los adjetivos *bueno, malo, primero, tercero, alguno, ninguno*: *Vive en el piso primero.*
- Y detrás de sustantivo masculino o femenino singular, *cualquiera* y *grande: Es una ciudad grande.*

CONCORDANCIA

- Concuerda en género y número con el sustantivo al que acompaña o al que se refiere:
  No me gustan los pisos pequeños.
  Estas camisas son muy caras.
- Un solo adjetivo puede acompañar o referirse a varios sustantivos.
  – Sust. masc.+ sust. masc. ⟶ adj. masc. plural:
  Me he comprado un chaleco y un jersey blancos.
  – Sust. fem. + sust. fem. ⟶ adj. fem. plural:
  Llevaba la camisa y la falda nuevas.
  – Sust. masc.+ sust. fem. ⟶ adj. masc. plural:
  Tengo un libro y una pluma nuevos.
  – Sust. fem. + sust. masc. ⟶ adj. masc. plural:
  Llevaba una camisa y un pantalón rojos.

CE 7, 8, 9, 10.

12 Coloca el adjetivo en la forma correspondiente.

1. Me gustan los coches (grande) _____.
2. He comprado un jersey y una falda (blanco) _____.
3. Mi vecino y mi vecina son (amable) _____.
4. La televisión y el portátil son (nuevo) _____.
5. Este café es (superior) _____.
6. Hoy es el (primero) _____ cumpleaños de Jordi.
7. Mi padre tiene un (bueno) _____ coche.
8. Vivo en un (grande) _____ apartamento.
9. Mi sobrino y su novia son (inteligente) _____.
10. En esta zona pocas veces hace (malo) _____ tiempo.

Algunos adjetivos varían su significado si cambian de posición
- ✔ **pobre:** Es un **pobre** hombre = Es un hombre desdichado.
  Es un hombre **pobre** = Es un hombre sin dinero.
- ✔ **grande:** Es una **gran** mujer = Es una mujer extraordinaria.
  Es una mujer **grande** = Es una mujer fuerte y alta.
- ✔ **viejo:** Es un **viejo** amigo = Es un amigo desde hace mucho tiempo.
  Es un amigo **viejo** = Es un amigo de edad avanzada.

13 Piensa en tres situaciones y explícaselas a tu compañero, que tendrá que construir una oración con alguno de los adjetivos anteriores en su posición correcta.

A Jaime y yo hemos ido a la misma clase desde pequeños.

B Jaime es un viejo compañero.

14 Ordena los elementos de estos enunciados.

1. nuevo un comprado mi ha para padre coche mí.
2. estudiante pupitre mi es compañera mala de.
3. tengo bolígrafos examen el para no. Déjame boli cualquier.
4. en Juan primero, del piso vive el debajo mío.
5. primer tocado te ha premio el la lotería de.

► COMPARACIÓN

superioridad

más +
- adjetivo
- adverbio **+ que...**
- sustantivo

Es más pequeño que tú.
Siempre llega más tarde que yo.
Tiene más dinero que Eva.

igualdad

igual de +
- adjetivo
- adverbio **+ que...**

Javi es igual de alto que su madre.
Vivo igual de lejos que tú.

inferioridad

menos +
- adjetivo
- adverbio **+ que...**
- sustantivo

Juan es menos tímido que Pedro.
Trabaja menos rápido que él.
Mi salón tiene menos luz que el tuyo.

Cartagena de Indias

Acapulco

Caracas

Barcelona

15 Relaciona las ciudades con alguno de los siguientes adjetivos y establece comparaciones entre ellas.

Ej.: *Barcelona es **más bulliciosa que** Acapulco.*

- ► fría
- ► calurosa
- ► peligrosa
- ► tranquila
- ► ruidosa
- ► bulliciosa
- ► divertida
- ► moderna
- ► antigua
- ► aburrida
- ► artificial
- ► natural
- ► estresante
- ► cara

CE 6.

16 **¿QUÉ TIEMPO HACE?** Relaciona los símbolos con su significado.

- sol / despejado
- nubes y claros
- nublado
- lluvia / chubascos
- nieve
- niebla
- tormenta
- viento

1 2 3 4

5 6 7 8

✔ Hace +
- sol
- frío
- calor
- viento

✔ Llueve / Nieva

✔ Hay +
- nubes
- niebla
- viento
- tormenta

CD1 5

17 Escucha el parte meteorológico y escribe el tiempo que hará hoy en…

❝ *el norte / el sur / el este*
el centro / Baleares
Canarias ❞

CE
11.

18 Compara las costumbres españolas con las de tu país y construye oraciones según el ejemplo.

[echarse la siesta]
[comer tarde]
[hablar muy alto]
[tomar el sol]
[trasnochar]
[cocinar con aceite de oliva]

BLA BLA

Ej.: *En España* **se come** *tarde.* ⟶ *En España* **se come más tarde que** *en mi país.*

Se + 3.ª persona singular del verbo. Sirve para expresar generalidades. No tiene sujeto.
Se aprende mucho viajando.

tomanota

■ En la escritura, las palabras se tienen que dividir por sílabas completas.

te-lé-fo-no

■ Los diptongos (dos vocales juntas en la misma sílaba) y los hiatos (vocales que pertenecen a sílabas diferentes) no deben dividirse al final del renglón.

cien-cia / dí-a

■ Una consonante entre dos vocales se une a la segunda vocal.

lá-piz / la-pi-ce-ro

■ Cuando tenemos dos consonantes entre vocales, la primera consonante va con la vocal anterior y la segunda con la posterior.

tam-bién / can-tan-te / ac-ción

■ En los grupos *pr, pl, br, bl, fr, fl, tr, dr, cr, cl, gr, gl*, ambas consonantes van con la vocal que las sigue.

re-fres-co

■ Las letras *ch, ll, rr* no pueden separarse nunca porque representan un único sonido.

pe-rro

19 Separa en sílabas las siguientes palabras.

✔ ciudad _____	✔ accidente _____	✔ siempre _____	✔ gramática _____
✔ caramelo _____	✔ cuaderno _____	✔ blanda _____	✔ esperanza _____
✔ pantalón _____	✔ abrazar _____	✔ chándal _____	✔ isla _____
✔ gimnasia _____	✔ cristales _____	✔ lección _____	✔ podrido _____

CD1 6

20 Descubre el nombre de los accidentes geográficos de los que hablan estas personas y contesta las preguntas.

¿ DÓNDE ESTÁ ?

¿ CÓMO ES ?

¿ QUÉ ES ?

21 Observa el mapa y comenta con tu compañero qué accidentes geográficos hay y dónde están.

1 _____

2 _____

3 _____

Estar + [la, el, las, los / mi, tu, su / este, ese, aquel] + sustantivo

Ej.: *Allí está el coche.*

4 _____

▶ **SER / ESTAR / HABER (HAY)**

Ser

Sirve para definir:

> ¿Esto **es** un río? < No, **es** un lago.

Estar

Sirve para situar:

> ¿Dónde **está** el Teide? < **Está** en Canarias.

Haber

Sirve para expresar la existencia de algo:

> ¿Dónde **hay** un lago muy importante?

< **Hay** uno en Perú.

Hay + [∅ / un(a), unos(as) / dos, tres, cuatro… / algún, alguna] + sust.

No hay + ningún(a) + sust.

EL ARTÍCULO (el, la los, las)

- Horas: *Son **las** tres de la tarde.*
- Días de la semana: ***El** lunes es el primer día de la semana.*
- Tratamientos (cuando no son vocativos): ***El** señor Martínez es el jefe de personal.*
- Nombres de ríos, montañas, mares y lagos: ***El** Tajo es el río más importante de España.*
- Partes del cuerpo: *Me duele **la** mano derecha.*
- Sustantivos en general:
  - ▶ sustantivos contables (valor concreto y específico):
    - – sujeto: ***El** coche está en la calle.*
    - – complemento directo: *He comprado **el** libro y **el** periódico.*
  - ▶ sustantivos no contables (valor generalizador o específico):
    - – sujeto: ***El** agua es buena para la salud.*
    - – complemento directo: *He comprado **el** vino.*

liujian84

América

Sudamérica

Centroamérica

CE
14. 15.

22 Completa el siguiente texto con los artículos necesarios.

Hoy _____ señor García nos ha explicado en _____ clase de _____ tres algunas cosas sobre el continente americano, por ejemplo, que _____ gran cordillera de _____ Andes, con 7500 kilómetros, atraviesa Sudamérica de norte a sur. También nos ha dicho que algunas de sus cimas tienen alturas considerables, como _____ Tupungato, de 6550 metros, y _____ Aconcagua. En _____ Andes también hay ciudades importantes, como _____ Arequipa o _____ Paz. Sin embargo, no todo _____ continente es montañoso: _____ suelo de América del Sur está formado por extensiones planas, regadas por _____ Orinoco y _____ Amazonas. _____ fertilidad de Sudamérica es extraordinaria: _____ café, _____ azúcar, _____ patata, etc. son algunos de _____ productos más importantes de esta región.

Comentarios: 5

23 Fíjate en las fotos y escribe qué accidente geográfico representan.

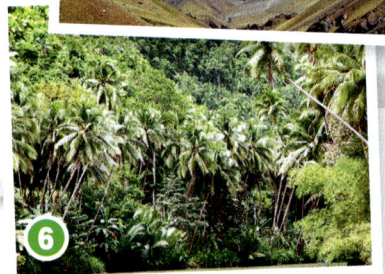

❶

❷

❸

❹

❺

❻

_____   _____

_____   _____

_____   _____

24 Ahora, lee estas descripciones y relaciónalas con las imágenes del ejercicio anterior. Descubre de qué accidente geográfico se trata.

1. La cordillera está en América del Sur. Es la más grande de Latinoamérica. En ella se encuentra el Aconcagua. Las ciudades más grandes de esta cordillera son La Paz, Quito y Bogotá. ☐

2. Es el río más largo de la península ibérica. Sus principales afluentes son el Jarama y el Alberche. ☐

3. Está situada en el mar Caribe. Es un país independiente. La capital es La Habana. ☐

4. Es el desierto más importante de América del Sur. Está al norte de Chile. No tiene vegetación. ☐

5. Es una gran masa de agua azul y cristalina. América está bañada por dos océanos: uno es el Atlántico y el otro… ☐

6. Está en el centro de Sudamérica. Es una de las selvas más importantes del mundo. Es el «pulmón» de la humanidad. ☐

25 Pensad en un accidente geográfico de cualquier lugar del mundo, describidlo e intentad que los demás grupos lo descubran.

tomanota

26 Fíjate en esta fotografía de una plaza típica de España y descríbela teniendo en cuenta el siguiente esquema.

1. Cosas y personas que hay:

✔ Cualidades
- cosas (color, tamaño, forma…)
- personas (aspecto físico…)

2. Dónde están esas personas y cosas:

✔ Situación
- tiempo (presente, pasado…)
- espacio (enfrente de, a la derecha de, al lado de…)

3. Qué hacen:

✔ Pasear, caminar, observar, estar sentados…

CE **CD1** 7

1.

1 Escucha a Alberto, que nos habla de su familia, y rellena el esquema.

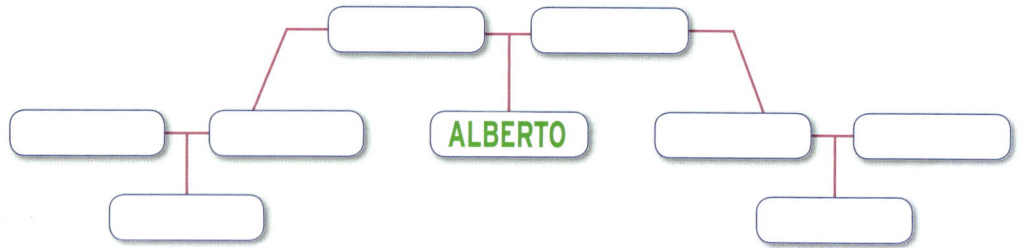

ALBERTO

2 Lee este acertijo español. ¿Qué relación hay entre la mujer de la fotografía y María?

" *María pasea triste y sola por una gran ciudad; en su mano derecha lleva una foto. Se sienta en un banco del parque y dice: «No tengo hermanas ni hermanos, pero la madre de esta mujer (mirando la fotografía que tiene entre sus manos) es la hija de mi madre».* "

3 ¿Qué adjetivo se utiliza para hablar del estado civil?

1. Alguien que ha contraído matrimonio con otra persona: _____

2. Alguien a quien se le ha muerto el cónyuge: _____

3. Alguien que ha roto el vínculo matrimonial jurídicamente: _____

4. Alguien que no ha roto jurídicamente el matrimonio con su pareja, pero no conviven: _____

5. Alguien que no se ha casado: _____

> A veces, es posible emplear el verbo **ser**, pero **estar** es más general y frecuente.
>
> Antonio Banderas **ha estado** casado con Melanie Griffith, pero ahora **están divorciados**.
>
> Angelina Jolie **está casada** con Brad Pitt.

▶ LOS POSESIVOS

FORMA

■ Formas átonas:
– *mi, tu, su, nuestro(a), vuestro(a), su.*
– *mis, tus, sus, nuestros(as), vuestros(as), sus.*

■ Formas tónicas:
– *mío(a), tuyo(a), suyo(a), nuestro(a), vuestro(a), suyo(a).*
– *míos(as), tuyos(as), suyos(as), nuestros(as), vuestros(as), suyos(as).*

CONCORDANCIA

Concuerdan en género y número con la cosa poseída, y en persona con el poseedor:

Ese bolígrafo es el mío.
¿Vuestros amigos no vienen hoy?

POSICIÓN

Las formas átonas se colocan delante del sustantivo y las tónicas van detrás del sustantivo, del artículo y del verbo *ser*:
Mila es mi enfermera; es vecina mía.
El (abrigo) mío está en el armario.
Este mechero es tuyo.

El posesivo se coloca detrás del sustantivo cuando este va acompañado de un adjetivo numeral o indefinido:
Han sido premiados dos (poemas) suyos.
Los ladrones también se llevaron varios (libros) nuestros.

> Cuando se omite el sustantivo, porque ya se conoce, se utiliza la forma tónica del posesivo.
>
> *Mi coche* ⟶ *el **mío**.*

CE
2. 3.

4 Completa con tus datos familiares.

1. ¿Cómo se llama tu padre? _____ padre se llama _____

2. ¿Dónde vive tu familia? _____ familia vive en _____

3. ¿Cómo se llaman tus abuelos? _____ abuelos se llaman _____

4. ¿Dónde vivían los padres de tu padre? _____ padres vivían en _____

5. ¿Es grande vuestra familia? _____ familia es _____

6. ¿Cómo se llama tu mascota? _____ mascota se llama _____

7. ¿El nombre de un primo mío? El nombre de un primo _____ es _____

8. Mi primo se llama David. ¿Y el tuyo? El _____ se llama _____

Blog La familia

MENÚ   FAMILIA   PADRES   HIJOS   ABUELOS

5 En grupos, comentad qué características tiene cada una de estas familias.

5.1 ¿Con cuál de ellas te identificas? ¿Cómo es la tuya?

5.2 ¿Qué tipo de padre / madre te gustaría ser? ¿ tolerante / exigente / dialogante / autoritario ?

6 En parejas, fijaos en estas personas y formad dos familias. Imaginad cómo es la vida cotidiana de cada una.

Alberto   Antonio   Diego   José Luis   Laura

Lucía   Miguel   Mila   Pablo   Sara

suenabien

CD1 **8**

7 Escucha las palabras. Escríbelas y marca la sílaba que se pronuncia con mayor intensidad. Clasifícalas, según el lugar en el que recae el acento: ___ ; ___ ___ ; ___

8 ¿Qué profesiones podrían esconderse en estos esquemas? La línea señalada marca el acento.

1 ___   2 ___ ___   3 ___

4 ___ ___   5 ___ ___

9 **Así somos.** Observa el gráfico, que refleja cómo se ven los jóvenes españoles. Después, establece comparaciones con los jóvenes de tu país. Finalmente, clasifica los adjetivos en positivos o negativos.

28,7 %	cínicos / sinceros	67,3 %
34,6 %	irresponsables / responsables	61,4 %
18 %	insolidarios / solidarios	80 %
48,7 %	dependientes / independientes	51,2 %
31,7 %	maleducados / educados	67,3 %
46,3 %	egoístas / generosos	53 %
36 %	inmaduros / maduros	41,3 %

▶ SER / ESTAR

Ser + bueno — Con personas: 'bondadoso'.
Con cosas: 'de buena calidad'.
El verbo *ser* nunca va con los adverbios *bien* y *mal*.

Ser + malo — Con personas: 'malvado'.
Con cosas: 'de mala calidad', 'perjudicial'.

Estar + bueno — Con personas: 'guapo' (uso coloquial), 'sano'.
Con cosas (alimentos): 'buen sabor'.

Estar + bien — Con personas: 'contento', 'sano'.
Con cosas: 'correcto'.

Estar + malo — Con personas: 'enfermo'.
Con cosas (alimentos): 'mal sabor', 'mal estado'.

Estar + mal — Con personas: 'enfermo', 'triste'.
Con cosas: 'incorrecto'.

Mmm... ¡Está bueno!

Estoy malo.

10 Fíjate en la ficha y relaciona las oraciones de la primera columna con su significado.

1. La sopa está muy buena.

2. Leonardo Di Caprio está bueno.

3. La película está bien.

4. La madera es mala.

5. El yogur está malo.

6. Este CD es bueno.

7. Mi abuelo está bien.

8. Los chicos están mal.

9. La guerra es mala.

10. Estos ejercicios están mal.

a. La calidad no es muy buena.

b. Tiene una calidad aceptable.

c. Tiene una buena salud para ser tan mayor.

d. Tiene un sabor agradable.

e. Están preocupados.

f. Es un actor muy atractivo.

g. Son incorrectos.

h. Tiene música que me gusta.

i. Está en mal estado.

j. Es una crueldad.

	ser	estar
listo /-a	inteligente	preparado /-a
negro /-a	color; raza negra	muy enfadado /-a ; muy moreno /-a
claro /-a	luminoso /-a	evidente, obvio
despierto /-a	ágil de pensamiento	no dormido /-a
atento /-a	amable, considerado /-a	poner atención
rico /-a	tener mucho dinero	tener buen sabor
abierto /-a	simpático /-a, extrovertido /-a	no cerrado /-a
verde	color; obsceno /-a	inmaduro /-a
delicado /-a	suave, frágil	frágil de salud
cerrado /-a	introvertido /-a, tímido /-a	no abierto /-a

CE 6. 7.

11 Elige la expresión correcta de acuerdo con las imágenes y escribe algunos ejemplos.

1
➜ ser negro
➜ estar negro

2
➜ ser abierto
➜ estar abierto

3
➜ ser atento
➜ estar atento

4
➜ ser delicado
➜ estar delicado

5
➜ ser verde
➜ estar verde

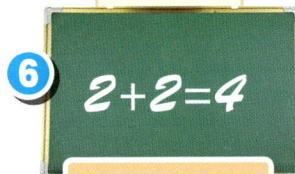

6
➜ ser claro
➜ estar claro

12 Relaciona cada adjetivo con su contrario. Después, elige tres que te definan a ti y a tu compañero.

▶ generoso   ▶ pesimista
▶ fuerte   ▶ perezoso
▶ optimista   ▶ tacaño
▶ astuto   ▶ ingenuo
▶ artificial   ▶ débil
▶ trabajador   ▶ natural

13 ¿Eres la persona ideal? Realiza este test y lo descubrirás. Después, junto con tu compañero, interpreta los resultados.

1. Tu pasatiempo favorito es:

- A salir con los amigos
- B resolver jeroglíficos en tu casa
- C pasear solo

2. El juego que resume tu infancia es:

- A la búsqueda del tesoro
- B policías y ladrones
- C tres en raya

3. Cuando quieres algo:

- A lo exiges
- B lo obtienes
- C esperas

4. Cuando abres los ojos por la mañana:

- A inmediatamente te preparas un café
- B inmediatamente te das una ducha
- C vuelves a dormirte inmediatamente

5. Reírte para ti es:

- A desahogarte
- B divertirte
- C olvidar los problemas

6. ¿Cómo te sientes en las fiestas con mucha gente?

- A estupendamente, como pez en el agua
- B no te sientes mal, pero te sientes desplazado
- C mal. Te sientes fuera de lugar

7. Te ves como:

- A un gato
- B un león
- C un San Bernardo

8. Tu lema en la vida es:

- A vive y deja vivir
- B vive el presente, el futuro no existe
- C Dios ayuda a quien se ayuda a sí mismo

9. Te gustaría que tus amigos admiraran en ti:

- A tu cultura
- B tu ambición en la vida
- C tu personalidad

10. La vida es de color:

- A rosa
- B negro
- C rojo

0 - 50 puntos

Las risas y las locuras de este mundo no son tu fuerte. No eres un líder, ni destacas demasiado en las diferentes facetas de tu vida. Quienes te rodean te aprecian, pero, cuidado, porque algunas personas confunden tu timidez con falta de carácter. Plántale cara a la vida, no pierdas tus encantadores modales con todo el mundo.
En resumen, eres…

55 - 70 puntos

Quienes te rodean te admiran por tu tenacidad, tu capacidad de decisión… Tu único problema es que eres un poco egoísta. Te exiges mucho a ti mismo, pero igualmente exiges mucho a los demás. Eres unas veces independiente, otras, sumiso; depende del estado de ánimo que tengas en cada momento.
En resumen, eres…

75 - 100 puntos

¡Enhorabuena! Disfrutas de la vida a tope. Tus amigos están encantados contigo, tu trabajo va bien y tu vida personal es un éxito. Eres la persona perfecta, siempre estás dispuesto a escuchar y a comprender todo. Tu ternura y buen humor crean en tu entorno un ambiente equilibrado.
En resumen, eres…

Baremo

Respuestas 1a, 2a, 3a, 4b, 5b, 6a, 7b, 8b, 9c y 10c: 10 puntos.

Respuestas 1c, 2b, 3b, 4a, 5c, 6b, 7a, 8a, 9a y 10a: 5 puntos.

Respuestas 1b, 2c, 3c, 4c, 5a, 6c, 7c, 8c, 9b y 10b: 3 puntos.

---

tomanota

Palabras agudas

Llevan el acento en la última sílaba. Llevan tilde cuando terminan en vocal o en consonante **n** o **s**.

le**ón**   re**loj**   in**glés**   so**fá**

Palabras llanas

Llevan el acento en la penúltima sílaba. Llevan tilde cuando terminan en consonante diferente de **n** o **s**.

di**fí**cil   **már**tir   Mar**tí**nez   ven**ta**na

Palabras esdrújulas

Llevan el acento en la antepenúltima sílaba. Llevan tilde siempre.

médico   **rá**pido   **mú**sica   **má**quina

CE 9.

14 Acentúa estas palabras y clasifícalas en agudas, llanas y esdrújulas.

- Paris
- Malaga
- porteria
- balon
- jamas
- militar
- medico
- docil
- feliz
- proximo

- arabe
- album
- lampara
- japones
- linea
- piramide
- edad
- otoño
- lapiz
- melon

- termometro
- zapateria
- boligrafo
- martes
- miercoles
- calcetin
- español
- gramatica
- arbitro
- Mediterraneo

ASÍ SOMOS ✕

CE 11. **15** Relaciona las imágenes con los estados de ánimo.
Algunas pueden relacionarse con varios.

① ② ③ ④ ⑤

| TRISTE | ALEGRE | FELIZ | DEPRIMIDO |

| INDIFERENTE | EUFÓRICO | CONTENTO | AGRESIVO |

CE 12. **16** Relaciona los estados de ánimo anteriores con las siguientes causas.

1. Está _____ porque se ha peleado con su mejor amigo.
2. Está _____ porque lo ha dejado su novia.
3. Está _____ porque lo ha insultado otro conductor.
4. Está _____ porque acaba de ser padre.
5. Está _____ porque le han regalado el disco que tanto deseaba.
6. Está _____ porque no le ha pasado nada interesante en todo el día.
7. Está _____ porque ha conocido a la mujer de su vida.
8. Está _____ porque acaba de aprobar el carné de conducir.

17 Clasifica las expresiones que utilizamos en español para mostrar dolor, alegría, sorpresa y tristeza.

🙂 **alegría**
_____
_____
_____
_____

😣 **dolor**
_____
_____
_____
_____

¡Qué me dices! / ¡No me digas!
¡Qué alegría!
¡Qué triste! / ¡Qué pena!
¡Huy! / ¡Qué sorpresa!
¡No aguanto más!
¡Si no lo veo, no lo creo!
Es una pena. / Es una lástima.
¡Qué contenta estoy!
Me pone triste.
¡Qué dolor!

🙁 **tristeza**
_____
_____
_____
_____

😮 **sorpresa**
_____
_____
_____
_____

18 **¿Cómo reaccionarías al conocer estas noticias?**

1. Estudiante del nivel A2 gana cinco millones de euros en la bonoloto.

2. Anoche, la profesora de gramática se rompió una pierna.

3. Todos los estudiantes han suspendido el examen.

4. La semana que viene no hay clase.

5. Tu mejor amiga está embarazada de gemelos.

18.1 Ahora, redacta una noticia que provoque algún tipo de reacción. Cuéntasela al resto de la clase.

► EL SUSTANTIVO. EL NÚMERO

■ **Si la palabra en singular termina en:**   ■ **El plural se forma añadiendo:**

-a, -e, -i, -o   *caramelo* ⟶   -s   *caramelos*

-á, -é, -ó   *café, dominó* ⟶   -s   *cafés, dominós*

consonante   *canción, profesor* ⟶   -es *canciones, profesores*

EXCEPCIONES: *el martes, la tesis, el tórax, el análisis…* Todos los sustantivos con acentuación llana o esdrújula que acaban en *-s* o *-x* no varían en plural.

-í, -ú   *esquí, tabú* ⟶   -es / -s *esquíes / esquís, tabúes / tabús,*

¡ojo! *champús, menús*

19 **Forma el plural de las siguientes palabras.**

artista _____   crisis _____

domingo _____   sacapuntas _____

sí _____   miércoles _____

caramelo _____   jabalí _____

comité _____   té _____

papa _____   virtud_____

rey _____

bambú _____

martes _____

paraguas _____

20 **Fíjate en estas palabras y completa la ficha con estos ejemplos. Añade otros.**

Estados Unidos ⟶ EE. UU.

Las cosquillas ⟶ Las cosquillas

Los víveres ⟶ Los víveres

Régimen ⟶ Regímenes

Carácter ⟶ Caracteres

El caos ⟶ El caos

El pánico ⟶ El pánico

Algunos casos especiales

1. El plural de las abreviaturas se forma duplicando las letras:_____

2. Algunas palabras no tienen singular: _____

3. Algunas palabras no tienen plural: _____

4. Algunas palabras cambian la posición del acento al formar el plural: _____

CE 10.

21 Transforma las siguientes oraciones de singular a plural.

1. El menú del restaurante iraní es muy económico.
_____

2. El compás es un instrumento para dibujar.
_____

3. El profesor ha explicado el contraste entre ser y estar.
_____

4. He dejado el esquí en el guardaesquí.
_____

5. Su tesis sobre la economía del país es estupenda.
_____

6. El sacacorchos está estropeado.
_____

7. El régimen político de ese país es diferente al de Argentina.
_____

8. Este árbol tiene la raíz enferma.
_____

9. Me han dejado un lápiz de colores.
_____

10. El buey es un animal de carga.
_____

toma**nota**

Los pronombres y adverbios **que, quien, cuando, como, cuanto** y **donde** llevan tilde cuando se usan como interrogativos o exclamativos:

✔ **¿Qué** regalos ha recibido Sergio? = No sé / Me gustaría saber / Dime **qué** regalos ha recibido Sergio.
   ¡Qué regalos tan fabulosos ha recibido Sergio!
   Ahí están los regalos **que** ha recibido Sergio. Me parece **que** te van a gustar.

✔ **¿Cuándo** le damos los regalos a Sergio? = No sé / Me gustaría saber / Dime **cuándo** le damos los regalos a Sergio.
   Cuando le demos los regalos a Sergio se pondrá muy contento.

22 Pon tilde cuando corresponda.

1. ¿Quieres que te ayude?
2. ¿Quien ha llamado a estas horas? ¿Que ocurre?
3. ¡Cuanto tiempo sin verte!
4. He dejado el paquete donde me dijiste.
5. —¿Sabes que me ha tocado la lotería?
   —¿Sí? ¡Como me alegro!
6. ¿Donde están las llaves que te he dado? Dime que no las has perdido, por favor.
7. No sabemos cuando llega, pero pronto.
8. ¿Es Jaime, el chico que trabaja contigo? ¡Que guapo!
9. Dime quien te lo ha dicho.
10. El perro de Mayte se asusta mucho cuando sale a la calle.

23 ¿QUIÉN ES EL MÁS RÁPIDO? Ordena las palabras de cada línea para formar una oración correcta.

1. no cómo ha dicho que me sea exactamente quiere vestido el. ⟶ _____
2. estoy ver cansada de trabajo cuánto el se acumula. ⟶ _____
3. digas necesito que sabes que me qué preparando está. ⟶ _____
4. ¡las te galletas comprado has dije donde? ⟶ _____
5. ¡cuando qué se pone pesado quiere alguien que haga le un favor! ⟶ _____

Maneras de VIVIR

¿Quiénes somos y cómo vivimos?

1 Leed este fragmento. Después, en parejas, pensad en otros modelos de familia distintos a los que se mencionan en el texto.

Familia	Moda	Salud y Belleza	Restaurantes

> En los últimos tiempos, vemos cómo los cambios influyen en nuestras vidas: el desarrollo tecnológico y la incorporación de la mujer al mundo laboral han modificado mucho el entorno familiar, pues la familia también se adapta al contexto social. Así, aumentan las familias monoparentales (un progenitor y uno o varios hijos); además, podemos encontrar familias compuestas por un hombre o una mujer con hijos de su primer matrimonio, que forma una nueva familia reconstruida y que juntos deciden, a su vez, tener hijos o bien adoptarlos. La conciencia de una mayor igualdad entre hombres y mujeres y la mezcla de culturas en la sociedad han posibilitado reajustes en la estructura familiar.
>
> En la actualidad, no existen tipos de familia mejores ni peores, sino modelos más o menos adaptados a los nuevos cambios sociales.

Texto adaptado de *La Vanguardia*, 2013

2 Ahora, escribid las ventajas y desventajas de estos nuevos modelos de familia comparados con la tradicional.

Ventajas

_____
_____
_____
_____

Desventajas

_____
_____
_____
_____
_____

3 En vuestra familia, ¿teníais mascota (un gato, un perro, un pájaro, etc.) en casa? Leed este texto y contestad (**V**) verdadero o (**F**) falso.

Los animales de compañía están considerados como una medicina preventiva. Estos son algunos de los beneficios que aporta la convivencia con una mascota.

Disminuyen el sentimiento de soledad.
Su compañía estimula el contacto físico y la comunicación; casi todos los dueños le hablan a su mascota y la conversación resulta más relajante. Además, los animales no juzgan a las personas.

Incrementan la autoestima. Los cuidados y atenciones que demandan las mascotas conllevan que la persona se sienta útil y generan una estrecha relación entre humano y animal. Son una constante fuente de motivación para su dueño.

Los niños aprenden valores positivos, tales como el respeto hacia los animales y la vida, la amistad y el amor. Crea sentido de responsabilidad y promueve la comunicación entre padres e hijos. Una mascota desarrolla en el niño la sensación de ser siempre aceptado y querido.

a Tener una mascota no estimula la convivencia. ☐

b Las personas solas son más sociables, si tienen un animal de compañía. ☐

c Solo se aprenden valores positivos en el colegio. ☐

d Convivir con una mascota enseña a ser responsable. ☐

4 En parejas, pensad en un país con un sistema familiar muy distinto del vuestro. ¿Cuál ha sido el lugar más diferente del vuestro? ¿Por qué? ¿Os gusta esa otra forma de vivir en familia?

¿Sabías que...?

La familia primitiva surge en el Paleolítico como concentración de grupos. Sin embargo, la fórmula familiar más parecida a la actual, ¿sabes en qué periodo surge? Esta constitución familiar se reconoce después como institución por el Derecho Romano.

2 Me gusta hacer muchas cosas

Aprendemos español y disfrutamos en la clase.

Hoy nos encontramos en un centro donde se enseña español. Todos los años sus profesores organizan cursos sobre esta lengua. ¿Quieres aprender español en un lugar agradable? Pues ya sabes, puedes venir a visitarnos. ¿Nos dejas tus datos personales y tu dirección?

Nombre y apellidos: . . . .
Nacionalidad: . . . .
Dirección: . . . .
Teléfono: . . . .   País: . . . .
Correo electrónico: . . . .
¿Por qué quieres aprender español?. . . . .
. . . .

CD1 9

1 Escucha a estos estudiantes de español y completa las fichas.

Nombre y apellidos: . . . .
Nacionalidad:. . . . .
Dirección: . . . .
País: . . . .
Correo electrónico: . . . .
¿Por qué quieres aprender español?. . . . .
. . . .

Me llamo Michael Peterson y soy inglés. Vivo en Bristol, en el número 27 de Grove Street, y mi *e-mail* es mpeterson@anaya.es. Quiero aprender español porque estudio Empresariales y me interesa mucho el comercio internacional.

Soy Johannes Müller y soy de Alemania. Mi mujer y yo somos jubilados y tenemos una casita en Málaga, en la calle Teatinos, donde vivimos desde hace poco. Necesitamos saber más español para poder conocer gente y hacer amistades. Mi correo es jmuller@anaya.es. Jota, eme, u, ele, ele, e, erre.

Nombre y apellidos: . . . .
Nacionalidad:. . . . .
Dirección: . . . .
País:. . . . .
Correo electrónico: . . . .
¿Por qué quieres aprender español?. . . . .
. . . .

▶ PRESENTE

	-AR	-ER	-IR
yo	-o	-o	-o
tú	-as	-es	-es
él/ella/usted	-a	-e	-e
nosotros/-as	-amos	-emos	-imos
vosotros/-as	-áis	-éis	-ís
ellos/ellas/ustedes	-an	-en	-en

▶ USOS

- **Hablar de acciones presentes:**
  *Hoy **nos encontramos** en una clase de español.*
- **Expresar acciones habituales:**
  *Todos los años sus profesores **organizan** cursos de español.*
- **Ofrecer, pedir y sugerir:**
  *¿**Quieres** aprender español en un lugar agradable?*
  *¿**Nos dejas** tus datos personales y tu dirección?*
  *Pues ya sabes, puedes **venir** a visitarnos.*

ABC

profesor

directora

2 ¿Qué hacen estas personas todos los días en la escuela?

camarero

estudiantes

conserje

▶ VERBOS IRREGULARES

1. Irregularidades vocálicas en todas las personas excepto en la 1.ª y en la 2.ª plural

e > ie → querer	o > ue → poder	u > ue → jugar	e > i → pedir	u > uy → concluir
quier-o	pued-o	jueg-o	pid-o	concluy-o
quier-es	pued-es	jueg-as	pid-es	concluy-es
quier-e	pued-e	jueg-a	pid-e	concluy-e
quer-emos	pod-emos	jug-amos	ped-imos	conclu-imos
quer-éis	pod-éis	jug-áis	ped-ís	conclu-ís
quier-en	pued-en	jueg-an	pid-en	concluy-en

2. Irregularidades consonánticas en la 1.ª persona singular

c > zc → conocer	c > g → hacer	n > ng → poner	l > lg → salir	a > aig → traer
conozc-o	hag-o	pong-o	salg-o	traig-o
conoc-es	hac-es	pon-es	sal-es	tra-es
conoc-e	hac-e	pon-e	sal-e	tra-e
conoc-emos	hac-emos	pon-emos	sal-imos	tra-emos
conoc-éis	hac-éis	pon-éis	sal-ís	tra-éis
conoc-en	hac-en	pon-en	sal-en	tra-en

3. Doble irregularidad: consonántica y vocálica en todas las personas excepto en la 1.ª y en la 2.ª plural

tener	venir	decir	oír	obtener
teng-o	veng-o	dig-o	oig-o	obteng-o
tien-es	vien-es	dic-es	oy-es	obtien-es
tien-e	vien-e	dic-e	oy-e	obtien-e
ten-emos	ven-imos	dec-imos	o-ímos	obten-emos
ten-éis	ven-ís	dec-ís	o-ís	obten-éis
tien-en	vien-en	dic-en	oy-en	obtien-en

CE 2. **3** Completa la siguiente tabla con los verbos que aparecen en el texto inicial y con los que has utilizado en el ejercicio 2.

→ verbo	→ regular	→ irregular	→ persona
nos encontramos		sí	1.ª persona del plural

Son también irregulares

e > ie: acertar, calentar, comenzar, despertar, encerrar, fregar.

o > ue: acordar, aprobar, avergonzar, contar, demostrar, encontrar, esforzarse, recordar, soñar, volar.

e > i: competir, conseguir, corregir, despedir, freír, impedir, reír, repetir, vestir.

c > zc: conducir, aparecer, desconocer, obedecer, entristecer, envejecer.

u > uy: construir, disminuir, distribuir, excluir, huir.

▶ OTROS USOS DEL PRESENTE

Debes prestar atención a verbos como *acostarse, levantarse, peinarse, lavarse, ducharse…*, porque se utilizan como verbos reflexivos, por lo que tienen que llevar el pronombre correspondiente: *me, te, se, nos, os, se*. Verbos como *proponerse* y *dormirse* también llevan pronombre.

■ Expresa verdades absolutas.
  *Los perros **son** animales mamíferos.*
■ Se refiere a acciones pasadas (presente conversacional).
  ***Hablo** con ella el martes y no me **dice** nada.*

4 Señala el presente de indicativo y explica su uso.

1. El curso trimestral de Economía Española empieza hoy.
Uso: _____

2. España es un país europeo. Uso: _____

3. ¿Sabes? Veo a Gabriel la semana pasada y olvido que es su cumpleaños. Uso: _____

4. ¿Por qué no argumentas mejor tus ideas? Uso: _____

5. ¿Prefieres una película de misterio o una película romántica?
Uso: _____

6. En todos mis exámenes siempre fallo en la colocación correcta de las tildes. Uso: _____

7. ¿Me preparas para esta noche mi cena favorita?
Uso: _____

8. Todas las noches salimos a dar una vuelta después de cenar.
Uso: _____

9. ¿Puedes describir esta viñeta? Uso: _____

10. Faltan tres horas para llegar a Roma. Uso: _____

11. Mira, el año pasado viajo por primera vez en avión y pierdo las maletas en el aeropuerto. Uso: _____

12. Los Pirineos separan España de Francia. Uso: _____

13. Mi padre es sueco y mi madre, española. Uso: _____

14. Todos los días la profesora de conversación llega tarde.
Uso: _____

5 Marta es estudiante de español. Ordena con tu compañero estos dibujos y describe qué ocurre en cada uno de ellos.

Marta . . . .
. . . .
. . . .
. . . .
. . . .
. . . .
. . . .
. . . .
. . . .

6 Imagina qué hacen estas personas habitualmente. Utiliza alguno de los verbos y expresiones del recuadro.

hacer deporte / cenar / comer hamburguesas / dar un paseo / leer el periódico / ducharse / levantarse / desayunar / maquillarse / ver la televisión / madrugar / entrenar / hablar por teléfono / coger el autobús / hacer una dieta / vigilar / aburrirse / trasnochar / comprar ropa deportiva

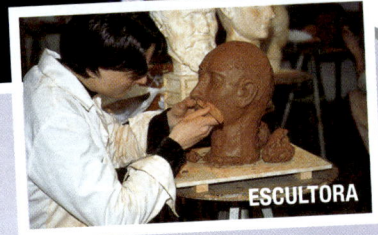

LUZ CASAL (cantante)

ESCULTORA

NADADOR

BARACK OBAMA

POLICÍA

7 Di si son verdaderas o falsas estas afirmaciones. Justifica tu respuesta.

1. La comida en España es muy buena y sana.
2. El avión es el medio de transporte más seguro.
3. La televisión es el medio de comunicación más eficiente.
4. Las hamburguesas no engordan.
5. En España hace un sol radiante.
6. Los hispanoamericanos son personas muy abiertas.
7. Hay vida en otros planetas.
8. No entiendo nada cuando un grupo de españoles habla a la vez.

CD1 10

8 Escucha la conversación y escribe los casos en que se utiliza el presente de indicativo con un valor de pasado.

suena bien

■ El español tiene tres fonemas oclusivos sordos que se oponen entre sí por el lugar de articulación: /p/ labial, /t/ dental, /k/ velar.

■ Junto a ellos, aparece otra serie de tres fonemas sonoros: /b/, /d/, /g/ que, según su posición, a veces se realizan como fricativos.

CD1 11

9 Escucha con atención y repite las palabras que oigas.

CD1 12

10 Escucha estas palabras y escribe las letras que faltan.

✔ una mo…a   ✔ aquella …asa   ✔ este ga…o   ✔ una …a…a   ✔ esta …o…a
✔ un …ato   ✔ algún …arro   ✔ el …arro   ✔ ese …eso   ✔ la …o…a
✔ el …eso   ✔ una …a…a   ✔ mi …asa   ✔ la mo…a

11 **PROPÓSITOS Y OBLIGACIONES.** Anne está decidida a aprovechar su estancia en España. Lee el correo que escribe a su amiga Marie.

⊕ Nuevo   Responder |∨   Eliminar   Archivar   Correo no deseado |∨   •••

RV:

↑ ↓ ✕

Hola, Marie:

Estoy muy contenta de estar en España y pienso aprovechar todas las horas de clase. Sé que debo estudiar mucho e intentar ser puntual todos los días en la escuela. Además, voy a aprobar los exámenes, pues tengo la intención de practicar diariamente mi español con un nativo y realizar todas mis tareas en casa.

Voy a disfrutar de mis asignaturas y no pienso faltar a ninguna clase. Bueno, también voy a salir de marcha algunas noches para conocer cómo se divierte la gente en este país.

Te seguiré contando. Un abrazo

Anne

▶ PERÍFRASIS

- ■ *Ir a* + infinitivo

✔ Expresar planes y proyectos:
Voy a aprobar todos los exámenes.
✔ Hablar del futuro:
Mañana ***voy a viajar*** a París.

- ■ *Deber* + infinitivo
- ■ *Tener que* + infinitivo

✔ Expresar una obligación
(con *deber*, obligación moral):
Yo sé que ***debo estudiar*** mucho.
Tengo que comprar un diccionario.

- ■ *Pensar* + infinitivo
- ■ *Tener (la) intención de* + infinitivo

✔ Expresar una intención o una determinación:
Pienso ser puntual todos los días en la escuela.
Tengo la intención de practicar mi español con un nativo.

11.1 Subraya en el texto las estructuras que utiliza para expresar propósitos, determinación y obligación.

CE 6. 7. 8.

12 Relaciona las tres columnas para conocer los propósitos, intenciones y obligaciones de estas personas. Utiliza las perífrasis de la ficha anterior.

Ej.: *El portero de mi casa* **tiene que** *vigilar mi coche.*

1. El portero de mi casa	vigilar	dinero
2. Mi compañero de piso	ordenar	otro despertador
3. El cocinero del restaurante Buen Provecho	cocinar	todos los partidos
4. El bibliotecario	colocar	deporte
5. Luisa, la profesora de Fonética,	repetir	muchos regalos
6. Mi mejor amigo	hacer	la z y la s
7. Los jugadores de baloncesto	practicar	los libros
8. Yo, que siempre llego tarde a todas mis citas,	ganar	buenos platos
9. Ana, un domingo por la mañana,	comprar	nuestra habitación
10. El alumno preferido del profesor	prestar	mi coche

CD1 13

13 Escucha las conversaciones e indica cuál es la intención que tiene cada una de las personas que hablan. Da tu opinión sobre cuál debe ser su obligación.

Diálogo 1

Intención o propósito: Carlo ....

Obligación: ....

Diálogo 2

Intención o propósito: Peter ....

Obligación: ....

Diálogo 3

Intención o propósito: Marie ....

Obligación: ....

14 Elige una de estas tres situaciones y piensa qué vas a hacer. ¿Coincides con tu compañero?

Situación 1

Son las 11:30 h, tu despertador está roto y tenías una entrevista de trabajo a las 9:00 h. ¿Qué piensas hacer?

¡Tengo que salir pitando!

Situación 2

Has comprado una televisión y cuando llegas a casa no funciona. ¿Qué debes hacer?

Situación 3

Hoy hay una excursión programada en la escuela y el autobús ha recogido a tus compañeros de clase a las 9:00 h. Tú no estabas allí y todos se han ido.¿Qué vas a hacer?

14.1 Imaginad situaciones similares e intercambiadlas con otra pareja de la clase.

15 Incluye en tu agenda lo que vas a hacer durante toda la semana.

- Ir al cine
- Jugar al tenis
- Tomar café
- Ver una película en DVD
- Cenar en un restaurante vasco
- Visitar a Pepa
- Comprar un nuevo televisor
- Ir de compras

- Echar gasolina al coche
- Pedir cita para el dentista
- Buscar información sobre un curso de música clásica

15.1 Ahora, pregunta a tus compañeros utilizando oraciones como estas.

- ¿Qué vas a hacer el domingo por la mañana?
- ¿Cuándo piensas ir a jugar al tenis?
- ¿Cuándo vas a visitar a Pepa?

tomanota

Se escriben con b:
- Los verbos acabados en **-bir** (conce**bir**), excepto *hervir, servir y vivir.*
- El pretérito imperfecto de indicativo de los verbos acabados en **-ar**: *cant**aba**, pint**aba**.*
- El pretérito imperfecto de indicativo del verbo *ir*: *i**b**a, i**b**as, i**b**a, í**b**amos, i**b**ais, i**b**an.*
- Cuando /b/ va agrupado con /l/ o /r/: *nie**bl**a, fie**br**e.*
- En interior de palabra detrás de **m**: *legu**mb**re, a**mb**ición.*
- Cuando /b/ se encuentra al final de sílaba: *o**b**jeto, su**b**juntivo.*
- Las palabras terminadas en **-bilidad** (menos *movilidad y civilidad*): *ama**bilidad**, disponi**bilidad**.*

Se escriben con v:
- Los infinitivos terminados en **-ver** (resol**ver**), excepto *beber, caber, deber, haber, saber y sorber.*
- Los adjetivos terminados en **-ave, -avo, -eve, -evo, -ivo** y sus femeninos: *gr**ave**, nu**evo**.*
- En interior de palabra detrás de **n** y **b**: *e**nv**iar, o**bv**io.*
- En palabras que comienzan por **ad-** y **sub-**: *a**dv**ertir, **sub**versivo.*
- Los compuestos y derivados de palabras que tienen **v**: de *la**v**ar, la**v**aplatos*; de *vinagre, a**v**inagrar.*

CE 9.

16 Completa las siguientes palabras con **b** o con **v.**

- …i…ir
- ad…erso
- en…iar
- busca…a
- sua…e
- ob…iamente

- fie…re
- llue…e
- ser…ir
- mo…er
- sub…encionar
- ad…ertencia

- hom…re
- ad…erbio
- …erdad
- sa…er
- …rote
- ham…re

> Me gusta el ambiente de la clase. Todos mis compañeros son muy divertidos. ¿Y tú qué opinas de tus compañeros?

> Pues a mí no me gustan mucho. Son bastante antipáticos. Tampoco me gusta mucho el horario, porque prefiero tener clases por la tarde. Ya sabes que me encanta dormir mucho y levantarme tarde.

> A mí, sin embargo, me da igual venir a clase por la mañana o por la tarde. No me importa madrugar, porque de esta manera tengo tiempo para hacer muchas cosas.

> Yo odio el ruido que hace mi despertador cada mañana. Todos los días me levanto de mal humor y necesito mucho tiempo para estar bien.

► LOS PRONOMBRES PERSONALES DE COMPLEMENTO INDIRECTO

FORMA

Singular
1.ª persona: **me**
2.ª persona: **te**
3.ª persona: **le**

Plural
1.ª persona: **nos**
2.ª persona: **os**
3.ª persona: **les**

Tras preposición
Si delante aparece una preposición, estas son las formas:

mí
ti
él, ella, usted
nosotros, nosotras
vosotros, vosotras
ellos, ellas, ustedes

USO

Posición

■ Los pronombres se colocan delante del verbo, excepto con el imperativo afirmativo, el gerundio y el infinitivo, que en estos casos se colocan detrás y pegados al verbo:
Hablándole despacio, nos entenderá. / Quiero dedicarle una foto.

■ Si hay un pronombre de CI y otro de CD, siempre se coloca primero el CI:
Me lo como. / Cómetelo.

■ Si hay un verbo conjugado + gerundio/infinitivo, se pueden colocar los pronombres delante o detrás:
Voy a dejártelo. / Te lo voy a dejar.
Estoy buscándotelo. / Te lo estoy buscando.

■ *Gustar, doler, encantar* y otros verbos similares tienen que llevar siempre el CI. Delante de este pronombre también se puede poner la preposición *a* y el pronombre tónico correspondiente:
(A mí) me encanta dormir hasta mediodía.

Reduplicación

■ Es muy frecuente en español utilizar el pronombre de CI junto con el sustantivo al que se refiere. Esto es lo normal en el caso de la 3.ª persona:
Le contó a su amigo toda la historia.

■ Es obligatoria la reduplicación cuando el CI es *a* + pronombre tónico o cuando va antepuesto:
A ti te he comprado una tablet. / A Juan le he regalado un libro.

17 Ahora, subraya los pronombres de CI que se utilizan en el diálogo anterior.

18 Escribe las formas pronominales correspondientes.

1. *Le* digo *(a Juan)* que abra las cortinas para que entre sol.

2. El profesor .... expone *(a los alumnos)* los errores más frecuentes con el subjuntivo.

3. La televisión .... informa *(a nosotros)* de que el tabaco perjudica la salud.

4. Juan .... habla *(a mí)* todos los días sobre los mismos temas.

5. Mis padres .... dan *(a nosotras)* buenos consejos.

6. Todos los domingos .... compro galletas de chocolate *(a ustedes)* para el desayuno.

7. Yo siempre .... he dicho *(a vosotros)* la verdad.

8. Siempre .... regalo *(a usted)* una rosa por su cumpleaños.

9. Miguel .... propone *(a sus compañeros)* visitar la catedral de Toledo el próximo sábado.

10. Ella .... acompaña *(a mí)* al cine todos los fines de semana.

19 Completa las siguientes oraciones con los pronombres necesarios.

1. Siempre que veo a Juan, ... pregunta por ti.

2. Mi madre .... calienta la sopa mientras mi hermana está en la cama.

3. Señor, yo .... sonrío todas las mañanas y usted no .... dice nada.

4. La semana pasada mis amigos .... escribieron una carta que nos alegró mucho.

5. Señores, ... recuerdo que mañana las tiendas están cerradas.

6. .... describo mi viaje a China y vosotros .... contáis el vuestro a Israel.

7. .... repito que no sé nada y tú no me crees.

8. El arquitecto .... está construyendo una casa, pero no estamos contentos con ella.

9. Luisa .... cuenta un cuento a sus hijos antes de dormirse.

20 ¿Qué hacen? Construye oraciones según el modelo.

Le *regala flores a su madre.*

_____
_____

_____
_____

_____
_____

21 Ahora, piensa a quiénes tienes que felicitar o comprar regalos en los próximos días. Háblanos de lo que vas a hacer.

Ej.: **A mi padre le** *voy a regalar un cinturón por el Día del Padre.*

► VERBOS PRONOMINALES

Además de *gustar* y *encantar,* hay otros verbos que se construyen también con un pronombre de CI:

dar igual
fascinar
importar + sustantivo / infinitivo
molestar (son los sujetos de los verbos)
poner nervioso
volver loco

Utilizamos estos verbos para indicar nuestros gustos y preferencias:

Me da igual venir por la mañana o por la noche.
Me fascina dormir hasta mediodía.
No me importa madrugar.
Nos pone nerviosos el ruido de los aviones.
Me vuelven loco tus piernas.

Los verbos *detestar, odiar, preferir* y *soportar* no se construyen con un pronombre de CI:

Prefiero tener horario de tarde. / Yo **odio** el ruido de mi despertador.

CE 11.

22 Expresa tus gustos y preferencias. Justifícalos.

1. ...... viajar en avión porque…
2. ...... la profesora de Literatura porque…
3. ...... levantarme pronto porque…
4. ...... los coches deportivos porque…
5. ...... mi último viaje porque…
6. ...... tener bastantes amigos porque…
7. ...... escribir WhatsApp porque…
8. ...... hablar en clase de conversación porque…
9. ...... viajar al extranjero porque…
10. ...... acostarme muy tarde porque…

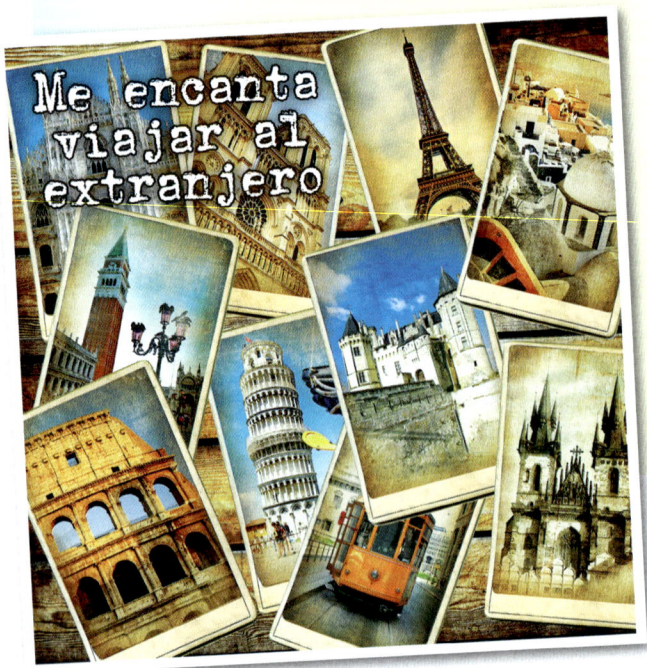

Me encanta viajar al extranjero

23 Escucha esta conversación entre Laura y Javier. A continuación, completa el cuadro con sus gustos.

CD1 14

Le gusta

► A Laura

► A Javier

No le gusta

► A Laura

► A Javier

24 ¿Qué prefieres? Explícales a tus compañeros por qué.

> **comer:** carne / pescado

> **conocer:** Miró / Velázquez

> **beber:** refresco / cerveza

> **bañarse:** piscina / playa

> **ir de vacaciones:** playa / montaña

> **viajar:** verano / invierno

24.1 Pensad en más opciones e intercambiadlas con otro grupo. Justificad las opciones elegidas.

tomanota

- Cuando escribimos una carta a nuestros amigos, padres u otros familiares, podemos empezarla con:
  - ✓ *Querido/-a papá, mamá:*
  - ✓ *Querido Juan:*
  - ✓ *¡Hola!*
  - ✓ *¿Qué tal?*
  - ✓ *¿Cómo estás?*

- Y nos despedimos con:
  - ✓ *Un (fuerte) abrazo*
  - ✓ *Un beso*
  - ✓ *Hasta pronto*
  - ✓ *Besos para todos*

25 Escribe un correo electrónico a uno de tus mejores amigos al que hace tiempo que no ves. Cuéntale dónde estás y qué haces.

Para:
Cc:
Asunto: Mi viaje

Querida mamá:

Estoy en Andalucía y el viaje en tren ha sido un poco largo. Vivo en una casa preciosa que tiene muchos árboles. Mañana visitaremos algunas ciudades romanas. Os enviaré muchas postales desde allí.

Besos para papá y Carmen.

Un abrazo
Juana

"Nunca tomo café, raramente desayuno cuando me levanto y casi nunca me acuesto temprano."

"Pues yo todos los días tomo cereales, leche y frutas, y normalmente duermo ocho horas como mínimo."

MARCADORES DE FRECUENCIA

Expresan acciones habituales, costumbres o frecuencia:

- Siempre
- Cada día / mes / semana...; todos los días / los años; todas las semanas.
- Casi siempre, por lo general, normalmente, habitualmente.
- A menudo, con frecuencia, muchas / bastantes veces.
- Cada vez que; cada dos / tres... días / semanas / veranos...; cuatro, cinco... veces al día / a la semana, al mes, al año; a veces; algunas veces; de vez en cuando.
- Casi nunca, apenas, rara vez, raramente, ocasionalmente.
- Nunca, jamás, nunca jamás.

CE 2.

1 ¿Con qué frecuencia realizas las siguientes acciones?

Preparar un pollo al limón.   Meter la cena en el microondas.   Mandar un WhatsApp.

Tomar una copa de vino en la cena.   Pasar la aspiradora.   Coser un botón de la camisa.

Ordenar la ropa del armario.   Tomar los espaguetis con tomate.

CE 5. 6.

2 ¿Qué hacen estos personajes? ¿Con qué frecuencia crees que realizan estas acciones?

3 Pregunta a tu compañero qué hace habitualmente...

Los fines de semana.

Cuando llueve.

Si está deprimido.

Antes de hacer un examen.

Después de hacer deporte.

Cuando tiene una cita con alguien especial.

En las vacaciones de verano.

El día de su cumpleaños.

CD1 15

4 Escucha y completa la entrevista que Pablo Reinaldos, famoso cantante de ópera, ha concedido a una emisora de radio. Coloca los marcadores de frecuencia adecuados.

Entrevistador: ¿Cómo es un día normal en su vida, señor Reinaldos?

Pablo Reinaldos: .... me levanto a las seis de la mañana porque .... duermo muy poco, unas cuatro horas. ...., de lunes a viernes, comienzo los ensayos a las siete en punto. .... mis vecinos llaman a la puerta y se quejan porque no pueden dormir. .... no les abro la puerta, pero .... soy muy educado y atiendo sus protestas. .... es la misma historia. .... tomo un huevo crudo para aclarar mi garganta y así .... me quedo sin voz. .... me distraigo y .... enciendo la televisión. .... a las dos termina mi jornada. Entonces pico unas aceitunas y como algo de pescado. .... cambio mi dieta al mediodía. Este es mi secreto para tener esta voz maravillosa y ser el número uno.

5 En grupos, pensad qué cosas podéis hacer con esta frecuencia. Comparad las respuestas. ¿Habéis coincidido?

◆ Siempre
◆ Bastantes veces
◆ Jamás
◆ Una vez al mes
◆ Todas las semanas
◆ Rara vez
◆ Por lo general
◆ Cinco veces a la semana

toma**nota**

CD1 16

6 ¿Sabes jugar al bingo? Escucha con atención las palabras que vas a oír y marca en la ficha que te da tu profesor las que tú tengas.

7 Completa esta tabla con dos palabras en cada línea, de acuerdo con los fonemas y la posición indicados.

	Inicio de palabra	Interior de palabra
/p/		
/t/		
/k/		

	Inicio de palabra	Interior de palabra
/b/		
/d/		
/g/		

► MARCADORES TEMPORALES

hace ... que
desde hace } + cantidad

■ Para indicar la cantidad de tiempo transcurrido desde el inicio de la acción hasta el presente:
Hace tres años que no voy a la playa.
Estudio en Puerto Rico desde hace dos meses.

desde + fecha, periodo, época

■ Para indicar la fecha concreta en la que comienza la acción:
Trabajo en esta fábrica desde el 24 de junio.
Vivo aquí desde este verano.

ya no + presente

■ Para indicar que una acción deja de realizarse:
Ya no como más paella.

todavía + presente

■ Para indicar la continuidad de un hecho:
¿Todavía piensas salir?

cuando
si } + presente + presente

■ Para indicar cuándo se realiza la acción principal:
Cuando llueve vamos al cine. / Si llueve vamos al cine.

En estos casos el valor condicional de *si* y el valor temporal de *cuando* son equivalentes.

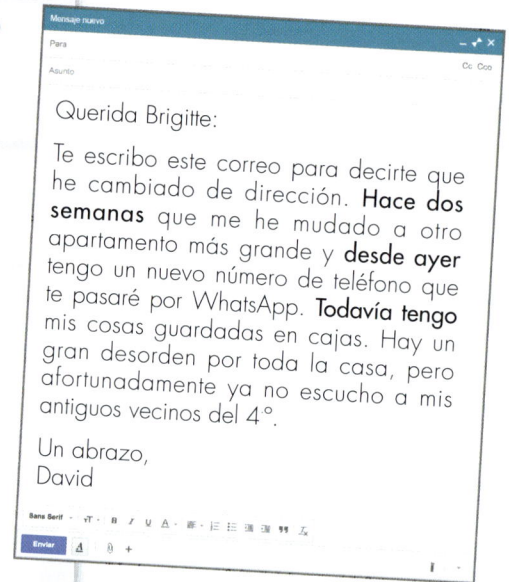

Mensaje nuevo

Para

Asunto

Querida Brigitte:

Te escribo este correo para decirte que he cambiado de dirección. **Hace dos semanas** que me he mudado a otro apartamento más grande y **desde ayer** tengo un nuevo número de teléfono que te pasaré por WhatsApp. **Todavía tengo** mis cosas guardadas en cajas. Hay un gran desorden por toda la casa, pero afortunadamente ya no escucho a mis antiguos vecinos del 4°.

Un abrazo,
David

---

8 Forma oraciones conjugando el verbo en la forma correcta y añadiendo una referencia temporal.

Ej.: *Ya no tienen mascotas.*
*No tienen mascotas **desde hace años.***

1. No *(tener, ellos)* mascotas.
2. No *(quedar, yo)* con Marina para cenar.
3. *(Conocer, tú)* al nuevo entrenador.
4. No *(ir, nosotros)* al cine.
5. No *(montar, nosotros)* en bicicleta.
6. No *(ver, tú)* a Emma.
7. *(Estudiar, vosotros)* música.
8. *(Estar, ella)* en el mercado.
9. No *(salir, yo)* los fines de semana.
10. *(Trabajar, ellos)* en una pizzería.

9 Contesta las siguientes preguntas. Utiliza los marcadores anteriores.

1. ¿Cuánto tiempo hace que estudias español?
2. ¿Desde cuándo vives en España?
3. ¿Hace mucho tiempo que no vas a una fiesta?
4. ¿Cúando te vas a levantar?
5. ¿Con qué frecuencia lees el periódico?
6. ¿Ya no escuchas la radio?
7. ¿Cuántos días hace que no vas al supermercado?
8. ¿Desde cuándo no has ido al teatro?

10 Fíjate en las viñetas y construye una situación para cada una de ellas.

1

Cuando hace mucho frío, nos ponemos un abrigo y una bufanda. →
Si hace mucho frío, nos ponemos un abrigo y una bufanda..

2

3

4

11 Relaciona los elementos de cada columna para formar oraciones. Después, utilízalas para describir las escenas. Utiliza marcadores temporales.

- hacer
- leer
- aclarar
- darse
- planchar
- anochecer
- esperar
- quemar
- sacar
- tomar
- cotillear

- el día
- la cama
- una novela
- un chapuzón
- la ropa
- a su novia
- la comida
- una muela
- pescado
- vino blanco
- en la ventana

Si aclara el día, bajamos a la playa.
Si aclara el día, Manuela se da un chapuzón.

12 Elige a un personaje famoso. Después, indica qué suele hacer y con qué frecuencia. Los demás compañeros tienen que adivinar de quién se trata.

➤ un buen deportista   ➤ el actor que más te gusta   ➤ tu cantante favorito

tomanota

Se utiliza la coma (,):

- Para enumerar varias cosas, excepto si las dos últimas van unidas por la conjunción **y**: *Me he comprado un bolso de piel marrón, unos zapatos, un sombrero y unos guantes.*
- En las cartas se escribe *coma* entre el lugar y la fecha: *Jaén, 22 de mayo de 2015.*
- Después de una oración subordinada cuando es larga y va delante de la principal: *Cuando tres horas después llegamos con retraso al bar en el que estaban, todos nos miraron sorprendidos.*
- Antes y después de una explicación sobre algo o alguien: *Raquel, la hermana de Inma, está de vacaciones en Mallorca.*
- Cuando llamamos a alguien: *Juan, trae los cubiertos que están en el armario verde de la cocina.*

Se utiliza el punto (.) en los siguientes casos:

- Se escribe *punto y seguido* entre oraciones que tienen un sentido próximo: *Ayer llegó Javi de su viaje de fin de curso. Me dijo que estaba muy cansado.*
- El *punto y aparte* se utiliza cuando cambiamos de tema.
- El *punto final* indica el final de un texto.

13 Completa este texto con las comas y puntos que faltan.

¿Soy una persona generosa?

Siempre me gusta compartir mi vida con los demás no guardar las cosas para mí sola dedico varias horas al día a escribir cartas y a hacer regalos a mis amigos cuando tengo una tarde libre siempre llamo a Laura mi hermana juntas vamos a nuestra cafetería preferida que está en la calle Luna allí tomamos siempre una cerveza muy fría y una tapa de queso manchego a menudo me apetece contarle las cosas más interesantes que me ocurren durante el trabajo Laura me escucha con atención abre sus ojos como platos y me sonríe me siento feliz

El martes pasado me llamó David quiere mudarse de piso la semana que viene y necesita ayuda para meter sus cosas en cajas y llevar sus muebles a la nueva casa no le digo que la semana próxima es mi única semana de vacaciones en todo el año y voy a ayudarlo

---

▶ **Estar** + gerundio

- Expresa una acción durativa y habitual (marcadores de frecuencia):
  *Siempre **está nevando** en mi país.*

- Expresa la progresión de una acción:
  *Abrígate bien porque te **estás constipando.***

- Indica una acción que se realiza en el momento en el que se habla:
  *¿Qué haces? **Estoy escribiendo** un correo a Marie.*

▶ **Llevar** + gerundio

- Expresa una acción que dura desde un punto del pasado hasta el momento en que se habla (marcadores de tiempo).
  Se construye con:
  ✔ una cantidad de tiempo:
  Llevo preparando** la cena **toda la tarde.
  ✔ desde + fecha:
  Llevo corrigiendo** exámenes **desde el viernes.

14
CE
8.

Sustituye el verbo en presente por las formas *estar* + gerundio o *llevar* + gerundio.

1. Tus hijos juegan al tenis desde el mediodía.
_____

2. Ana siempre lee recetas de cocina porque le gusta mucho cocinar.
_____

3. Desde los 11 años Miguel viaja solo en el tren.
_____

4. Lavo la ropa sucia ahora porque no llueve.
_____

5. Laura ordena los libros de su estantería.
_____

6. Mi marido hace la comida y yo pongo la mesa.
_____

7. Compro en esta tienda desde el año pasado.
_____

8. Laura pasa la fregona porque se ha derramado un vaso de leche.
_____

9. Ahora limpio los cristales porque están sucios.
_____

10. Plancho para ver luego el partido tranquilamente.
_____

11. Cocino el salmón que Pedro ha comprado.
_____

12. Ellos friegan los cacharros mientras ellas hacen la compra.
_____

15
CE
11.

Utiliza la forma *llevar* + gerundio para transformar las siguientes oraciones.

Ej.: *Comencé mis estudios en 1998.*
Ya han pasado x años. → ***Llevo estudiando** x años.*

1. Empecé a comer a las dos de la tarde. Ahora son las cuatro.
_____

2. Comencé a pintar mi habitación esta mañana. Son ya las cinco.
_____

3. Espero a Juan desde esta mañana. Juan no ha venido.
_____

4. Comenzó a estudiar hace tres horas. Todavía no ha terminado.
_____

5. José cogió el avión ayer por la noche. Todavía no ha llegado a París.
_____

6. Hace tres días que no para de llover.
_____

7. Eva se puso a colgar un cuadro a las nueve. Ahora son las doce.
_____

8. Llegué a España en Navidad. Ya estamos en mayo.
_____

9. Desde el mes pasado vivo en mi nueva casa.
_____

10. Son las 21.00 h y José se puso a trabajar a las 8.45 h de la mañana.
_____

11. Teresa Gil comenzó a escribir su novela en 2010.
_____

16 Cuenta a tus compañeros qué están haciendo estos personajes.

17 Aquí tienes dos momentos diferentes en la vida de Juan Pulguita. Utiliza *estar / llevar* + gerundio para contar qué ocurre ahora en su vida con relación al pasado.

1980
- Pesca en el río Guadalquivir.
- Trabaja en una carnicería.
- Pinta cuadros.
- Vive en Jaén.

ahora
- Vive en Jaén.
- Abre todos los días su pescadería a las 9.00 h.
- Gana mucho dinero con sus cuadros.
- Los fines de semana va de pesca.

CD1 17

18 Escucha lo que se dice de estas personas y relaciónalo con su nombre.

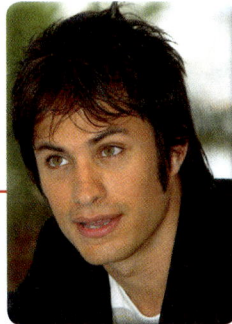

↑ Cristiano Ronaldo   ↑ Ferran Adrià   ↑ Gael García Bernal   ↑ Malú

18.1 Y tú, ¿compartes sus gustos?

tomanota

19 Rosa y Mario han escrito este correo a Annika y han olvidado poner el encabezamiento, la despedida y los puntos y comas. Ayúdalos a completar el *e-mail*.

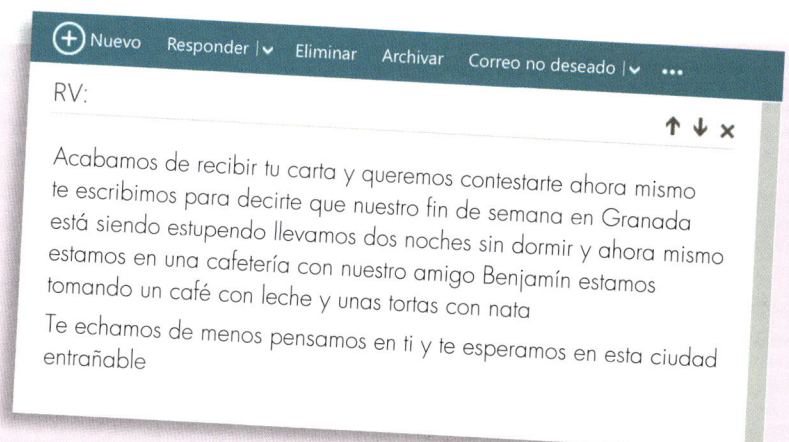

⊕ Nuevo   Responder |∨   Eliminar   Archivar   Correo no deseado |∨   ...

RV:

↑ ↓ ✕

Acabamos de recibir tu carta y queremos contestarte ahora mismo te escribimos para decirte que nuestro fin de semana en Granada está siendo estupendo llevamos dos noches sin dormir y ahora mismo estamos en una cafetería con nuestro amigo Benjamín estamos tomando un café con leche y unas tortas con nata

Te echamos de menos pensamos en ti y te esperamos en esta ciudad entrañable

Maneras de VIVIR

Viaja y **conoce mundo**

La Trotamundos ✕

← → C 🏠 | www.latrotamundos.es | ☰

1 Leed la página del blog *La trotamundos*, que escribe Maika.

| Inicio | **América Latina** | Norteamérica | Europa | Oceanía | Asia | África |

Hoy he madrugado muchísimo.
A las 4:30 de la mañana, ha sonado el despertador y he saltado de la cama como un rayo hacia la ducha. Me he tomado un café (aquí lo llaman tinto) y me ha llamado Saray para salir. El autobús nos estaba esperando en la puerta del hotel. Los otros congresistas ya habían subido al bus y estaban emocionados con sus cámaras fotográficas preparadas.

Hoy hemos visitado un parque nacional muy importante, cercano a la ciudad. Hemos subido en el teleférico, que recorre una distancia de 6,3 km y dura 25 minutos. Es el más largo de Latinoamérica y uno de los 10 teleféricos más espectaculares del mundo. Se construyó en 2006. Hemos ido de un lado a otro del cañón sobre el río. Hemos almorzado ajiaco de pollo santafereño, muy rico, y bandeja paisa. Además, nos han puesto pandebono acompañado de champús valluno. ¡Deliciosos! Luego, hemos ido a dar un paseo para «bajar» la comida. Hemos visitado el mirador natural y el monumento. ¡Espectacular!

Saray y yo hemos hecho planes para volver el sábado por nuestra cuenta. Vamos a hacer *rafting* por el río. Creo que lo vamos a pasar muy bien y que nos vamos a divertir mucho.

✕

2 Investigad de qué parque nacional se trata. ¿Qué otras actividades creéis que pueden realizarse en él?

3 Organizad un viaje para toda la clase. Planificad lo que tenéis que hacer y lo que queréis visitar. Luego, presentádselo a vuestros compañeros.

4 Debatid cuál es el mejor plan de viaje y por qué: el más barato, el más divertido, el más cultural, el más aventurero…

CD1 18

5 Escucha a qué dedican su tiempo libre estos jóvenes españoles. Después, contesta verdadero o falso a las afirmaciones.

↗ Nicolás Jiménez López

19 años, estudiante de primer curso de Periodismo

Nicolás dice:

- El fútbol es el deporte nacional en España.
- A él le gusta escuchar música solo.
- Una noche a la semana participa en un programa de jóvenes voluntarios.

↗ Inma Martínez Ruiz

22 años, trabaja en una librería

Según Inma:

- En España, los jóvenes no beben alcohol.
- Los jóvenes españoles se reúnen con los amigos para cenar los sábados.
- A ella y a sus amigos les gusta ir a bailar a una discoteca.

↗ Lourdes Pérez Martínez

24 años, estudiante de Historia

Lourdes:

- Trabaja toda la semana como camarera.
- No le gusta estar en contacto con la naturaleza.
- Le gusta ver en la televisión las películas de acción.

En parejas...

6 Hablad de cómo son vuestras vacaciones ideales (qué os gusta hacer, qué os disgusta, qué actividades dejáis para realizar solo en vacaciones, etc.).

7 Preparad una ficha con actividades posibles para el tiempo de ocio y preguntad a todos vuestros compañeros qué les gusta y qué no. Luego, elaborad un gráfico que represente las actividades, según su frecuencia.

8 Redactad un reportaje para la revista digital de vuestro centro que describa los gustos y los proyectos de los estudiantes. ¡Cuidado con la puntuación!

¿Sabías que...?

La también llamada **Generación Y** representa un 20% de todos los turistas internacionales. ¿Sabes quiénes forman parte de dicha generación? ¿Qué características comparten?

3

¿Alguna vez has conocido a algún famoso?

CD1 19

1 Vas a oír a estas personas hablando de las cosas que han hecho últimamente. Relaciona los bocadillos con las imágenes e indica qué profesión tienen.

1 Esta tarde he terminado los planos del nuevo edificio.

2 Hace un rato he tenido un juicio complicado.

3 Hace una hora que he puesto una multa.

4 Esta mañana he explicado el pretérito perfecto.

5 Este mes he hecho tres mesas y tres sillas para una tienda.

6 Esta semana he tenido una guardia.

1.1 Ahora, escribe estas profesiones junto a su lugar de trabajo correspondiente.

Comisaría: _____   Carpintería: _____

Hospital: _____   Escuela: _____

Juzgado: _____   Estudio: _____

CE 1. 2. 3.

2 ¿Qué profesiones se relacionan con estos lugares de trabajo? Recuerda que algunas profesiones pueden ejercerse en más de un lugar.

1. estadio *futbolista*
2. redacción *periodista*
3. farmacia
4. despacho de abogados
5. hogar
6. oficina
7. centralita
8. comercio
9. escenario
10. panadería
11. parque de bomberos
12. televisión

▶ PRETÉRITO PERFECTO

FORMA		
yo	he	
tú	has	cant**ado**
él/ella/usted	ha +	beb**ido**
nosotros/-as	hemos	viv**ido**
vosotros/-as	habéis	
ellos/ellas/ustedes	han	

participios irregulares

abrir: **abierto**	poner: **puesto**
decir: **dicho**	romper: **roto**
escribir: **escrito**	ver: **visto**
hacer: **hecho**	volver: **vuelto**
ir: **ido**	morir: **muerto**

USOS

■ Contar acciones que tienen relación con el presente del hablante o que el hablante siente cercanas.
*Esta mañana **he ido** a clase.*

■ Hablar y hacer preguntas en las que no se marca el tiempo y con las que se hace referencia a experiencias personales.
*¿**Has ido** alguna vez a Cuba?*

MARCADORES

ya / todavía no

esta mañana

esta tarde

este mes

alguna vez

muchas veces

hace una hora

hace un rato

3 Mira las siguientes viñetas y lee la agenda de la abogada Esther Pérez. Describe las cosas que ha realizado y las que no ha hecho. Utiliza los conectores *pero* y *sin embargo*.

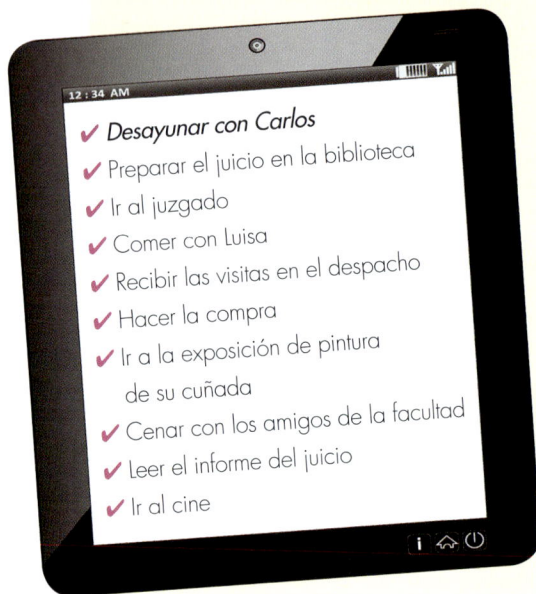

12:34 AM

✔ *Desayunar con Carlos*
✔ Preparar el juicio en la biblioteca
✔ Ir al juzgado
✔ Comer con Luisa
✔ Recibir las visitas en el despacho
✔ Hacer la compra
✔ Ir a la exposición de pintura de su cuñada
✔ Cenar con los amigos de la facultad
✔ Leer el informe del juicio
✔ Ir al cine

Ej.: *Esta mañana **ha ido** al juzgado, pero no **ha desayunado** con Carlos.*

4 Formad pequeños grupos y jugad a mentiras o verdades.

1 Cada miembro del grupo escribe diez oraciones, verdaderas o falsas, sobre lo que ha hecho y no ha hecho este mes. Escribe cada una en una tira de papel.

2 Después, metedlas en una bolsa e id sacando tiras por turnos.

3 Si aciertas quién ha escrito la oración y si es verdadera o falsa, te quedas con la tira y sigues jugando.

Gana quien consiga más tiras.

5 ¿Alguna vez te ha ocurrido o has realizado alguna de estas cosas? ¿Cuáles?

1. Perderte en una ciudad.
2. Romper algo importante.
3. Ver a un personaje famoso.
4. Participar en una película.
5. Escribir poemas.
6. Ir en globo.
7. Recibir una sorpresa maravillosa.

CE 5. 6. 7. **6** Comparad las cosas que habéis hecho. ¿Coinciden?

7 Di diez cosas interesantes que hayas hecho últimamente. Después, elige cinco y pregunta a tu compañero si ha hecho alguna de ellas y con qué frecuencia.

muchas veces	alguna vez	nunca
1		
2		
3		
4		
5		

8 Tapa el dibujo que corresponda a tu compañero y hazle preguntas sobre los profesionales que aparecen.

Ej.: A: *¿Hay en el dibujo algún médico?* B: *No, no hay ninguno.*

Alumno A

Alumno B

suenabien

CD1 20

9 Identifica las palabras que escuches.

▶ acto   ▶ cuadro   ▶ brazo   ▶ aptitud   ▶ prisa
▶ apto   ▶ cuatro   ▶ plazo   ▶ actitud   ▶ brisa

▶ prado   ▶ habla   ▶ plaga   ▶ sobre   ▶ sabré
▶ plato   ▶ abra   ▶ Praga   ▶ sople   ▶ sable

CD1 21

10 Escucha y copia en tu cuaderno las oraciones que oigas.

11 Practica con tu compañero los siguientes trabalenguas. ¿Conoces tú alguno?

Doña Triqui tricotaba con el triqui triqui-trón; pues el triqui triqui traque de la tricotosa tricotaba con un suave traque triqui y un dulce tricotrón.

Compré pocas copas, pocas copas compré, y como compré pocas copas, pocas copas pagué.

La perra ladra abracadabra, el hombre ladra cada palabra, ladra, ladra, abracadabra la palabra.

Un apto académico de apta actitud, con todo su academicismo, se acoge a la catalepsia para mostrarnos en el acto su escepticismo.

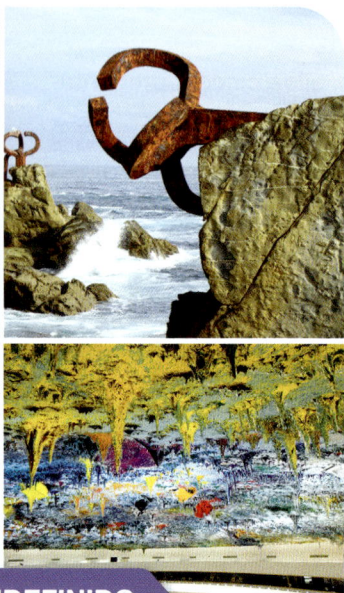

12 **Escucha esta entrevista y descubrirás la fecha en que se produjeron algunos de los acontecimientos artísticos más importantes en las últimas décadas en España. Luego, relaciona ambas columnas.**

CD1 22

1. En 1989   Alejandro Amenábar ganó un Óscar.
2. En 1976   Camarón de la Isla publicó el disco *La leyenda del tiempo.*
3. En 2004   Miquel Barceló pintó la cúpula de la Sala de los Derechos Humanos de la ONU.
4. En 1979   Camilo José Cela obtuvo el Premio Nobel de Literatura.
5. En 2008   Eduardo Chillida esculpió *El peine del viento.*

▶ PRETÉRITO INDEFINIDO

FORMA

	AR	ER / IR
yo	-é	-í
tú	-aste	-iste
él/ella/usted	-ó	-ió
nosotros/-as	-amos	-imos
vosotros/-as	-asteis	-isteis
ellos/ellas/ustedes	-aron	-ieron

irregulares

andar: **anduve**   estar: **estuve**
poder: **pude**   poner: **puse**
saber: **supe**   tener: **tuve**
ser: **fui**

USOS

■ Contar sucesos del pasado que no tienen relación con el presente del hablante.
Se conocieron en 2012 y se casaron dos años después.

MARCADORES

Ayer, el año pasado, en el año…, anteayer, el otro día.

■ Si no hay marcadores, el contexto aclara el momento en el que se realiza la acción.
Los Beatles grabaron muchos discos.

13 **Habla con tus compañeros sobre lo que hicisteis en estas fechas.**

CE 8. 9. 10.

En 2010
Hace dos semanas
El mes pasado
En verano de 2014
Ayer
El sábado por la tarde

CE 11. **14** **Relaciona estos personajes con su ficha. Elige dos de ellos y redacta una pequeña biografía.**

1 CAMILO JOSÉ CELA
• Nace en 1950 en Cádiz.
• Se traslada a Madrid y trabaja en un tablao de flamenco, donde conoce al famoso guitarrista Paco de Lucía.
• En 1979 revoluciona el flamenco con su disco *La leyenda del tiempo.*
• En 1989 publica el disco *Soy gitano*, el disco más vendido en la historia del flamenco.
• Muere en 1992 en Barcelona a causa de un cáncer de pulmón.

2 CAMARÓN DE LA ISLA
• Nace en Santiago de Chile en 1972.
• En 1973 se traslada con su familia a Madrid.
• En 1996 rueda su primer largometraje: *Tesis*, una película de suspense con la que obtiene siete Premios Goya.
• En 2001 dirige la película *Los otros*, protagonizada por Nicole Kidman.
• En 2004 dirige *Mar adentro*. Con ella gana el Óscar y el Globo de Oro como mejor película de habla no inglesa.
• En 2015 estrena *Regresión.*

3 ALEJANDRO AMENÁBAR
• Nace en 1916 en Padrón (La Coruña).
• Publica su primera novela, *La familia de Pascual Duarte*, en 1942.
• Funda en 1956 la revista *Papeles de Son Armadans.*
• Ingresa en 1957 en la Real Academia Española.
• Gana el Premio Nobel de Literatura en 1989.
• Recibe el Premio Cervantes en 1995.
• Muere en Madrid en 2002.

Componer: **compuso**   Construir: **construyó**
Producir: **produjo**   Exponer: **expuso**
Intuir: **intuyó**   Introducir: **introdujo**

15 Completa con los datos de tu compañero.

El día más importante de su vida _____ porque _____
El día más feliz de su vida _____ porque _____
El día más triste de su vida _____ porque _____
El primer día de trabajo _____ en _____
El primer viaje al extranjero _____ y _____
El primer suspenso _____ en _____

16 ¿Cuáles fueron, según tú, las fechas más importantes del siglo XX? Lee este texto. ¿Estás de acuerdo con él?

En el siglo XX, muchos fueron los acontecimientos que se produjeron y todos ellos nos dan una buena idea de la velocidad y profundidad con que cambió la humanidad en tan solo cien años: desde lo más cotidiano, el ordenador, a lo más revolucionario, la teoría de la relatividad. El siglo XX, en todas sus expresiones, fue un periodo de grandes cambios que permitió establecer las pautas en este siglo XXI. Según los expertos, diez fueron los acontecimientos más importantes:

VER MÁS

LOS 10 ACONTECIMIENTOS DEL S. XX

1. La teoría de la relatividad.
2. La Primera Guerra Mundial.
3. El *crack* de Wall Street en 1929.
4. El primer trasplante de corazón.
5. La Segunda Guerra Mundial.
6. La Declaración de los Derechos Humanos.
7. El cine sonoro.
8. La caída del Muro de Berlín.
9. La desaparición de la Unión Soviética.
10. Internet.

tomanota

Se escriben con g:

- Las sílabas **geo**-, **gen**-, **ges**-: *geográfico, urgente, gestión.*
- Las palabras que empiezan por **leg**- (excepto *lejos* y *lejía*): *legendario.*
- Las terminaciones -**gio**, -**gía**, -**gia**: *colegio, energía, nostalgia.*
- Los verbos acabados en -**gir**, -**ger** (excepto *tejer* y *crujir*): *coger, elegir.*

Se escriben con j:

- Todos los sustantivos terminados en -**aje**: *paisaje, aterrizaje.*
- Las formas de los verbos terminados en -**jear**: *cojear, callejear.*
- Las formas irregulares de verbos que no tienen **j** ni **g** en su infinitivo: *dije, conduje, traje.*

Se escriben con h:

- Las palabras que empiezan por los diptongos **hue**-, **hie**-, **hui**- y **hia**-: *huevo, hierba, huir, hiato.*
- Todos los tiempos de los verbos *haber* y *hacer.*
- Las palabras que empiezan por **hidr**-, **hiper**-, **hipo**- y **hosp**-: *hidrógeno, hipertensión, hipopótamo, hospital.*

No llevan h:

- La preposición **a**: *Voy a comer.*
- La forma *abría*, imperfecto de *abrir.*
- El verbo **echar**: *Echamos azúcar al café.*
- Las palabras *ala, onda, asta* y *¡ay!* frente a *¡hala!, honda, hasta* y *hay.*

17 Completa las siguientes palabras con las letras que faltan.

(h, Ø) …uevo; …ostal; …abierto; …ielo; …uella; …ipermercado.

(g, j) vir…en; equipa…e; tra…e; conser…e; hi…a; …eranio.

18 En estas sopas de letras hay diez infinitivos que indican lo que hizo Manuel el sábado pasado y lo que ha hecho hoy. Búscalos y forma oraciones con ellos.

C	R	K	Y	I	L	V	L
A	O	M	I	M	O	I	V
S	M	M	A	O	I	S	E
F	E	P	E	T	I	R	D
P	J	R	Ñ	R	R	T	D
T	Q	U	L	A	E	A	F
R	A	J	A	B	A	R	T
O	J	I	X	O	H	H	K
L	B	F	Q	W	J	L	U
E	S	T	U	D	I	A	R
R	H	A	G	Ñ	P	N	V
E	O	M	K	M	Q	Q	I

L	I	U	U	L	I	W	C
E	Q	J	Ñ	U	J	O	O
V	T	L	P	Q	M	S	R
A	P	D	E	P	R	E	T
N	E	Q	R	J	D	S	A
T	R	A	H	P	F	C	R
A	R	V	P	E	A	U	S
R	A	L	A	M	A	C	E
S	T	S	S	A	L	H	Q
E	Y	I	E	O	L	A	M
R	E	U	A	Q	S	R	T
P	I	L	R	Z	W	X	C

Hoy

1. Hoy _____ en una hamburguesería.
2. Hoy _____ en la biblioteca.
3. Esta mañana _____ en su oficina.
4. Esta tarde _____ a sus amigos.
5. Hace un rato _____ la televisión.

El sábado pasado

1. _____ a las 8 de la mañana.
2. _____ en el hipermercado.
3. _____ música en el auditorio.
4. _____ por El Retiro.
5. _____ el pelo.

CE 11. 12. **19** ¿Recuerdas lo que hiciste la semana pasada? ¿Y lo que has hecho esta? Escríbelo.

20 La familia Pérez va todos los años de vacaciones a Málaga. Escribid una historia contando lo que esta familia hizo el año pasado y lo que ha hecho este año.

El año pasado

✔ _____
✔ _____
✔ _____
✔ _____

Este año

✔ _____
✔ _____
✔ _____
✔ _____

▶ PRETÉRITO PERFECTO (cercanía)

A veces, puede usarse con valor emocional con marcadores temporales de indefinido. De esta forma se acercan al presente del hablante hechos pasados que se quieren recordar.

Hace tres años que he terminado la carrera.
Mi abuelo ha muerto el mes pasado.

▶ PRETÉRITO INDEFINIDO (lejanía)

Puede utilizarse con marcadores temporales propios del pretérito perfecto para alejar un acontecimiento.

Este año estuve de vacaciones en Cancún.
Esta mañana hablé con Javier.

CD1 23

21 A continuación, vas a oír siete mensajes de un contestador. Clasifícalos según el hablante los sienta cercanos o lejanos.

1. Cariño, no puedo salir esta tarde porque esta mañana tuve un juicio muy difícil y estoy cansadísima.

2. En mayo ha nacido la niña de María y todavía no le hemos comprado el regalo.

3. Esta mañana llamaron de la compañía telefónica. Van a cortarte el teléfono por impago.

4. Esta tarde perdí el bolso en el parque y con él las llaves. Llámame para poder entrar en casa.

5. La bruja de tu madre vino esta tarde. Llámala.

6. Hace tres meses que ha muerto el padre de Elena y todavía no la has llamado. Eres una impresentable.

▶ Relacionados con el presente del hablante
mensajes números: _____

▶ Relacionados con el pasado del hablante
mensajes números: _____

toma**nota**

22 Piensa en una historia real, completa el siguiente esquema y así, además de poder escribir una narración, podrás conocer su estructura.

I. Planteamiento

a) Acción: ¿Qué ha ocurrido?
- una aventura
- un accidente
- un viaje
- una fiesta

b) Espacio: lugar. ¿Dónde ha ocurrido?
- una ciudad
- un país
- un lugar imaginario

c) Tiempo: ¿Cuándo han ocurrido los hechos?
- presente
- pasado
- futuro

d) Personajes: ¿A quién le ha ocurrido?
- a un amigo
- a ti mismo
- a un señor

2. Trama: los hechos
- primero / en primer lugar
- a continuación
- después

3. Desenlace: el final
- por último
- finalmente
- al final

23 Escribid una historia a partir de los datos del esquema anterior; para ello, cada uno debe imaginar una parte del relato: la acción, el espacio...

CE 1. **1** Escribe el nombre de las partes del cuerpo humano que se señalan.

2 Relaciona cada parte del cuerpo humano con el lugar donde está.

[ojo, nariz, boca, oreja, rodilla, pantorrilla, pecho, ombligo, hombro, espalda, tobillo, dedo, ceja, codo, axila, uña, muñeca, pelo]

cabeza: ....

pierna: ....

tronco: ....

brazo: ....

pie: ....

mano: ....

> Con las partes del cuerpo humano utilizamos siempre **el artículo**, que tiene entonces **valor posesivo**.
>
> *Tengo la cara limpia. / Lávate **las** manos.*
> ~~*Lávate tus manos.*~~

3 Escribe el artículo correspondiente.

- .... ojos
- .... nariz
- .... boca
- .... orejas

- .... pie
- .... pantorrilla
- .... tobillo
- .... dedos

- .... hombros
- .... espalda
- .... mano
- .... codo

CD1 24

4 Escucha a Elena y trata de identificar los juegos de su infancia.

▶ PRETÉRITO IMPERFECTO (I)

FORMA	-AR	-ER /-IR
yo	-aba	-ía
tú	-abas	-ías
él/ella/usted	-aba	-ía
nosotros/-as	-ábamos	-íamos
vosotros/-as	-abais	-íais
ellos/ellas/ustedes	-aban	-ían

Uso

Sirve para describir personas, lugares y cosas dentro de un contexto de pasado.

Cuando era joven tenía el pelo negro.

irregulares

IR	SER	VER
iba	era	veía
ibas	eras	veías
iba	era	veía
íbamos	éramos	veíamos
ibais	erais	veíais
iban	eran	veían

5 ¿Qué características físicas tenían los siguientes personajes? Consulta en internet.

F. Sinatra   Harpo Marx   Toulouse-Lautrec

Vicent van Gogh   Gandhi   Cervantes

CE
5.
6 Compara estos dos tipos de mujeres y describe cómo eran antes y cómo son ahora.

antes

ahora

7 Escribe en una hoja cómo eras de pequeño y entrégasela a tu profesor, que las repartirá entre vosotros. ¿Sabéis a quién se corresponde? Indica cómo han cambiado tus compañeros.

Ej.: *Mark antes era rubio y ahora es moreno. Erika antes era tímida y ahora es muy abierta.*

tomanota

CD1 25
8 Vamos a seguir practicando la pronunciación de grupos consonánticos. Clasifica las palabras que vas a oír, según tengan *br / pl.*

[br]   **[pl]**
_____ _____   _____ _____
_____ _____   _____ _____
_____ _____   _____ _____

9 Copia las oraciones que te dicta tu compañero; después, díctale las tuyas.

ALUMNO A
1. En la tercera planta están los complementos.
2. _____
3. He comprado un brazalete de plata.
4. _____
5. Me he dado un golpe en el hombro derecho.
6. _____
7. Teníamos hambre y nos comimos un plátano.
8. _____
9. Carlos se fracturó el brazo ayer.
10. _____

ALUMNO B
1. _____
2. Planteó el problema a Pablo de modo preciso.
3. _____
4. El labrador plantó muchas plantas.
5. _____
6. Con el telescopio vimos un nuevo planeta.
7. _____
8. El empresario dio la razón a sus empleados.
9. _____
10. Los labradores han presionado al gobierno.

10 Pide cortésmente las siguientes cosas a tu compañero.

1. Un folio ⟶ ¿ _____ ?
2. El móvil para hacer una llamada ⟶ ¿ _____ ?
3. Un bolígrafo ⟶ ¿ _____ ?
4. Cambio en monedas ⟶ ¿ _____ ?
5. Los apuntes ⟶ ¿ _____ ?

▶ **PRETÉRITO IMPERFECTO (II)**

El imperfecto se puede utilizar para hacer más corteses las peticiones. Este uso solo es posible con algunos verbos, como *desear*, *poder* o *querer*.

¿Podía decirme la hora?

11 Imagina cuál es la pregunta que se corresponde con las respuestas.

¿ _____ ?

¿ _____ ?

Sí, quería la cuenta, por favor.

¿ _____ ?

Sí, enseguida le traigo la sal.

¿ _____ ?

No, no tengo fuego.

Lo siento, no llevo reloj.

Sí, quería unos zapatos del n.º 37.

¿ _____ ?

11.1 Ahora, crea situaciones para contextualizar estos minidiálogos.

CE 2. 4.

12 Compara la vida de Carmen cuando era pequeña con la de ahora.

▶ **PRETERITO IMPERFECTO (III)**

Sirve para describir costumbres y hábitos en el pasado.

Cuando era pequeña, jugaba en la calle con mis amigos.

MARCADORES

todos los días	(casi) siempre
a menudo	(casi) nunca
frecuentemente	antes
muchas veces	entonces
pocas veces	en aquella época
algunas veces	etc.

De pequeña

De mayor

13 Recuerda qué cosas hacías cuando eras pequeño y compáralas con las cosas que haces ahora.

[en el colegio / con tus padres / con tus amigos / los fines de semana]

ANTES

ENTONCES

EN AQUELLA ÉPOCA

14 ¿Qué cosas han cambiado en tu país? ¿Cómo era cuando eras pequeño? ¿Cómo es ahora?

toma**nota**

En español los monosílabos no se acentúan; solo llevan acento cuando queremos diferenciar palabras que tienen la misma forma, pero distinta categoría gramatical. Estas palabras son:

él	pronombre	*Él ha ido a Madrid.*	**el**	artículo	*El libro está en la mesa.*
mí	pronombre	*Ese regalo es para **mí**.*	**mi**	adjetivo posesivo	*Mi casa tiene tres ventanas.*
tú	pronombre	*Tú has comprado el pan.*	**tu**	adjetivo posesivo	*Tu pantalón está en la cama.*
té	sustantivo	*Me gusta el **té**.*	**te**	pronombre	*¿Te gusta el cine?*
dé	verbo *dar*	*Dé la luz.*	**de**	preposición	*La ventana es **de** cristal.*
sé	verbos *saber* y *ser*	*Sé tu nombre. **Sé** fiel.*	**se**	pronombre átono	*No **se** debe usar el móvil en clase.*
más	adverbio	*Necesito **más** dinero.*	**mas (= pero)**	conjunción	*Quiero creerte, **mas** es imposible.*
sí	adverbio	*Sí, quiero.*	**si**	conjunción	*Si quieres, puedes venir.*

CE 8.

15 El ordenador se ha vuelto loco y no ha acentuado muchos monosílabos que llevan tilde. Corrige los errores que aparecen en estas afirmaciones.

1. Tengo mas dinero, mas no te lo puedo prestar.
2. Los novios dijeron «si, quiero» ante el altar.
3. Sabes que se la verdad. Se sincero por una vez.
4. Este libro es para mi, porque estaba en mi bolso.
5. ¿Te gusta el te?
6. Ese jersey es de Rosa.
7. Tu contarás tu versión y el la suya.
8. El tendrá que darnos explicaciones sobre el asunto del dinero.
9. Me gusta mas el libro que la película.
10. La bebida típica de Inglaterra es el te.

16 Escribe una oración con cada uno de los siguientes monosílabos.

SE / SÉ

TE / TÉ

TU / TÚ

CD1 26

17 Escucha las siguientes conversaciones. Después, contesta las preguntas.

Elena: ¿Qué te ha pasado?

Carmen: Pues una tontería. Iba a la estación a coger el tren, estaba lloviendo y me caí.

Sara: ¡Qué corte de pelo!

Clara: Estaba cansada. Todos los días tenía que desenredarme el pelo. Tardaba horas en secármelo, así que decidí cortármelo.

Sonia: ¿Por qué te fuiste de la fiesta?

Marta: Me dolía la cabeza, tenía los ojos irritados y era muy tarde.

▶ **PRETÉRITO IMPERFECTO (IV)**

Sirve también para describir los contextos y las situaciones en que se enmarca una acción.

Era domingo y hacía un día muy bueno, por eso nos fuimos al parque.

1 ¿Por qué se cayó Carmen?

2 ¿Por qué se cortó el pelo Clara?

3 ¿Por qué se fue de la fiesta Marta?

18 Completa estos diálogos con el pretérito imperfecto y el indefinido según corresponda.

1. –¡Vaya, Antonio! ¿Qué te ha pasado en la cara? ¿Y tus gafas?

–Pues ya ves, (*ir*) _____ despistado por la calle y (*hacer*) _____ mucho sol. En un momento dado, el sol me (*deslumbrar*) _____ y (*chocarse*) _____ con una farola. Las gafas (*romperse*) _____ y yo (*darse*) _____ un buen golpe en toda la cara.

2. –Luis, ¿cuándo (*irse*) _____ a la peluquería?

–La semana pasada. (*Cortase*) _____ el pelo y (*teñirse*) _____. ¡No soporto las canas!

–¡Ay, qué presumido eres! ¿Y (*estar*) _____ el peluquero de barba y gafitas?

–Claro, me (*atender*) _____ él. (*Llevar*) _____ la barba un poco más corta y le (*quedar*) _____ mejor.

CE 9.

19 Observa estas viñetas. Primero, describe el escenario y, después, lo que sucedió.

▶ PREPOSICIONES QUE EXPRESAN TIEMPO

Tiempo exacto	**A:** *a* + art. + hora: *Salimos de casa **a** las diez.* *a* + art. + *mañana, día, semana, año…* siguiente: *Dormí poco y **a** la mañana siguiente tenía sueño.* *estamos a* + día: *Estamos **a** quince de enero.* **EN:** *en / estamos en* + mes, estación, año, siglo, época: ***En** verano vamos a Galicia. / Estamos **en** Navidad.*
Tiempo aproximado	**SOBRE** + art. + hora: *El concierto empieza **sobre** las diez.* **POR** + época, estación: *Volveré a casa **por** Navidad / **por** primavera.* **HACIA** + (art. + horas), fecha, época: *El concierto empieza **hacia** las diez. / Pintó el cuadro **hacia** 1950.*
Duración →	**EN:** *Se leyó el libro **en** dos días.*
Origen temporal →	**DESDE:** *No viene a trabajar **desde** el lunes. / **Desde** que salí de mi país, no sé nada de ellos.*
Límite temporal →	**HASTA:** *Estuvimos hablando **hasta** las diez. / Todos estaban tranquilos **hasta** que oyeron la noticia por la radio.*
Plazo →	**PARA** + (art.): *El trabajo debe estar terminado **para** el lunes.*
Recorrido temporal	**DE … A:** *Los pedidos se hacen **de** lunes **a** viernes (de 8 a 15 h).* **DESDE** + (art.) … **HASTA** + (art.): *Trabajo **desde** las ocho **hasta** las tres.*
Frecuencia	**POR:** *Tengo clase dos veces **por** semana.* **AL / A LA:** *Veo a mis padres una vez **al** mes / **a la** semana.*

CE
11. 12.

20 Completa las siguientes preguntas con las preposiciones necesarias y contéstalas.

1. ¿...... qué hora te levantas?
2. ¿...... cuándo estudias español?
3. ¿...... qué día estamos hoy?
4. ¿...... qué mes estamos?
5. ¿...... cuándo vas a estudiar español?
6. ¿...... qué hora tienes clase?
7. ¿...... cuándo esperas poder regresar a tu país?
8. ¿...... qué hora estás en clase?

---

21 Elige la opción correcta.

1. _____ verano se celebra en Pamplona una de las fiestas más típicas de España: los Sanfermines.

   a) en b) a c) desde

2. En Nochevieja _____ las doce de la noche del día 31 de diciembre se comen uvas.

   a) en b) a c) hacia

3. La Segunda Guerra Mundial duró _____ 1939 _____ 1945.

   a) por; para b) de; a c) desde; hasta

4. _____ 2010 España ganó la Copa Mundial de Fútbol.

   a) en b) a c) por

---

22 Fijaos en estos personajes. Contad cinco cosas que creéis que han dejado de hacer por ser famosos, otras cinco que siguen haciendo y cinco que han vuelto a hacer. Utilizad estas estructuras.

➡ *Dejar de* + infinitivo
Volver a + infinitivo
Seguir / Continuar + gerundio

Madonna   *Letizia Ortiz*   *Tom Cruise*

Ej.: ***Dejó de pasear*** *tranquilamente por la calle.*

---

tomanota

23 Vamos a describir a una persona. Primero, elegid al personaje (conocido por todos). Seguid este esquema.

Personaje → ↘ Cara
↘ Cuerpo
↘ Ropa
↘ Carácter

Maneras de VIVIR

Con oficio y beneficio

1 Escribid una lista de profesiones que conozcáis. Después, buscad en el diccionario o en internet diez profesiones «raras» o poco usuales. Luego, cread una tabla con el verbo que expresa la acción que realizan y el lugar donde la ejercen.

profesión	acción que realizan	lugar
1. agente secreto	espiar	la calle, el coche...

1.1 Mostradla a vuestros compañeros. ¿Cuál ha sido la profesión más extraña?

1.2 Ahora, indagad en internet y buscad oficios y profesiones manuales. Fijaos en las imágenes de la entrada de unidad. ¿Las conocéis?

Decálogo de...

2 En parejas, redactad un decálogo de «buenas prácticas» de la profesión que más os guste.

3 Leed este texto sobre una actividad peculiar e indicad los inconvenientes que creéis que tiene esta profesión.

El cuidador del zoo

Para desempeñar esta profesión es imprescindible sentir un afecto especial por los animales.

¿En qué consiste su trabajo?

Cuidar de un animal se parece bastante a cuidar de un bebé: necesita atención las 24 horas del día. Por ello, en los zoológicos suele haber turnos de trabajo de día y de noche. La jornada comienza muy pronto, entre las 6:00 y las 7:00 de la mañana. A esas horas, los cuidadores recogen muestras de los animales para su seguimiento por parte de los veterinarios. Después, se encargan de darles la primera comida del día.

Los cuidadores pesan y registran la comida que ofrecen a cada animal, para asegurarse de que cada uno recibe la cantidad adecuada. En algunos zoológicos, los cuidadores también se encargan de atender a los visitantes y darles a conocer cómo es el día a día de los animales que atienden.

El mantenimiento del hábitat de los animales suele hacerse por la tarde. Los cuidadores se encargan de limpiarlo y desinfectarlo. Vuelven a dar de comer a los animales y los preparan para pasar la noche.

Ventajas e inconvenientes

Para aquellas personas a las que les fascina trabajar con animales, esta profesión ofrece una oportunidad única de tratar con especies salvajes y llegar a conocerlas bien.

Entre los **inconvenientes** están… _____
_____
_____
_____
_____

4 Por último, cread una presentación con las cinco profesiones que no os gustan y explicad las razones de que no os gusten.

Por ejemplo: *azafata.*

Hay que viajar constantemente en avión y me da mucho miedo volar.

Hay que tratar con la gente, y hay mucha gente exigente en los aviones.

¿Sabías que...?

Hay una profesión muy especial que es la de «contador de peces». Este trabajo ayuda a regular los derechos de pesca en ciertas áreas de EE. UU. ¿Sabes cuáles son las profesiones más peligrosas del mundo?

4 ¿Qué le ha pasado?

ámbito ❶ En la comisaría

APRENDEREMOS A

- Describir situaciones y acciones habituales
- Narrar acontecimientos

ESTUDIAREMOS

- Verbos que expresan accidente
- Imperfecto: descripción en el contexto
- Conectores: *entonces, cuando, luego, y…*
- Indefinido / imperfecto
- *estaba* + gerundio
- *estaba a punto de* + infinitivo
- *iba* + gerundio
- *acababa de* + infinitivo
- *hecho / echo; haber / a ver; por qué / porque*
- Tipos de escrito: denuncias
- Ropa y complementos
- /r/, /r̄/, /l/

ámbito ❷ Vamos de excursión

APRENDEREMOS A

- Comenzar un relato y finalizarlo
- Relacionar y valorar hechos del pasado
- Emplear recursos para organizar y reaccionar ante un relato

ESTUDIAREMOS

- Pluscuamperfecto: forma y usos
- Síntesis de los cuatro tiempos verbales
- Conectores discursivos: causales y consecutivos
- Marcadores temporales: *de pronto, de repente, al cabo de, al* + infinitivo
- *¡qué* + adjetivo!
- El superlativo
- Pronombres interrogativos y exclamativos
- *si no / sino; mediodía / medio día; también / tan bien*
- Tipos de escrito: denuncias
- Transportes
- /r/, /r̄/, /l/
- Los medios de comunicación

Así era la vida de Juan el Bailarín ×

Cuando era pequeño vivía con mis padres y mi hermana en un pueblecito de pescadores. Yo tenía dos años más que mi hermana y también era más alto y flacucho que ella. La vida allí transcurría feliz y sin ninguna prisa. Casi siempre, después de la escuela, me gustaba bailar escuchando los antiguos discos que mi padre guardaba en casa y, así, todos los días soñaba con ser un bailarín famoso y viajar por todas las ciudades del mundo. Un día del mes de julio, mientras celebrábamos las fiestas del pueblo, llegó una compañía de teatro y mi madre me llevó a verla. Su director se fijó en mi talento y desde entonces mi vida es el baile.

▶ USOS DEL PRET. IMPERFECTO

RECUERDA En la lección anterior has aprendido que el imperfecto de indicativo se usa para describir:

■ **Personas y cosas**
*Yo **tenía** dos años más que mi hermana y también **era** más alto y flacucho que ella.*

■ **Acciones habituales en el pasado**
*Casi siempre, después de la escuela, **me gustaba** bailar con los antiguos discos que mi padre **guardaba** en casa.*

Además, también se usa para describir.

■ **Situaciones o contextos en los que ocurren acciones**
*Un día del mes de julio, mientras **celebrábamos** las fiestas del pueblo, llegó una compañía de teatro y mi madre me llevó a verla.*

CE 1. **1** Relaciona las columnas y forma oraciones; así, conocerás algo más de la vida de Juan el Bailarín. Indica el uso del imperfecto en cada oración.

1. El año pasado, mientras dormía…
2. En sus últimas vacaciones…
3. En 1992, cuando viajaba en su yate privado…
4. Ayer…
5. Cuando tenía cinco años…
6. En 1980…
7. De pequeño…

▶ era larguirucho…
▶ tenía muchas pecas…
▶ cuando visitaba las pirámides de Egipto…
▶ sufrió un grave accidente…
▶ llovía mucho…
▶ cuando todavía no era famoso…
▶ entró un ladrón en su casa…

▶ recibió el premio al mejor bailarín del mundo en danza clásica.
▶ y odiaba las verduras.
▶ y perdió la memoria.
▶ y pelirrojo.
▶ y no pudo ofrecer su actuación en la Plaza Mayor de Madrid.
▶ conoció al amor de su vida.
▶ y le dio un gran susto.

CE 2. **2** Describe cómo eran y qué hacían normalmente las siguientes personas. Fíjate en el ejemplo.

1. El mejor amigo/a de tu infancia.
2. Tu primer novio/a.
3. Tu profesor/a de gimnasia.
4. Los vecinos de tus padres.
5. Tu cantante favorito/a cuando tenías 15 años.

Ej.: *Mi hermana pequeña **era** rubia y **estaba** un poco delgaducha. Le **gustaba** ver la televisión y comer galletitas. Siempre **estaba** contenta cuando **aparecía** su programa favorito. **Eran** unos dibujos animados que **contaban** las aventuras de diferentes frutas.*

CD1 27

3 Escucha el relato de lo que hacían en el pasado estas personas. Después, relaciona cada relato con la imagen correspondiente.

a

b

c

	80 años	30 años	8 años
1			
2			
3			
4			

3.1 Ahora, escribe en la tabla cuatro verbos relacionados con las acciones que realizaban. A continuación, reconstruid cada historia.

4 Observad los dibujos y describid las situaciones o contextos en los que tienen lugar estas acciones.

Rocío _____

_____ y se cayó.

Felipe_____

_____ y se durmió.

Ramón _____

_____

_____

y por eso perdió el autobús.

Juan y Luisa _____

_____

_____

y al final se enamoraron.

5 En parejas, describid en pasado cómo eran estos personajes y qué acciones habituales realizaban.

➡ **Daniela**

➡ **Margarita**

➡ **Paco**

suena**bien**

Diferencias entre *rr* / *r* y *r* / *l*.

La ***r*** tiene dos sonidos, uno suave y otro fuerte. Con el sonido suave la lengua vibra muy poco (pe***r***o), y con el sonido fuerte la lengua produce una vibración más intensa (pe***rr***o).

Escribimos *r*

- Entre vocales cuando el sonido es suave: *cara, muro.*
- Al final de una sílaba: *árbol, comer.*
- Al principio de palabra (sonido fuerte): ***r**ama, **R**ocío.*
- Después de ***l**, **n*** y ***s*** (sonido fuerte): *alrededor, Enrique, Israel.*

Escribimos *rr*

- Entre vocales cuando el sonido es fuerte: *jarrón, correr.*

CE 4.

CD1 28

6 Repite cada palabra que escuches y escribe después *rr*, *r* o *l*.

ti…o / ca…eta / co…o / pe…a / co…o /
ca…eta / pe…a / sie…a / ba…o / pe…o /
gue…a / mu…o / aho…o / bu…o / made…a /
hon…ar / pa…o / …adio / …ico / …oto /
…osa / …osa / …ima / …ima / pe…o /
pe…o / pa…a / pa…a / ba…a / ba…a /
ce…o / ce…o / …avo / …abo / po…o

CD1 29

7 Haz lo mismo que en el ejercicio anterior, pero ahora coloca *r* o *l*.

a…ma / f…ío / c…ea… / co…to / p…ega… /
a…ma / sali… / a…to / esc…ibi… / fa…so /
p…eferi… / p…ace… / ca…nava… / lib…e /
fe…vo… / p…anta / t…ío / p…ega…ia /
t…amposo / pueb…o / sa…tamontes /
a…busto / t…epa… / temb…a…

8 Vamos a jugar con las sílabas: *la, le, li, lo, lu, rra, rre, rri, rro, rru, ra, re, ri, ro, ru.* En grupos, formad palabras que contengan estas sílabas. Gana el equipo que consiga más palabras correctas.

▶ PRET. INDEFINIDO / PRET. IMPERFECTO

■ Hay verbos que, por su propio significado, suelen ir en pretérito perfecto (los verbos que expresan **acontecimientos únicos**) o en imperfecto (los verbos que se utilizan en las **descripciones**):

*Ayer **explotó** una bombona de butano en un barrio de Madrid* (acontecimiento único).

*Antes siempre **llevaba** faldas largas* (descripción).

¡ATENCIÓN!

■ Los verbos que expresan acontecimientos únicos pueden ir en imperfecto y, en ese caso, expresan una acción habitual. De igual forma, los verbos que se utilizan normalmente para describir pueden ir en indefinido; de esta manera, la acción se presenta como un acontecimiento único y no como simple contexto:

*Cuando **éramos** pequeños, siempre en las fiestas de cumpleaños **explotábamos** todos los globos* (acción habitual).

*La semana pasada **llevé** falda larga al trabajo* (acontecimiento único).

CE 5.

10 Completa los siguientes enunciados con el tiempo de pasado necesario.

1. Juan no *(tener)* ...... mucha fiebre y, por eso, *(estar)* ...... montando en bicicleta toda la tarde.

2. Juan *(estar)* ...... durmiendo la siesta y, de repente, *(romperse)* ...... el sillón.

9 👥 Clasificad estos verbos según se utilicen generalmente para narrar o describir.

doler la cabeza **/** estropearse **/** nacer **/**
parecerse a **/** estar triste **/** morir **/**
tropezarse **/** vestir de negro **/**
encontrarse con alguien **/** romper **/**
cortarse un dedo **/** tener fiebre

narrar	describir

9.1 👥 Escribid una oración con cada uno de ellos e imaginad su contexto.

9.2 👥 Ahora, convertid esos acontecimientos únicos en habituales utilizando el imperfecto. Realizad los cambios necesarios.

3. Como Luisa *(llevar)* ...... unos zapatos de tacón muy alto, *(tropezar)* ...... y *(hacerse)* ...... daño en el tobillo.

4. El mes pasado Luisa *(llevar)* ...... unos pendientes verdes al trabajo.

5. Ana no *(venir)* ...... a mi fiesta de cumpleaños porque *(estar)* ...... deprimida y de mal humor.

6. Cuando Ana *(venir)* ...... por la carretera de A Coruña, *(pincharse)* ...... la rueda del coche.

7. Ayer, al salir de casa, *(caerse, yo)* ......

8. Juan *(tomar)* ...... un refresco tan tranquilo y entonces Luis *(caerse)* ...... a la piscina.

9. Paula *(estar)* ...... casada un año y cinco meses.

10. Paula *(estar)* ...... casada y, de pronto, *(conocer)* ...... al hombre de su vida.

CD1 30

11 Estamos en una comisaría. Escucha estas denuncias y contesta las preguntas que realiza el comisario.

Denuncia 1
- ¿Cuántas tarjetas de crédito llevaba?
- ¿Con qué le amenazó?
- ¿Qué hizo el ladrón después de robarle?

Denuncia 2
- ¿Qué documentación llevaba en su bolso?
- ¿Los ladrones llevaban una pistola?
- ¿La ayudó alguna persona?

Denuncia 3
- ¿Cuántas personas eran?
- ¿Solo le robaron el carné de identidad?
- ¿Recuerda cómo era el ladrón?

12 **DEBATE. Leed estas noticias con atención.**

→ **EL SÁBADO POR LA NOCHE, LA POLICÍA DETUVO** en el barrio malagueño de Los Pajaritos a tres jóvenes que no querían abandonar un bar. Los vecinos del barrio se quejaban de los ruidos que continuamente se producían en el local Ven Ven hasta altas horas de la madrugada.

Los tres jóvenes tuvieron que ser evacuados a la fuerza por la Policía. Una de las vecinas afirmó: «Es insoportable pasar un fin de semana en casa. La música y el ruido de las motos nos impiden dormir por la noche». ∎

→ **HA SIDO CONDENADO A CINCO AÑOS DE CÁRCEL UN HOMBRE** que hace tres años realizó compras con una tarjeta de crédio que se encontró. Cuando cometió el delito, M. L. M. tenía dos hijos pequeños y se encontraba en paro. Estas son las declaraciones de M. L. M. a Radio Veloz: «Realicé en un supermercado varias compras para dar de comer a mis hijos». ∎

→ **SEGÚN LAS ÚLTIMAS ENCUESTAS, EL 80% DE LAS EMPRESAS** consultadas vierten sus residuos en los ríos y en el mar. Los ecologistas dan la voz de alarma y reclaman a las autoridades duras sanciones para los responsables de estas empresas. ∎

12.1 Ahora dad vuestra opinión sobre estos temas utilizando las siguientes fórmulas: *En mi opinión, yo creo que, opino que, estoy a favor porque, estoy en contra porque…*

1. Todos los bares tienen que cerrar a las once de la noche para que los vecinos puedan dormir.

2. Los jueces deben valorar los motivos por los que una persona realiza determinadas acciones.

3. Hay que castigar a los responsables de las empresas que vierten sus residuos al mar con fuertes sanciones económicas.

tomanota

Debes conocer bien las diferencias entre:

■ **porque / por qué**
✓ **Porque** es una conjunción que indica causa: *No voy al cine porque estoy cansado.*
✓ **Por qué** se utiliza para preguntar (equivale a «por qué razón»): *¿Por qué vienes tan tarde?*

■ **hecho / echo**
✓ **Hecho** es el participio del verbo hacer: *He hecho mi cama esta mañana.*
✓ **Echo** es el presente de indicativo del verbo echar: *Echo dos cucharadas de azúcar al café.*

■ **haber / a ver**
✓ **Haber** es el infinitivo del verbo haber. Aparece con los verbos poder, soler y deber (de): *Debe de haber un libro azul en ese cajón.*
✓ **A ver** es una frase hecha que procede de ir a + infinitivo (vamos a ver): *A ver si vienes más temprano.*

CE 8. **13** **Completa con la forma correcta.**

1. Juan, *(haber / a ver)* .... si me ayudas.
2. Luis ha *(hecho / echo)* .... el Camino de Santiago.
3. No me pongo la chaqueta *(porque / por qué)* .... hace mucho calor.
4. Nunca *(echo / hecho)* .... azúcar en el café.
5. Tienes que *(a ver / haber)* .... terminado tus deberes antes de las cinco.
6. ¿*(Por qué / Porque)* .... te has comprado un chándal de invierno?
7. *(Haber / A ver)* .... si te comportas correctamente.
8. Me voy directo a la cama *(porque / por qué)* .... tengo sueño.
9. Debo de *(haber / a ver)* .... puesto mis llaves en la mochila amarilla.
10. Nunca *(hecho / echo)* .... vinagre a las ensaladas.
11. Puede *(haber / a ver)* ...... alguien que conozca la verdad.

14 Describe estas viñetas utilizando la forma *estar* + gerundio.

▶ ESTABA + GERUNDIO

■ Para describir la situación en la que se realiza la acción, se utiliza el imperfecto del verbo *estar* + gerundio:
*Aquel día **estaba afeitándome** y sonó el teléfono.*

▶ OTRAS PERÍFRASIS

■ Para describir el contexto en el que tiene lugar una acción, podemos utilizar también en imperfecto los siguientes verbos:
  – *Estar a punto de / estar para* + infinitivo indica el inicio de una acción.
  – *Ir / andar* + gerundio indica el desarrollo de una acción.
  – *Acabar de* + infinitivo indica el final de una acción.

■ Estos verbos pueden servir de marco a otros que expresan accidente, como *cortarse, romperse, caerse, tropezar, asustarse, atropellar, darse un golpe*…:
  Estaba para salir cuando tropecé en el pasillo.
  Iba pensando en mis cosas y me di un golpe con una papelera.
  Acababa de cruzar el río cuando se rompió el puente.

15 Completa las siguientes oraciones con el tiempo adecuado, según indiquen acción o el contexto de la acción.

1. Ana (buscar) *andaba buscando* un libro en una librería y (encontrarse) *se encontró* con una compañera del trabajo.

2. Yo (cerrar) .... la puerta cuando (sonar) .... el timbre.

3. Cuando Luisa (declarar) .... en la comisaría, el comisario (recibir) .... una llamada urgente.

4. Los dos coches blancos (chocarse) .... cuando (llegar) .... la policía.

5. Ellos (acostarse) .... cuando (recibir) .... la visita inesperada de su mejor amigo.

6. La policía (detener) .... al ladrón, pero el ladrón (escaparse) ....

7. Ayer por la mañana, mientras (arreglar, yo) .... el tejado, la escalera (romperse) .... y (hacerse) .... daño en el tobillo.

8. Esta mañana mis vecinos (resbalarse) .... en el portal porque otro vecino (fregar) .... el suelo y todo (estar) .... mojado.

9. Yo (tomar) .... un café y (caerse) .... encima y (mancharse) .... mi blusa nueva.

10. Luis (salir) .... cuando (marearse) .... y (caerse) .... al suelo.

16 Mira las siguientes viñetas y cuenta qué le ocurrió a Juan Malasuerte en diferentes momentos de su vida.

16.1 Ahora, imaginad otras desgracias que le hayan ocurrido a Juan Malasuerte a lo largo de su vida y escribidlas.

16.2 ¿Eres supersticioso? ¿Piensas que hay personas que realmente tienen mala suerte? Vamos a comentar algunas de estas supersticiones (buenas y malas).

▶ Ponerse una prenda de ropa al revés anuncia que me regalarán algo.

▶ Levantarse con el pie derecho es señal de buena suerte durante todo el día.

▶ Nunca hay que pasar por debajo de una escalera porque trae mala suerte.

▶ Martes y 13 en España es un mal día.

▶ Derramar la sal anuncia desastres en nuestra vida.

▶ Romper un espejo nos trae siete años de mala suerte.

▶ Echar arroz a los recién casados es señal de prosperidad en el matrimonio.

tomanota

17 Lee la siguiente noticia.

En la calle Juan XXIII ha sido asaltado el domicilio del joven M. J. R. El joven asegura que cuando estaba a punto de salir de la ducha oyó un golpe. Salió con cautela y vio cómo dos hombres salían de la casa mientras le amenazaban con un objeto contundente.

Esto afirmó el joven antes de poner la correspondiente denuncia en la comisaría más próxima.

17.1 Imagina que tú eres M. J. R. y quieres poner una denuncia. Para ello tienes que rellenar este impreso.

DENUNCIA POR ROBO

AL JUZGADO DE INSTRUCCIÓN

Que por medio del presente escrito formulo denuncia manifestando los siguientes HECHOS

PRIMERO.- Que en fecha de hoy, ..., al regresar a mi vivienda, en la dirección ya citada, siendo aproximadamente las .... horas, encontré la puerta de entrada abierta con signos evidentes de haber sido forzada, faltando de dicha vivienda diversos electrodomésticos, joyas y 500 euros en billetes.

SEGUNDO.- Que ignoro quién pueda ser autor de los hechos, pero no así el vecino don ...., domiciliado en ...., quien afirma haber visto a dos individuos merodeando la vivienda unas tres horas antes de mi llegada, manifestando que al menos a uno de ellos podría reconocerlo por haberlo visto en ocasiones anteriores por las proximidades conduciendo un automóvil blanco matrícula ....

Y, ante el carácter evidentemente delictivo de los hechos expuestos, los pongo en conocimiento del Juzgado y

SUPLICO AL JUZGADO: Que, teniendo por presentado este escrito, se sirva admitir la denuncia que en él se formula, acordando la incoación de las pertinentes diligencias y cuanto proceda para la más eficaz administración de justicia.

Es justicia que pido en ...., a ...... de .... de ....

¿Por qué no te vi ayer en la fiesta de cumpleaños de Vicente?

Porque cuando llegué ya se **había ido** todo el mundo.

▶ PRET. PLUSCUAMPERFECTO

FORMA		
yo	**había**	
tú	**habías**	
él/ella/usted	**había**	cant**ado**
nosotros/-as	**habíamos**	+ beb**ido**
vosotros/-as	**habíais**	viv**ido**
ellos/ellas/ustedes	**habían**	

USO

■ Sirve para hablar de una acción pasada, anterior a otra acción pasada:
*Ayer, cuando llegamos al cine, la película ya **había empezado.***

1 Contesta las siguientes preguntas utilizando el pretérito pluscuamperfecto cuando sea necesario.

I. > ¿Por qué decidiste ir a Barcelona la semana pasada y no a Córdoba?
< *(Decidir)* .... ir a Barcelona porque ya *(visitar)* .... Córdoba.

2. > ¿Por qué Ricky Martin no ha venido a cantar a Madrid?
< Ricky Martin no ha venido a cantar a Madrid porque *(actuar)* .... aquí las navidades pasadas.

3. > ¿Fuiste de marcha el sábado?
< Sí, como *(cenar)* .... temprano y en cinco minutos *(recoger)* .... la cocina, *(decidir)* .... salir y tomar una copa.

4. > ¿Por qué estabas tan cansada anoche?
< Anoche *(estar)* .... tan cansada porque antes de venir a tu fiesta de cumpleaños *(ir a bailar)* .... a la discoteca Ritmo.

5. > ¿Sabes si Beatriz tomó el avión del mediodía?
< Creo que sí, porque cuando *(llegar, yo)* .... al apartamento ya *(hacer, ella)* .... el equipaje y *(marcharse, ella)* ....

2 👥 Lee estos textos y escribe en qué «orden real» suceden los acontecimientos que aparecen en cada uno. Habla con tu compañero.

1

Pedro y Raúl se encontraron en el teatro el domingo por la tarde. Raúl estaba triste y le contó a Pedro que su novia lo había abandonado y se había ido a vivir a Alicante con su hermana pequeña.

*Ej.: **I.** La novia de Raúl le abandonó. **2.** La novia de Raúl se fue a vivir a Alicante. **3.** Pedro y Raúl se encontraron. **4.** Pedro le contó a Raúl lo de su novia.*

2

Mis padres viajaron por primera vez a la península de Yucatán en 2010. En otras ocasiones habían viajado a otros países hispanoamericanos. Durante su viaje a la península mexicana visitaron numerosas ruinas mayas y compraron algunos regalos. En el viaje de regreso mi padre tomó algunos tranquilizantes para dormir, pues en el vuelo de ida había pasado mucho miedo en el avión.

3

Ayer Vicente estaba muy feliz y llamó a Jorge por teléfono para decirle que su hermana Marta había ganado el Premio Zurbarán de pintura. Antes de obtener este reconocimiento, Marta ya había participado en otros certámenes nacionales e internacionales, pero nunca le habían otorgado un premio tan importante.

4

Noelia decidió ir a la playa el martes por la tarde. Al día siguiente preparó su bolsa y salió de casa muy trempano. Condujo durante seis horas y, ¡por fin!, llegó a la playa de la que le había hablado Marcos el fin de semana anterior. Noelia estaba contenta porque hacía buen tiempo y había poca gente. Después de dar un paseo por la orilla, se puso el bañador que se había comprado el martes por la mañana.

3 Mira los dibujos y cuenta lo que les ocurre a estas personas. Utiliza el pretérito pluscuamperfecto.

Antes de salir, Lucas…

Antonio no viajó a Bilbao el jueves porque…

Irene, cuando salió de viaje, ya…

CD1 31

4 Escucha esta conversación y contesta.

1. ¿Por qué viajaba María a Barcelona?
2. ¿A qué hora salía el avión?
3. ¿Por qué María no había dormido nada la noche anterior?
4. ¿Durante cuánto tiempo se quedó dormida María?
5. ¿Qué ocurrió cuando María se despertó?

CE 5.

4.1 María se siente mal porque ha perdido el avión y reacciona diciendo: «¡Qué horror!» Clasifica las expresiones en positivas o negativas.

¡es terrible!   ¡genial!
¡qué maravilla!   ¡es horrible!
¡es espantoso!   ¡bien!
¡qué espanto!   ¡qué rabia!
¡Dios mío!   ¡qué mal!
¡qué horror!
¡es horroroso!
¡estupendo!

5 Ahora, fíjate en las imágenes y reacciona ante ellas.

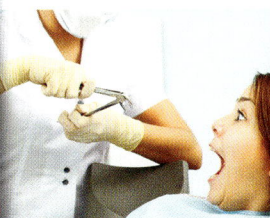

suenabien

CD1 32

6 Escucha estos trabalenguas, porque después los tendrás que leer tú.

CE 6.

El perro de san Roque no tiene rabo, porque Ramón Ramírez se lo ha robado.

Pepe Porra picó a un perro con una lima de hierro por enredar en su gorra, y el perro mordió su mano diciéndole muy ufano: «Pica, pica, Pepe Porra».

El grano en el granero no grana. Si el grano que no grana en el granero granara, el granero tendría más grano.

CD1 33

7 Presta atención y escribe las palabras que escuches.

▶ EXPRESIÓN DE LA CAUSA

■ Expresar la causa por la que se realiza la acción.

porque + indicativo	✓ Se usa siempre detrás de la oración principal: *Fui a Kenia **porque** quería hacer un safari.*
como + indicativo	✓ Se usa siempre delante de la oración principal: ***Como** quería hacer un safari, fui a Kenia.*
por + indicativo	✓ Se usa delante o detrás de la oración principal: *Lo despidieron **por** llegar tarde. / **Por** ser tan tímido, se quedó sin su regalo.*

■ Dar explicaciones. / Poner excusas.

es que + indicativo	✓ Se usa al comienzo de la oración: *Siento llegar tarde; **es que** había mucho tráfico.*

---

8 Escribe las posibles causas de las siguientes acciones.

1. Vais por la autopista a más de 120 kilómetros por hora.
2. Daniel camina y no coge el coche para ir al trabajo.
3. Durante una semana solo he comido verdura.
4. Nos acostamos a las diez de la noche.
5. Cojan un paraguas.
6. Tomé tres tazas de café.
7. Miráis el reloj cada cinco minutos.
8. Recogemos la ropa que está tendida.
9. Compraron un saco de dormir.
10. Perdieron el barco.

9
CE
7.

Expresa una consecuencia a partir de las siguientes situaciones.

1. No había nadie en el apartamento…
2. Tenía mucha sed…
3. El supermercado estaba abarrotado…
4. Ayer me aburrí en la fiesta…
5. No tengo sueño…
6. El avión se movía mucho…
7. Esta mañana no hemos tenido clase de gramática…
8. No encontré las llaves en mi bolso…

▶ EXPRESIÓN DE LA CONSECUENCIA

así que + indicativo:	*No había nadie en el aeropuerto, **así que** me fui.*
por eso + indicativo:	*Estaba muy cansada del viaje, **por eso** cogió un taxi.*
entonces + indicativo:	*Me ofrecieron muchos destinos en la agencia de viajes; no sabía qué elegir, **entonces** cogí lo primero que vi.*

---

10 Une las dos columnas y expresa la relación como causa y como consecuencia.

Ej.: **1. c)** *Tenía hambre, **así que** me comí un bocadillo.*
***Como** tenía hambre, me comí un bocadillo.*

1. Tener hambre
2. Arañar los muebles
3. Estudiar muy poco
4. Encontrar una cartera con dinero
5. Correr 10 km

a) Necesitar una ducha
b) Ir a la comisaría
c) Comer un bocadillo
d) Cortar las uñas al gato
e) Suspender el examen

11
CE
8. 9.

¿Cuáles son, en vuestra opinión, las causas y consecuencias de estas afirmaciones?

Cada vez nacen menos niños.

En el futuro los robots serán los mejores amigos del hombre.

En las grandes ciudades es difícil respirar aire puro.

turismo

12 Lee estas propuestas turísticas. ¿Te interesa alguna? Justifica tu respuesta.

A TODO RITMO

Ven con nosotros a un crucero por el Mediterráneo en el buque Corazón. Durante cuatro días disfrutarás de todas las actividades programadas en este hotel flotante: juegos en la piscina, sauna, *jacuzzi*, etc.

Salimos del puerto de Barcelona y hacemos escala en Palma de Mallorca, Nápoles, Pompeya, isla de Capri y Niza.

Un guía nos espera en cada uno de estos lugares. La entrada a los museos es gratuita.

Para más información: www.realcrucero/76.es

¿TE GUSTA LA AVENTURA?

Viajamos al centro de África. El mundo de los animales salvajes te espera. Viaje en avión (ida y vuelta) y alojamiento en tiendas de campaña desde 318 € al día.

Te esperamos.

MAR EN FAMILIA

Este verano coge la hamaca y el bañador. ¿Quieres relajarte y tumbarte en la playa? Organizamos vacaciones tranquilas para grupos de amigos y familias.

El alojamiento (con el desayuno incluido) tendrá lugar en cabañas a orillas del mar. Te garantizamos unos días de relax y reposo total.

¡Ponte en contacto con nosotros!

tomanota

Debes conocer bien las diferencias entre:

■ **si no / sino**

✓ **si no** está formado por la conjunción condicional y un adverbio de negación: *Si no quieres comer más, no comas.*

✓ **sino** sirve para contraponer a un concepto negativo otro afirmativo. Siempre tiene que ir precedido de un elemento: *No quiero que te vayas, sino que te quedes.*

■ **mediodía / medio día**

✓ **mediodía** es un nombre que se refiere a un momento del día (las 12 h): *Nos vemos a mediodía en el parque.*

✓ medio día está formado por un adjetivo y un nombre y significa 'la mitad del día': *Los viernes solo trabajo medio día.*

■ **también / tan bien**

✓ **también** sirve para afirmar la repetición de una acción: *Yo también he facturado mis maletas.*

✓ tan bien sirve para comparar y calificar una acción. Significa 'muy bien, estupendamente': *Cocinas tan bien que siempre me chupo los dedos.*

CE 10.

13 **Completa con la forma correcta.**

1. Además de la arquitectura (*también / tan bien*) .... me gustan la pintura y la escultura.

2. (*Si no / Sino*) .... estoy en tu casa a (*mediodía / medio día*) .... no me esperes.

3. Dibujas (*tan bien / también*) .... que tus cuadros parecen reales.

4. Siempre salgo de la facultad a (*medio día / mediodía*) ....

5. Tú trabajas (*medio día / mediodía*) .... y yo tengo jornada completa.

6. No me gusta la soledad, (*sino / si no*) .... el bullicio.

7. (*Si no / Sino*) .... venís a mi fiesta de cumpleaños, me enfadaré con vosotras.

► EL SUPERLATIVO

-ísimo: aburrido > *aburrid-ísimo*

-bilísimo: amable > *ama-bilísimo* (solo para los adjetivos acabados en *-ble*).

el más, el menos + adjetivo: **el más** alto, **el menos** caro.

el más, el menos + adjetivo + **de** + sustantivo / adverbio: **el más** alto **de la** clase; **el menos** caro **de** aquí.

SUPERLATIVOS IRREGULARES

✓ Muy bueno > **óptimo**.

✓ Muy malo > **pésimo**.

✓ Muy pequeño > **mínimo**.

✓ Muy grande > **máximo**.

CE
11.

14 Construye oraciones utilizando, en grado superlativo, un adjetivo de los que te proponemos.

divertido/-a	frío/-a
interesante	vacío/-a
grande	feo/-a
elegante	simpático/-a
lleno/-a	joven
listo/-a	limpio/-a
viejo/-a	atractivo/-a
sucio/-a	amplio/-a

► el director de mi escuela *El director de mi escuela es* **elegantísimo.**

► mis últimas vacaciones en la playa _____

► los perros de mi vecino _____

► el parque de mi barrio _____

► el novio de mi mejor amiga _____

► los bares de mi ciudad _____

► las calles de mi país a las doce de la noche _____

► el invierno de mi país _____

14.1 ¿Qué les ocurre a los adjetivos acabados en *-io*? ¿Y a los acabados en *-ío*?

15 Completa con un superlativo. Utiliza alguno de estos adjetivos.

Ej.: *Cuando era pequeña, Luisa era una niña muy triste, pero ahora es* **la más feliz** *(de sus hermanas).*

generoso/-a	atlético/-a	limpio/-a	delgado/-a	desafortunado/-a
alto/-a	inteligente	feliz	atractivo/-a	famoso/-a

1. Vicente era un hombre tacaño, y de repente se convirtió en _____

2. Anoche lavé mi coche y ahora es _____

3. Mi hija tiene 15 años y mide 1,70 m. Es _____

4. Cuando Mario sale a la calle todo el mundo lo mira. Es _____

5. Después de hacer muchos abdominales, Alicia es _____

6. Beatriz nunca tiene suerte en la vida y cree que es _____

7. Con un solo disco en el mercado, Javier Soto se ha convertido súbitamente en _____

8. Sin esperarlo, Ana ha aprobado los exámenes. Es _____

9. Antonia estudiaba poco, pero al final llegó a ser _____

10. Mi hermana tiene 19 años y pesa 50 kg. Cuida mucho su alimentación; ella es _____

16 Observa los dibujos. Describe a estas personas según cada contexto utilizando el superlativo absoluto o el superlativo relativo.

tomanota

■ **Interrogativos**

✓ **qué** (pregunta por personas y cosas):
¿Qué es tu hermana? Es profesora de Gimnasia.

✓ **quién(es)** (pregunta por personas):
¿Quién quiere un café?

✓ **cuánto(s), cuánta(s)** (pregunta por la cantidad de personas y cosas):
¿Cuántos españoles conoces?

✓ **dónde** (pregunta por el lugar):
¿Dónde vives?

✓ **cómo** (pregunta por el modo, la forma):
¿Cómo preparas el arroz?

■ **Exclamativos**

✓ **qué:**
¡Qué grande está Lucas!

✓ **quién(es):**
¡Quién te crees que eres!

✓ **cuánto(s), cuánta(s):**
¡Cuánta gente había en el cine!

17 Completa el estribillo con los interrogativos adecuados.

¿Y …… es él?
¿En …… lugar se enamoró de ti?
¿De …… es?
¿A …… dedica el tiempo libre?
Pregúntale
por …… ha robado un trozo de mi vida.
Es un ladrón, que me ha robado todo.

José Luis Perales,
¿Y cómo es él?

CE 12. **18** Tienes que entrevistar a estas personas. Prepara las preguntas que les vas a hacer.

Escritor
Profesor
Entrenadora de tenis
Fotógrafa

18.1 Ahora, imagina que eres uno de estos personajes. Tu compañero te hará la entrevista.

Maneras de VIVIR

Estar bien informado para opinar

1 ¿Cuántos medios de comunicación consultáis?
¿Creéis que es importante saber diariamente lo que sucede en el mundo?

2 Responded a esta encuesta individualmente y luego contrastad las respuestas. ¿A tu compañero le gusta estar informado? ¿Por qué? Explícaselo a todos tus compañeros.

1 ¿TE GUSTA ESTAR INFORMADO?

a) Siempre y a todas horas.
b) A veces, cuando sucede algo importante.
c) Casi nunca, solo busco la información que me interesa.
d) Nunca.

2 ¿A QUÉ MEDIO DE INFORMACIÓN RECURRES?

a) Veo la televisión.
b) Escucho la radio.
c) Leo el periódico.
d) Miro en internet los grandes titulares.

3 ¿QUÉ NOTICIAS TE INTERESAN?

a) Los acontecimientos políticos.
b) Los desastres naturales.
c) El tiempo meteorológico.
d) Poca cosa. Algún resultado deportivo.

En parejas...

3 Preparad una presentación con los principales medios de comunicación de vuestro país. Indicad qué periódicos se leen, qué programas de televisión son más populares, qué emisoras de radio se escuchan, etc.

4 Realizad una encuesta entre vuestros compañeros. No olvidéis la pregunta «estrella»: *¿Es importante leer / ver / escuchar los medios de comunicación del país, cuya lengua estáis aprendiendo?*

5 Ahora elaborad los resultados y redactad la noticia. El título es *¿Qué piensan mis compañeros de los medios de comunicación extranjeros?*

6 Leed con atención este texto que trata de la conexión con la información. Después, contestad verdadero o falso.

Querer conocer fomenta el saber

Todos queremos saber qué sucede en el mundo en el que vivimos y para ello consultamos los medios de comunicación. Podemos acudir a la televisión, a la prensa en línea, blogs, radio, donde obtendremos una gran cantidad de información y de diferentes ideologías. Sin embargo, hay que saber seleccionar los datos.

Para tener una opinión bien informada es necesario saber elegir aquellos medios que nos dan la noticia desde distintos puntos de vista, con el fin de poder tener nuestro propio criterio ante el exceso de información que se crea en la red. Por ello, no solo mantener la curiosidad, sino también saber navegar es fundamental para participar del conocimiento del mundo y del saber que se genera en internet.

Texto adaptado de micropoder.org

	V	F
a) Da igual el medio elegido, lo importante es conocer la noticia.		
b) Solo en la red encontraremos la información más interesante.		
c) Todas las noticias suelen ser objetivas.		
d) Es muy fácil acceder a la información.		

7 ¿Habéis salido alguna vez en la televisión, el periódico o la radio de vuestra ciudad? ¿Por qué fuisteis noticia, cuándo fue y qué os sucedió?

¿Sabías que...?

El Premio Nobel de Literatura **Gabriel García Márquez** comenzó su carrera literaria como periodista. ¿Sabes qué obra suya se presenta como una «crónica», basada en hechos reales, a partir de una base periodística?

5 ¿Qué pasó?

1 Observa estas fotos. ¿Qué cambios se han producido en él y ella? Fíjate en los ejemplos.

Carlos

Ej.: *Carlos antes **era** rubio, ahora es moreno.*
***Se ha vuelto** moreno.*

Ana Li

Ej.: *Ana **era** alegre, de mayor **se ha vuelto** muy seria.*

► VERBOS DE CAMBIO

■ **Ponerse** + adjetivo ➜ expresa aspecto físico o estado de ánimo:
*Agustín **se puso** triste. / **Me puse** mala de tanto comer.*

■ **Hacerse** + sustantivo de profesión / adjetivo (ideología o actitud):
*Tu novio **se ha hecho** budista. / María **se ha hecho** famosa.*

■ **Volverse** + adjetivo de carácter:
***Se ha vuelto** bastante antipático.*

El significado de estos verbos cambia sin el pronombre *se (poner, hacer* y *volver).*

■ **Convertirse en** + sustantivo ➜ expresa una transformación importante:
***Me he convertido en** una persona diferente.*

■ **Llegar a ser** + sustantivo ➜ expresa un cambio gradual:
***Llegó a ser** el líder del grupo. / **Llegó a ser** director de la empresa.*

---

2 Completa con las siguientes palabras para construir oraciones que expresen cambio.

CE 1.

Ej.: *mujer* ➜ *convertirse en*
*Mi novia **se ha convertido en** mi mujer. Nos hemos casado.*

1. Una gran cantante ➜ llegar a ser
Aunque esa chica no lo sepa, ...

2. Famosa ➜ hacerse
Charo Morales ...... por un programa de televisión.

3. Excéntrico ➜ volverse
...... cuando alcanzó la fama.

4. Elegante ➜ ponerse
La modelo ...... para la fiesta en la embajada.

5. Líder ➜ convertirse en
Juan ...... de una banda de música.

6. Artista ➜ llegar a ser
...... por sus cualidades interpretativas.

7. Escritor ➜ hacerse
...... después de trabajar muchos años como periodista.

8. Reservado ➜ volverse
Javier ...... cuando se separó.

9. Guapo ➜ ponerse
Luis ...... para conseguir un ascenso en su trabajo.

3 Construye oraciones que expliquen los cambios ocurridos en la vida de estas personas.

antes ×

1. Juan estaba muy delgado.

2. Eva compartía todo con los demás.

3. Luisa quería ser jefa.

4. Andrés era ateo.

5. Silvia confiaba en todos y creía cualquier cosa que le contaban.

6. Pedro no tenía trabajo, ni coche, ni casa. Compró un billete de lotería.

7. Felipe componía versos, escribía novelas, aunque nadie leía sus escritos. Él no perdía la esperanza.

ahora ×

1. Juan está gordo.

2. Eva lo guarda todo para sí misma.

3. Han nombrado a Luisa directora del Departamento.

4. Andrés va todos los domingos a misa.

5. Silvia es muy desconfiada y no cree en nada ni en nadie.

6. Pedro vive en una mansión y conduce un coche muy lujoso.

7. La prensa, la radio, la televisión..., todos quieren entrevistar a Felipe y preguntarle por su próxima novela.

4 Relaciona estos datos sobre Bill Gates.

enlace matrimonial (1979)	Universidad de Harvard
estudios	informática
líder	periódicos y revistas
portada	más de 76 billones de dólares
famoso	Melinda French
ganancias	sistema operativo Windows

5 Ahora, construye una oración con cada una de las parejas de datos anteriores utilizando los verbos *hacer, llegar a ser, convertirse, casarse con, conseguir* y *hacerse.*

Ej.: **1.** *En 1979 **se casó** con Melinda French.*

2. _____

3. _____

4. _____

5. _____

6. _____

6 Observa los dibujos y utiliza estos verbos para describir las situaciones:

> Volver / volverse
> Hacer / hacerse
> Poner / ponerse
> Convertirse
> Llegar a ser

Enrique

Pepe

Ej.: *Enrique volvió cansado del trabajo. / Se volvió loco.*

Paco

Juan y María

Linda

Lucía

6.1 En cuanto a ti, ¿qué cambios se han producido en tu vida? ¿Has llegado a conseguir lo que deseabas? Si lo prefieres, cuenta lo que le ha sucedido a algún amigo.

suena**bien**

El fonema /θ/ se articula situando la lengua ligeramente entre los dientes, mientras que para /**s**/ la punta de la lengua se apoya en los alvéolos (parte posterior y superior de los dientes).

CD2 1

7 Escribe *c, z* o *s* por orden de audición.

1. …umo	**7.** ha…es
2. …umo	**8.** a…es
3. ca…a	**9.** lo…a
4. ca…a	**10.** lo…a
5. ma…a	**11.** …ima
6. ma…a	**12.** …ima

8 Dicta una palabra de cada pareja a tu compañero o compañera. Él o ella la marcará.

- cierva / sierva
- maceta / meseta
- pes / pez
- heces / eses
- azada / asada
- os / hoz
- seseo / ceceo
- poso / pozo

CD2 2

9 Escucha y completa estos enunciados.

1. _____ la fama por medio de su trabajo y como _____ de una serie de _____

2. Hemos _____ a la _____ de mano y al _____ de la _____ Marina.

3. Los _____ largos dan _____ para la _____

4. La _____ _____ no ha hablado de la _____ _____ del _____ y la _____ modelo.

10 LAS PREPOSICIONES. Fíjate en la imagen. Después, relaciona estas dos columnas.

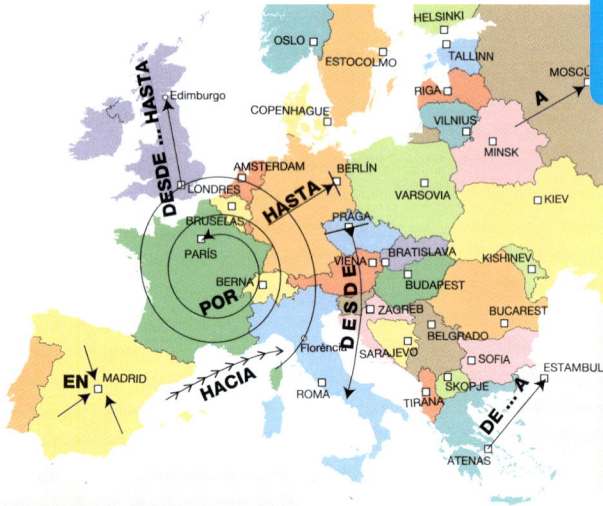

Vivieron su romance *en* Madrid.

Hemos estado de vacaciones *por* toda Europa.

En verano iremos *a* Moscú.

Te envío esta postal *desde* Praga.

Viajamos en tren *hasta* Berlín.

A la mañana siguiente se dirigieron *hacia* Florencia, ajenos a los sucesos.

El viaje fue muy bueno *desde* Londres *hasta* Escocia.

Conocí a mi marido cuando volaba *de* Atenas *a* Estambul.

Punto de llegada.

Dirección a un lugar determinado.

Punto de partida.

Movimiento; localización aproximada.

Dirección.

Recorrido espacial marcando el principio y el fin.

Punto en el espacio.

CD2 3

11 Escucha la entrevista que ha concedido la modelo y actriz Valle Alcántara y contesta las preguntas.

1. ¿Dónde ha ido Valle Alcántara para rodar su última película?

2. ¿Por qué lugares ha viajado la actriz y modelo?

3. El periodista habla de una posible boda por el rito zulú. ¿Dónde se celebró el supuesto enlace?

4. ¿Cuál es la «solución» de Valle para que los periodistas no descubran su futura boda?

5. Además de viajar a México con Pierre, ¿qué otro lugar han visitado juntos?

6. ¿Cuándo le regaló Pierre un anillo de brillantes?

7. ¿En qué momento sufrió la artista el accidente de automóvil?

12 Completa con las preposiciones adecuadas y relaciona cada oración con su viñeta. Después, ordena cronológicamente la historia.

CE 4. 5.

1. Se enamora …… su profesora de Derecho Civil.

2. Se divorcia …… su segunda mujer y desde entonces se dedica …… su profesión por completo.

3. Después de unos años se separa …… ella.

4. Se fija …… otra chica y se casan …… la iglesia Mayor.

5. Se casa …… ella en los juzgados de El Escorial.

6. Se convierte …… un famoso abogado.

7. Desconfía …… su mujer.

8. Pasa …… la facultad de Derecho.

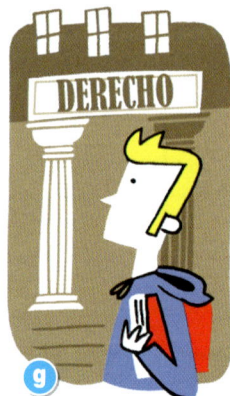

acordarse de
enamorarse de
ocuparse de
alegrarse de
encargarse de
olvidarse de
confiar en
pensar en
pasar por
casarse con/en

extrañarse de
entrevistarse con
creer en
fijarse en
salir con/de
dedicarse a
invitar a
enfadarse con
aficionarse a
empeñarse en

13 Eres un multimillonario famoso y quieres publicar tus memorias. Hoy tienes una cita con el editor. Cuéntale, en pasado, los acontecimientos más importantes de tu vida. Te damos algunos verbos:

■ vivir en… ■ viajar por… ■ marcharse para… ■ estudiar en… ■ creer en… ■ salir con… ■ enamorarse de… ■ casarse con… ■ separarse de… ■ enfadarse con… ■ encargarse de… ■ empeñarse en…

14 Ordenad y contad la historia de Dora Pandora.

Nació en Madrid.

Llegó a ser una gran cocinera.

tomanota

Se escriben con y:

■ Las palabras que terminan en /i/ átona precedida por otra vocal: le**y**, re**y**. También se mantiene en el plural.

■ Las formas verbales que lleven ese sonido y cuyos infinitivos no contengan y ni ll: ca**y**ó (caer), o**y**eron (oír).

■ Las palabras que contengan la sílaba -yec-: pro**yec**to, tra**yec**toria.

Se escriben con ll:

■ Las palabras que empiezan por fa-, fo-: **fa**llo, **fo**lleto.

■ Las palabras que terminan en -alla, -ello, -ella, -illa, -illo (excepto playa y raya): cast**illo**, cab**ello**.

■ Las palabras que empiezan por lla-, lle-, llo-, llu- (excepto yate, yegua y yema): **llo**ver, **llu**via, **lle**var.

Se escriben con x:

■ Las palabras que empiezan por ex- seguido de vocal (excepto ese, esencia, esófago y esotérico): **ex**acto, **ex**aminar.

■ Delante de las sílabas -pla, -ple, -pli, -plo, -pre, -pri, -pro (excepto espliego, esplendor y sus derivados): **expli**car, **expri**mir, **expre**sar.

■ Las palabras que empiezan por el prefijo latino extra- ('fuera de') y por el prefijo latino ex- ('que ya no es'): **ex**traordinario, **ex**patriado, **ex**marido.

Se escriben con s:

■ Las palabras que empiezan por estra- y que no tienen origen latino: **estra**tega, **estran**gular.

■ Delante de las consonantes b, d, f, g, l, m y q (excepto exfoliar, exquisito y sus derivados): **es**quiar, **es**grima.

15 Corrige los errores de esta noticia.

Alexandra caza en Estremadura

Alexandra y su padre, el rey Enrico, aterrizaron el viernes en el aeropuerto de Cáceres y se trasladaron en varios automóviles que los yevaron a la finca El Expliego. No es la primera vez que Alexandra y Enrico yevan a sus familias a El Expliego y hacen prollectos de salida al estranjero.

En esta época la finca estaba en todo su explendor otoñal a pesar de la persistente yuvia que calló durante todo el fin de semana.

A última hora del sábado se reunieron con ellos el espresidente del Gobierno, Manuel Correa, y su esposa, Maite Cabeyo.

► EXPRESAR RECORRIDO DE TIEMPO

hacía
desde hacía ⎱ + cantidad de tiempo *(que)*
durante ⎰

Hacía tres años que no concedía entrevistas.
No había ido al cine **desde hacía dos semanas.**
Durante los últimos meses no había conseguido concentrarse en su trabajo.

durante / desde (+art.) + fecha (año, mes, estación…)

Durante la primavera hubo muchas bodas.
Desde hoy dejo de fumar.

durar + cantidad de tiempo ──────────► La despedida de soltero **duró toda la noche.**
tardar + cantidad de tiempo + *en* + infinitivo ──────► **Tardó pocos años en conseguir** el divorcio.
llevar + cantidad de tiempo + gerundio ──────► **Llevaba un montón de años trabajando** aquí.
llevar + cantidad de tiempo + *sin* + infinitivo ──────► **Llevaban tres años sin salir.**
CI + *llevar* + cantidad de tiempo + infinitivo ──────► **Le llevó cinco años terminar** la carrera.

16 Completa con el marcador apropiado.

I. _____ dos años que no visitaba a mi tía.
2. _____ dos años viví en Lima.
3. Cuando me despidieron trabajaba en la empresa _____ cinco años.
4. He engordado mucho _____ este verano.
5. Estudió chino _____ todo el año.

✔ Los actos, acontecimientos, eventos, hechos ──► *duran.*

✔ Las personas, animales o cosas ──► *tardan.*

La inauguración **duró** *cuatro horas.*
El tren **tardó** *20 minutos en llegar.*

17 Transforma los enunciados con alguna de las formas para expresar recorrido en el tiempo que acabamos de estudiar.

Ej.: *Empieza su carrera en 2001 y la termina en 2006.*

*   **Tardó cinco años** *en terminar la carrera de abogado.* / **Le llevó cinco años** *terminar la carrera…*

I. Sale con una compañera de clase entre 2003 y 2005.

2. Comienzan a preparar los trámites de su boda en mayo de 2006 y se casan en junio del mismo año.

3. Se casan en 2001 y se separan en 2008.

4. Trabaja en varios casos importantes en el año 1989 y se hace famoso.

5. Su boda empieza a las 18.00 y termina a las 18.45.

6. El caso que le da mayor fama empieza el 15 de mayo de 1990 y termina el 15 de junio del año siguiente.

7. Se divorcia en 1992. Unos meses antes comienzan los problemas en su matrimonio.

18 Corrige todos los errores de esta noticia.

Blog Viejos amigos

MENÚ   LETRAS   DEPORTE   POESÍA

Recordamos a un gran periodista:
FELICIANO FIDALGO

Feliciano vivía **en** la capital francesa **desde** los años cincuenta. **Fue** un chico de Tremor (León) al que su padre se empeñó en dar estudios. Primero, Astorga; luego, el bachiller en la Salle de Valladolid; y por fin, Madrid. Iba para ingeniero, pero lo dejó al primer año: su estancia **duraba** un curso.

Con estos años siguió una desastrosa carrera militar en la que se convirtió **de** alférez de artillería. Al final lo **habían degradado.** No sabía mandar. **Duró** todavía bastante tiempo en encontrar su verdadera profesión. Se fue a París con la promesa de la revista *SP* de publicarle sus colaboraciones. Durante este periodo desconfiaba de todo el

mundo y no **supo** francés. Incluso, llegó a dormir en la calle.

Cuando llegó, pasó por Éditions du Minuit y después **había pedido** audiencia con el editor. Cuando **bajó de** las escaleras con un «no» por respuesta, le gritaron: «escriba unas líneas y yo se las haré llegar».

Se preocupaba en trabajar y así se convirtió, en aquel París de los sesenta, en el corresponsal de *Ya* y la agencia Logos. Y aprendió **de** burlar la censura. En la capital francesa **había hecho** corresponsal **trabajando a** la casa. Cuando Feliciano **había vuelto** a Madrid, en 1985, *El País* **fue** el diario europeo más admirado en Francia y él **había llegando siendo** un periodista famoso. ∎

19 Contesta estas preguntas.

LA PRENSA ROSA

✔ ¿Cuánto tiempo hace que no lees un reportaje de la prensa rosa?

✔ ¿En algún momento de tu vida has leído con regularidad este tipo de revistas?

✔ ¿Qué opinión te merecen?

EL GÉNERO BIOGRÁFICO

✔ Cuando un libro te ha gustado mucho, ¿cuánto tiempo has tardado en leerlo? ¿Te interesa el género biográfico?

✔ ¿Qué libro de este género te ha llevado más tiempo leer o al final has tenido que dejar?

✔ Finalmente, pensad en un personaje histórico al que admiréis u odiéis, y explicad al resto de la clase quién es y por qué lo admiráis u odiáis.

tomanota

LA NARRACIÓN: EL GÉNERO BIOGRÁFICO

Eva Perón, Argentina, 1919-1952.

Eva fue, como sus cuatro hermanos, hija ilegítima de Juan Duarte y Juana Ibarguren. Creció en la pobreza y viajó a Buenos Aires a los 16 años, donde tuvo pocos e irrelevantes papeles como actriz. Cuando conoció a Perón, con quien se casó en 1945, se convirtió en la figura política femenina más carismática. Durante el primer periodo de presidencia de su marido (1946-1952), ejerció extraoficialmente de ministra de Sanidad. Creó una fundación con su nombre, desde la que repartía los fondos públicos directamente a los más necesitados. En 1949 fundó el Partido Peronista Femenino. Murió el 26 de julio de 1952 a causa de un cáncer.

Lugar y fecha de nacimiento: _____
Familia: _____
Estudios: _____
Trabajo: _____
Acontecimientos importantes: _____
Viajes: _____
Lugar y fecha de muerte: _____

CE 11.

20 Eligid uno de los siguientes personajes y escribid una pequeña biografía sobre él. Cuidado, porque en cada personaje hay un dato equivocado. Investigad en internet.

ERNESTO «CHE» GUEVARA

- Argentina (1928)
- Familia argentina de clase alta
- Estudios de medicina interrumpidos para recorrer América Latina haciendo autoestop
- Necesidad de revolución
- Se une a Fidel Castro (1955)
- Se marcha de Cuba (1965)
- Muerte (1982)

DALÁI LAMA

- China (1935)
- Premio Nobel de la Paz (1989)
- Taiwán (2009)
- Invitación gobierno de EE. UU.
- Líder espiritual del Tíbet
- Representa el poder político

ANTONIO GAUDÍ

- España (1852)
- Viaja a EE. UU.
- Carrera de arquitecto
- Gusto por el gótico
- Parque Güell (finales de 1880)
- La Sagrada Familia (encargo en 1883; no terminada)
- Muerte (1926)

Contar o narrar hechos:
- Que tienen relación con el presente → pretérito perfecto.
- Que no tienen relación con el presente → indefinido.
- Anterior a otro momento pasado → pluscuamperfecto.

Describir
- Personas o cosas, costumbres o hábitos, circunstancias o contextos → imperfecto.

CE
1. 2.

1 Completa las siguientes noticias con la forma adecuada del pasado.

La policía no tiene ninguna pista sobre el secuestro del famoso guitarrista Agustín Jiménez

Según fuentes policiales, el suceso (*ocurrir*) .... el domingo por la noche a las 21.45 h en el aparcamiento del edificio donde (*vivir*) .... el guitarrista. Agustín Jiménez (*pasar*) .... la mañana del domingo con su hermana en la sierra de Madrid y no (*parecer*) .... estar preocupado por nada. Todo (*suceder*) .... cuando Agustín (*estar*) .... aparcando su coche y dos jóvenes (*acercarse*) .... a él para preguntarle algo. Una vecina, que (*estar*) .... paseando al perro, (*declarar*) .... a la policía que los dos jóvenes (*parecer*) .... nerviosos. La policía piensa que estas dos personas son las mismas que dos horas antes (*robar*) .... todos los discos del famoso guitarrista.

Un hombre sufre una agresión a manos de su mejor amigo

Un hombre de 50 años, R. A. H., (*golpear*) .... ayer por la noche a su compañero de trabajo, E. S. R., en la calle Lugo, según (*informar*) .... a este periódico fuentes del Servicio de Asistencia Municipal Urgente (SAMUR). Los hechos (*ocurrir*) .... sobre las 21.20 h enfrente del hotel Casablanca. Unas horas antes, los dos amigos (*celebrar*) .... en un bar de esa misma calle el aumento de sueldo del agredido. Después de beber unas cervezas, los dos hombres (*salir*) .... del bar entre risas y bromas y, sorprendentemente, R. A. H. (*agredir*) .... a su compañero en la cabeza con una lata de cerveza. Cuando una ambulancia (*acudir*) .... al lugar (*encontrar*) .... a la víctima en la calle sobre un banco. Los miembros del SAMUR lo (*trasladar*) .... al hospital, pero el médico (*revelar*) .... que el herido pronto volverá a casa.

2 En los textos anteriores aparecen las palabras *insultos, ocurrir, atraco, agredir.* Busca en cada serie la palabra que no pertenece al grupo y márcala con un círculo.

1. insulto • conversación • desprecio • ofensa • desaire • injuria
2. ocurrir • suceder • acontecer • tener lugar • pasar • expresar
3. atraco • exposición • asalto • estafa • robo • hurto
4. agredir • cambiar • atacar • asaltar • hurtar • atracar

3 Completad el diario del detective Manuel Pereiro con estos fragmentos.

había cinco personas / era una amiga / había nadie / estaba mirando el periódico / hacía mucho frío / seguía apagada / estaba lloviendo / llevaba una falda larga / estaba preocupado / continuaba cerrada / tenía sucias / quería contarme algunas cosas / llamaba a la puerta de la joyería de Pepe Cominos

Llegué temprano a la joyería y no _____. Llamé al timbre varias veces, miré los dos escaparates y no vi ninguna luz encendida. Mi amigo Pepe me había llamado la noche anterior para decirme que _____ y que _____. Como no contestaba nadie, decidí ir al bar de enfrente para tomar un café caliente con unas tostadas. En el bar _____ y solamente _____. Mientras _____, observé que una mujer _____. Esta mujer _____ y una chaqueta a juego con la falda de color verde. La mujer llamó al timbre y un hombre abrió la puerta. En ese momento pensé que esa mujer _____ o una persona conocida por Pepe, y que Pepe le había abierto la puerta. La luz _____ y la puerta _____. Todo esto me empezó a resultar extraño y decidí pagar la cuenta y dirigirme a la joyería. Cuando salí a la calle, vi que un hombre y la misma mujer que yo había visto antes entraban en un taxi. No pude reconocer al hombre porque _____ y _____ las gafas. Por los pelos no pude ver sus caras.

INVESTIGACIÓN

4 ¿Dónde estaban esta mañana entre las 11.00 y las 12.00 h? Imagina que eres el detective Manuel Pereiro y descubre quién es el asesino del conocido joyero Pepe Cominos. El cadáver ha aparecido esta mañana en su joyería a las 11.45 h. Entrevista a los sospechosos. En grupos, os tenéis que repartir los papeles.

Marta de Miguel. Mujer de Pepe Cominos. Su marido quiere separarse de ella, pero Marta no lo acepta. Esta mañana, a las 9.00 h, los vecinos han escuchado una pelea muy fuerte entre ellos. A las 9.30 h Pepe Cominos ha salido rápidamente del apartamento y, quince minutos después, ha salido su mujer.

Juan Moreno. La persona que limpia la joyería. Juan Moreno quiere celebrar su 25 aniversario y desea dar una sorpresa a su mujer: un viaje a Isla Margarita. Ayer pidió una semana de permiso a su jefe, pero Pepe Cominos dijo que no podía concederle vacaciones hasta dentro de dos meses. Esta mañana Juan Moreno estaba muy enfadado y lo vieron salir de la joyería a las 11.00 h con una bolsa de deporte.

César Cominos. Hermano de Pepe Cominos. Es dueño de la mitad de la joyería. Los dos hermanos saben que, si algún día le ocurre algo malo a alguno de ellos, el otro heredará todo el negocio. César no tiene buena relación con Pepe y esta mañana lo vieron en la puerta de la joyería esperando a su hermano.

Micaela González. Examante de Pepe Cominos. Pepe Cominos la ha dejado por otra mujer. Micaela le había dicho ayer a su amiga Tere que estaba dispuesta a matar a Pepe Cominos si algún día la abandonaba. Esta mañana Tere ha llamado a Micaela a las 9.30 h para consolarla y Micaela no ha cogido el teléfono. Ha insistido varias veces y, por fin, ha contestado a las 11.30 h.

4.1 Ahora, escribe las respuestas de cada uno de los sospechosos.

	Marta de Miguel	Juan Moreno	César Cominos	Micaela González
1. ¿Hoy has visto a Pepe?				
2. ¿Dónde estabas a la hora de su asesinato?				
3. ¿Quién estaba contigo?				
4. ¿Cómo era tu relación actual con él?				
5. ¿Por qué estás tan nervioso/-a?				
6. ¿Cuándo fue la última vez que viste a Pepe con vida?				

4.2 Escribe la crónica periodística contando quién es el asesino y cómo ocurrieron los hechos.

suena**bien**

Se escribe **j** delante de cualquier vocal (*ja, je, ji, jo, ju*) y **g** delante de las vocales **e, i** (*ge, gi*). Todas estas grafías representan el mismo sonido en español [**x**]. Esta consonante se articula en la parte posterior de la boca y no se pronuncia con aspiración: *caja, oleaje, jinete, joven, justo, general, gimotear.*

CD2 **4**

5 Repite las palabras que vas a escuchar.

CD2 **5**

6 Clasifica las palabras que vas a escuchar, según aparezca el sonido [x] en posición inicial o en interior de palabra.

Egipto, bruja

INTERIOR DE PALABRA

gitano, jugo

INICIO DE PALABRA

7 Completa estas noticias ayudándote de los dibujos. Utiliza para cada verbo una forma adecuada del pasado.

Una tromba de agua y viento destroza árboles y farolas y desborda el río Guadarrama

Una fuerte tromba de agua, granizo y viento _____ ayer sobre la capital entre las 19.20 y las 21.30 h. En algunas zonas, el viento _____ árboles y farolas, y arrastró algunos coches que _____. La carretera N-V tuvo que ser cortada durante 20 minutos. El río Guadarrama _____ e inundó algunos túneles y garajes. ■

Carolina, luchadora

En 1992 Carolina del Pino _____. Hasta llegar a ese reconocimiento mundial, su vida _____. Como la mayoría de las campesinas de su país, se fue a la ciudad para trabajar como sirvienta. Desde que murieron sus padres y sus hermanos, Carolina _____ denunciando la situación precaria de mujeres y niños. En los últimos años, Carolina _____ a los niños de su país y _____ como enfermera en una organización de ayuda para las personas necesitadas. ■

Detenidas seis personas en un centro comercial

Los agentes de seguridad de un centro comercial _____ ayer a seis personas cuando intentaban acceder a la inauguración de una tienda de ropa sin invitación previa. El reclamo fue la visita de un famoso cantante de *rock*, modelo de la firma de ropa que se inauguraba. Los detenidos alegaban que días antes _____ la invitación por teléfono de boca del propio artista, a quien _____ personalmente en su último concierto. El artista _____ los hechos. ■

CE CD2 6 **8** Aquí tienes el relato de algunas noticias que dieron ayer por televisión. Después de escuchar la grabación, completa estos textos con las palabras que faltan.

| Noticias | Ocio | Reportajes |

ESPAÑA

SOCIEDAD

Desde hoy el piano de Miguel Catedrales pertenece a Mercedes Bermejo

Mercedes Bermejo, cantante de ópera, es la nueva _____ del piano que una vez _____ al músico gallego Miguel Catedrales. La madre de Miguel se lo _____ cuando aún era un niño, pero lo tuvo que vender cuando las estrecheces económicas _____ a la familia. Años más tarde, el pianista _____ a un detective para recuperar el piano, y hace una semana que se lo ha vendido a Mercedes Bermejo. La nueva propietaria ha declarado a nuestra redacción que se siente muy feliz y que una parte del dinero que _____ por el piano irá a una asociación musical para niños sin _____.

Premio para un queso español

Un queso de oveja que _____ hace cuatro meses en la empresa española La Vaca Que Sonríe ha ganado el Campeonato del Mundo en la categoría de quesos _____. Esta marca de quesos ya _____ un segundo premio en otro certamen _____ que se celebró el año pasado en Nîmes (Francia). El queso ganador se elaboró en la factoría de Fresno de Ribera (Zamora) y su director dio las gracias al jurado por la concesión del premio e _____ a todos los asistentes a degustar el queso ganador.

SUCESOS

Nada que declarar

El 30 de julio, Carlos de Vitoria llegó en una avioneta _____ al aeropuerto de Sevilla. Carlos aseguró que no _____ nada que _____. Cambió de opinión cuando el oficial de aduanas inspeccionó el aeroplano. Entonces _____ que llevaba una diadema con esmeraldas y diamantes que _____ a su abuela María Elisa. «Quizás _____ un error», aseguró ayer, tres años más tarde, después de ser declarado culpable de _____.

9 Lee los siguientes titulares y, con ayuda de tu compañero, inventad los hechos y las circunstancias en las que estos ocurrieron. Intentad seguir, cuando sea posible, este esquema:

Cantante de ópera *amateur* **recibe una ovación en un tren**
Anoche… ■

Desaparición de Amalia Fuentes, hija del multimillonario Ramón Fuentes
Ayer… ■

Boda inesperada de la diseñadora Virginia Valle y su secretario personal
El 1 de enero de 2013… ■

Lleno total de los hoteles de la costa mediterránea
En las últimas vacaciones de Semana Santa… ■

Medalla de oro para el equipo de baloncesto Lorca Club
El jueves por la noche… ■

- ¿Cuándo fue?
- ¿Dónde estaban?
- ¿Qué ocurrió?
- ¿Qué tiempo hacía?
- ¿Cómo iban vestidos?
- ¿Quién había allí?

Asalto a los comercios el primer día de las rebajas de invierno
Esta mañana… ■

tomanota

10 Completa el texto con *ll* o *y*.

Ya ha __egado la __uvia de estre__as

TODOS ESPERÁBAMOS con emoción el nuevo espectáculo que el Circo del Arte ha traído a nuestro pequeño pueblo. Los pa__asos __evan trajes con ra__as de colores, los leones siguen el tra__ecto que les marcan sus domadores, las cebras ra__adas divierten a los niños, los caba__os y las __eguas __enan el escenario, mientras los tramo__istas o__en los aplausos del público.

En lo alto del trapecio están los re__es del circo, con sus ma__as amari__as y sus ani__os de colores __amativos. El director del espectáculo anuncia la __egada de los artistas a la pista. A__í entran los pa__asos, ca__éndose y moviendo sus ojos para hacer reír a los niños. Todavía hay gente en la ca__e que intenta saltar la va__a porque la taqui__a está cerrada y no ha podido comprar su entrada.

CD2 7

11 Escucha estas palabras y escribe *s* o *x*.

1. e…trangular
2. e…acto
3. e…plicación
4. e…quema
5. e…marido
6. e…logan
7. e…istir
8. e…coger
9. e…amen
10. e…tratosfera
11. e…plosión
12. e…tranatural
13. e…fera
14. e…traordinario
15. e…moquin
16. e…ageración
17. e…presidente
18. e…a
19. e…traoficial
20. e…guince
21. é…ito
22. e…trafalario
23. e…igir
24. e…queleto
25. e…presar
26. e…belto
27. e…agerado
28. e…oterismo
29. e…plotar
30. e…primidor
31. e…mero
32. e…forzarse

CE 12. **12** Lee esta maravillosa noticia que Neil A. Armstrong cuenta a sus hijos treinta años después. Luego, contesta las preguntas.

El 16 de julio despega la histórica nave Apolo XI.

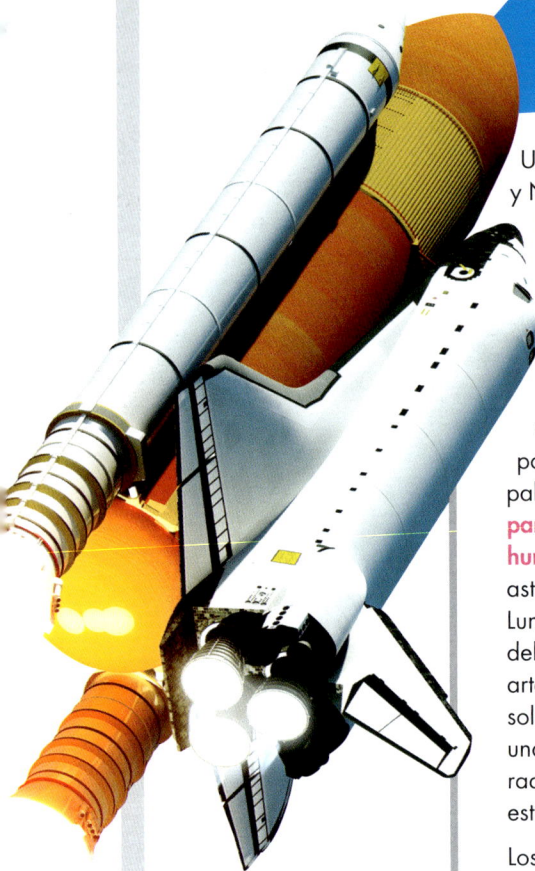

Una vez en la órbita lunar, Edwin E. Aldrin y Neil A. Armstrong se trasladan al módulo lunar. Michael Collins permanece en la órbita lunar pilotando el módulo de control después de la separación. Collins desciende a la Luna y se posa sobre su superficie el 20 de julio.

Horas más tarde, Armstrong baja por una escalerilla con su traje espacial y pone el pie sobre la Luna. Sus primeras palabras son: **«Este es un pequeño paso para un hombre, pero un gran salto para la humanidad».** Pronto lo sigue Aldrin y ambos astronautas caminan más de dos horas por la Luna. Allí recogen 21 kilogramos de muestras del suelo, toman fotografías y colocan un artefacto para detectar y medir el viento solar. Armstrong y Aldrin clavan en el suelo una bandera de Estados Unidos y hablan por radio con el presidente Richard Nixon, que está en la Casa Blanca.

Los dos astronautas comprueban que no es difícil caminar y correr con una gravedad seis veces menor que la de la superficie de la Tierra. Mientras tanto, en Estados Unidos millones de personas siguen en directo la retransmisión del acontecimiento por vía satélite. Una vez que los astronautas vuelven al módulo lunar, se quitan los trajes espaciales y descansan unas horas antes de despegar. Abandonan la Luna en vuelo vertical y dejan en la superficie lunar la parte inferior del módulo lunar, que actúa como plataforma de lanzamiento.

El regreso del Apolo XI se realiza sin contratiempos y la nave ameriza en el océano Pacífico, cerca de Hawái, donde es recuperada el 24 de julio. Ante la posibilidad de que organismos lunares contaminaran la Tierra, los astronautas se visten con trajes de aislamiento biológico antes de salir de la nave y son sometidos a una cuarentena.

1. ¿En qué fecha despega la histórica nave Apolo XI?

2. ¿Qué dice Neil A. Armstrong cuando pisa la Luna?

3. ¿Qué hacen los dos astronautas durante las dos horas que recorren la Luna?

4. ¿Cómo se realiza el regreso del Apolo XI?

5. ¿Qué precauciones toman los astronautas para no contaminar la Tierra?

12.1 Ahora, escribe en pasado, con tus propias palabras, la historia del Apolo XI.

Utilizamos el presente de indicativo para:

- Hablar de acciones presentes: *Soy* norteamericano y *trabajo* en Bilbao.
- Expresar acciones habituales: *Siempre voy al cine los sábados por la tarde.*
- Ofrecer, pedir y sugerir: *¿Quieres un té? ¿Me dejas tu bolso blanco? ¿Por qué no me llamas esta noche?*
- Expresar verdades absolutas: *La Tierra gira alrededor del Sol.*
- Referirnos a acciones pasadas (presente conversacional): *La veo el mes pasado y no me cuenta nada.*
- El presente también se utiliza para referirnos a hechos históricos: *En 1492 los Reyes Católicos conquistan Granada.*

CE 11. CD2 8 13 ¿Conoces estas palabras?
Relaciónalas con su imagen y sonido.

atasco ☐   persona silbando ☐
ambulancia ☐   perro ☐
coche de policía ☐   barrotes ☐
búho ☐   trueno ☐
sirena ☐   claxon ☐
cerradura ☐

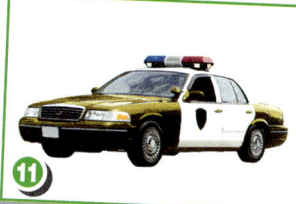

① ② ③
④ ⑤ ⑥
⑦ ⑧ ⑨ ⑩ ⑪

13.1 Vamos a escribir entre todos el argumento de una película en la que también pueden aparecer algunos sonidos. El argumento es el siguiente:

- Chico bueno y pobre. Vive en una gran ciudad.
  Sonidos: _____

- El protagonista roba para alimentar a su familia, pero es descubierto por la policía.
  Sonidos: _____

- El joven va a la cárcel. La cárcel está en una isla.
  Sonidos: _____

- Es una prisión de máxima seguridad. Es imposible escapar.
  Sonidos: _____

- Por fin, una noche de tormenta, consigue escapar.
  Sonidos: _____

CD2 9
13.2 Escucha con atención e indica por orden los sonidos que oyes.

▶ barrote ☐
▶ cierre de una puerta que chirría ☐
▶ ruido del mar ☐
▶ un búho ☐
▶ pasos en la tierra ☐
▶ coches que frenan ☐
▶ cierre de un cerrojo ☐
▶ sirena ☐
▶ ambulancia ☐
▶ objeto metálico que cae al suelo ☐
▶ perros ladrando ☐
▶ atasco ☐
▶ silbido ☐
▶ claxon ☐
▶ el viento ☐

tomanota

CE 13. 14 Completa el texto con los tiempos adecuados del pasado y continúa la historia.

Cuando (*tener, nosotros*) .... doce años, Joaquín y yo (*visitar*) .... una casa abandonada que (*estar*) .... a las afueras de nuestro pueblo. Todo el mundo (*decir*) .... que en aquella casa (*escucharse*) .... ruidos extraños y que en su jardín (*vagar*) .... un viejo fantasma que (*vivir*) .... en el siglo pasado. Todo (*suceder*) .... una noche de invierno cuando...

....
....

14.1 Ahora, completa con los verbos que has utilizado para describir y contar los hechos del relato.

DESCRIBIR
_____
_____
_____
_____

CONTAR
_____
_____
_____
_____

Maneras de VIVIR

No me cuentes cuentos

1 🏃 ¿Conocéis algún cuento tradicional? ¿Cuál? ¿Qué personajes famosos protagonistas de cuentos populares conocéis? ¿Cuál es la característica principal del cuento popular? Completad la tabla.

Personajes	Imagen	Historia	Evolución del personaje
■ BLANCANIEVES		■ Una hermosa joven es perseguida por su madrastra por su belleza. Tiene que huir al bosque donde se encuentra con los 7 enanitos, que la protegen…	

2 🏃 Leed este texto. Después, buscad en internet el cuento de Blancanieves u otro similar y leedlo en parejas.

2.1 ¿Cuáles son los personajes principales del cuento que habéis elegido? ¿Qué les sucede y cómo han cambiado?

2.2 ¿Qué moraleja se puede sacar del cuento?

3 🏃 Recordad algún cuento tradicional o popular de vuestro país y explicad las diferencias, si las hay, con el que habéis elegido para leer.

"

Un cuento popular es una narración tradicional breve, basada en hechos reales o imaginarios e inspirada en anteriores escritos o leyendas. La trama suele estar protagonizada por un grupo reducido de personajes y con un argumento relativamente sencillo; por tanto, es fácil de entender.

El cuento se transmite tanto por vía oral como escrita; aunque proviene de la tradición oral. Pueden existir distintas versiones de un mismo relato, ya que hay cuentos que mantienen una estructura similar, pero con diferentes detalles.

El objetivo del cuento popular tradicional es la transmisión de unos valores, con una finalidad didáctica y moralizante. Los cuentos se han ido reescribiendo y transformando para adaptarlos a cada época y momento social.

"

4 Buscad información de personajes o de leyendas tradicionales en Hispanoamérica. Por ejemplo, el *trauco*. Después, estableced las diferencias y similitudes con los personajes fabulosos de vuestro país.

5 Cread una tabla con los distintos tipos de narraciones (cuentos populares, mitos y leyendas) y sus definiciones. ¿Es el dragón un ser imaginario en la literatura popular?

http://mitosyleyendascr.com/category/cuentos/

6 También hay otro tipo de cuentos, muy breves, denominados microrrelatos. ¿Conocéis alguno famoso? Aquí tenéis uno de Augusto Monterroso, escritor nacido en Honduras, titulado *El dinosaurio*.

Cuando se despertó, el dinosaurio todavía estaba allí.

6.1 ¿Os atrevéis a continuar el cuento? ¿Y a contar otro similar? Fijaos en la estructura sencilla: dos partes delimitadas por una coma. ¿Cuál es vuestra versión del microcuento?

7 Elegid un par de cuentos de Monterroso e intentad reescribirlos, pero recordad que han de ser muy breves. Buscad en internet.

El microrrelato se caracteriza por la brevedad de su contenido, pero esta brevedad no implica que el cuento sea simple y sencillo y que su tratamiento sea superficial. Puede haber una profunda enseñanza y una intención muy determinada.

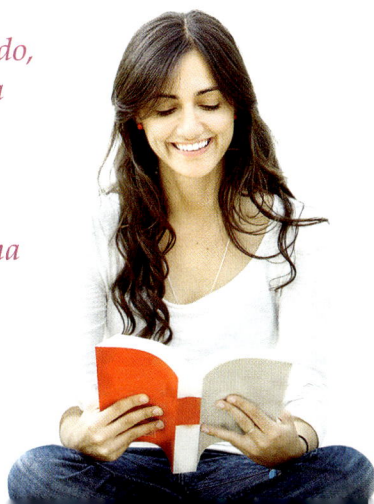

¿Sabías que...? ✕

Las fábulas son narraciones morales que servían para transmitir valores morales. ¿Sabes cuándo surgen y por qué?

Recapitulación

1 Elaborad unas fichas como las que aparecen a continuación con diez pistas cada una. Recordad que tenéis que utilizar *ser, estar, haber* y *tener*. El juego consiste en descubrir la palabra oculta con el menor número de pistas posible.

Un miembro del primer equipo lee la primera pista; si los otros equipos no saben de qué palabra se trata, pueden pedir una segunda pista, y así sucesivamente, hasta agotar las diez. En caso de que algún grupo logre acertar la palabra, hay cambio de turno. Si alguno acierta a la primera, se llevará 10 puntos. Por el contrario, se descontarán tantos puntos como pistas se hayan leído.

PERSONAJE

1. Soy muy famosa.
2. Tengo un hermano.
3. Odio la sopa.
4. Estoy preocupada por el mundo.
5. Soy contestataria.
6. Mi padre es administrativo.
7. Soy hispanoamericana.
8. Soy un dibujo animado.
9. Mi padre es Quino.
10. Soy de Argentina.

ANIMAL

1. Soy macho.
2. Soy arisco.
3. Soy un buen cazador.
4. Tengo bigote.
5. Estoy en los tejados.
6. Mis ojos son famosos.
7. Soy animal.
8. Tengo cuatro patas.
9. Tengo siete vidas.
10. Como ratones.

PAÍS

1. Tengo mucha altitud.
2. Mi idioma es el español.
3. Estoy al sur.
4. Tengo montañas y ríos.
5. No estoy en la costa.
6. Tengo Paz.
7. Tengo nueve departamentos.
8. Soy un país.
9. Estoy entre Perú y Argentina.
10. Sucre es mi capital constitucional.

2 El juego de la Oca

SALIDA

LLEGADA

VOSOTROS (CONCLUIR)

ESTUDIO EN BOGOTÁ DESDE HACE 1999. ¿CORRECTO / INCORRECTO?

PODEMOS EMPEZAR UNA CARTA CON «¿CÓMO ESTÁS?». (SÍ / NO)

TENEMOS INTENCIÓN DE VISITAR A TUS PADRES. ¿CORRECTO / INCORRECTO?

ATRE...ERSE (B / V)

VUELVE A LA CASILLLA DEL PRINCIPIO

SO...RE...I...IR (B / V)

8 RETROCEDE 8 CASILLAS

VOSOTROS (AFEITARSE)

A NOSOTROS .... ENCANTA SALIR POR LAS NOCHES.

AM...ICIÓN (B / V)

ANTÓNIMO DE *TRANQUILO*

HACE TRES DÍAS NO VEO A MANUEL. ¿CORRECTO / INCORRECTO?

YO (ENVEJECER)

LLEVO LLAMÁNDOTE POR TELÉFONO TODA LA TARDE. ¿CORRECTO / INCORRECTO?

EXPONER → EXPOSICIÓN, AFIRMAR → ..., ABURRIR → ...

3 ADELANTA 3 CASILLAS

A MÍ ME FASCINA EL CINE EN BLANCO Y NEGRO. ¿CORRECTO / INCORRECTO?

ELLA (APROBAR)

3 3 TURNOS SIN JUGAR

VIVO AQUÍ DESDE HACE 3 MESES. ¿CORRECTO / INCORRECTO?

HA...ILIDAD (B / V)

ELLAS (MAQUILLARSE)

SIEMPRE ESTÁIS VIENDO LA TELEVISIÓN. ¿CORRECTO / INCORRECTO?

ESTA MAÑANA ME HE LEVANTADO MUY TEMPRANO (,,) TENGO MUCHAS COSAS QUE HACER...

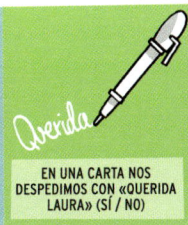

EN UNA CARTA NOS DESPEDIMOS CON «QUERIDA LAURA» (SÍ / NO)

SINÓNIMO DE *FÁCIL*

5 RETROCEDE 5 CASILLAS

¿QUÉ HACES? A) ESTOY LLAMANDO POR TELÉFONO. B) LLEVO LLAMANDO POR TELÉFONO.

Recapitulación

3 Si completas correctamente los siguientes enunciados y colocas en su sitio la letra correspondiente a la respuesta correcta, podrás adivinar el nombre de un director de cine muy famoso en España.

1. .... en Calzada de Calatrava .... 1949.

o) He nacido / en

p) Nació / en

q) Nacía / por

2. De pequeño .... muy gordo y .... acomplejado.

e) era / estaba

f) es / está

g) ha sido / estuvo

3. Vive en Madrid .... los diecisiete años.

b) de

c) por

d) desde

4. Cuando .... joven .... en una compañía telefónica.

r) era / trabajaba

s) es / trabaja

t) ha sido / trabajaba

5. Durante «La Movida» .... dúo con Fanny McNamara.

n) formaban

ñ) ha formado

o) formaba

6. En los años ochenta .... su primera película.

a) rodó

b) rodaba

c) ha rodado

7. Nunca .... en una escuela de cine porque se considera autodidacta.

l) ha estudiado

m) estudió

n) estudiaba

8. .... películas de fama internacional.

k) Dirige

l) Dirigió

m) Ha dirigido

9. Siempre .... los guiones de sus películas.

o) ha escrito

p) escribió

q) escribía

10. En dos ocasiones, ... nominado al Óscar.

b) fue

c) era

d) ha sido

11. .... diciembre .... 1999, ... el premio al mejor director de cine europeo.

ñ) En / por / ganó

o) En / de / ganó

p) En / de / ha ganado

12. .... 1987, presentó *Mujeres al borde de un ataque de nervios*.

u) A

v) En

w) Desde

13. *Todo sobre mi madre* es la película con la que más premios ....

a) ha ganado

b) ganó

c) gané

14. En los años 2000 y 2003 .... un Óscar.

q) ha ganado

r) ganó

s) gané

Su nombre es:

⬜⬜⬜⬜⬜
1 2 3 4 5

⬜⬜⬜⬜⬜⬜⬜⬜⬜
6 7 8 9 10 11 12 13 14

4 Relaciona cada fecha con su acontecimiento. Después, cuenta a tus compañeros qué ocurrió en cada uno de ellos.

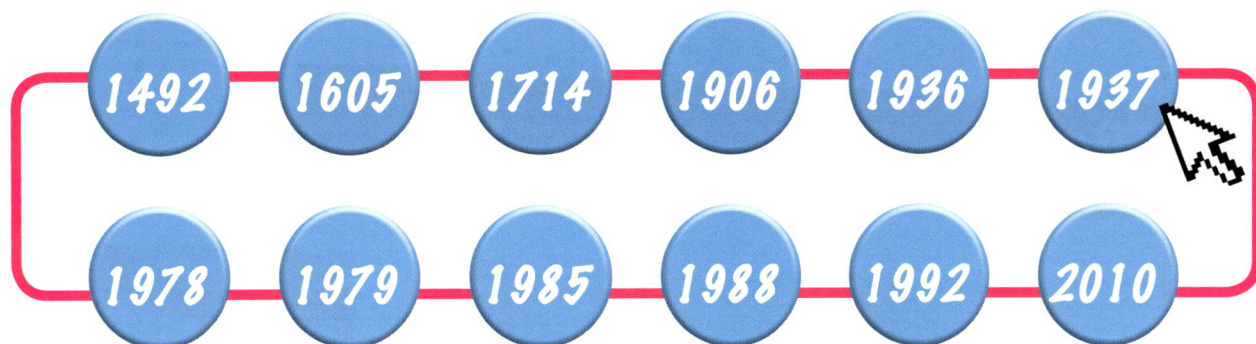

1492 — **1605** — **1714** — **1906** — **1936** — **1937**

1978 — **1979** — **1985** — **1988** — **1992** — **2010**

1 Elecciones municipales democráticas

2 Constitución española

3 Real Academia Española

4 *Gramática de la lengua castellana*, de Antonio de Nebrija

5 Mujer en las Fuerzas Armadas

6 Guerra civil española

7 España, Comunidad Económica Europea

8 *Guernica*, de Pablo Picasso

9 Santiago Ramón y Cajal, Premio Nobel de Medicina

10 Olimpiadas en Barcelona

11 Primera parte de *El Quijote*, de Miguel de Cervantes

12 Selección española de fútbol, Mundial

5 🛉 Mirad las fotografías e intentad emparejarlas. A continuación, elegid dos parejas y describídselas a vuestros compañeros sin mencionar su nombre: explicad cómo es cada objeto, para qué sirve, cómo se utiliza, a qué época pertenece, qué cambios ha experimentado, qué consecuencias han traído consigo esos cambios.

Blog ¡CÓMO HEMOS CAMBIADO!

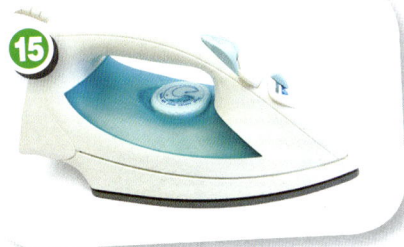

6 Mirando al futuro

1 Lee estos titulares sobre diferentes soluciones medioambientales. Señala para cada caso si es un problema o una solución.

1 Los afectados por el ruido del aeropuerto llevarán sus quejas ante el Ministerio

2 Astrónomos de 25 países alertan sobre la contaminación atmosférica

3 Los coches emitirán menos humos porque los fabricantes utilizarán nuevas tecnologías

4 En Alemania, los grupos ecologistas obtendrán buenos resultados en las próximas elecciones

5 Si no hay acuerdo entre los gobiernos, la UE tomará medidas para evitar el progresivo deterioro del medio ambiente

6 Según los científicos, para el año 2050 habrán desaparecido más de doscientas especies por la contaminación

7 Afirma la ministra de Medio Ambiente: «Si puedo, voy a limpiar todos los residuos de Doñana antes de repoblar el entorno»

8 Un objetivo primordial para la administración: vigilar la separación de las basuras para reciclar vidrio, cartón y papel

1.1 Anota las palabras relacionadas con el medio ambiente.

1.2 ¿Cuál os parece el problema más grave? ¿Y la mejor solución?

▶ **FUTURO SIMPLE (I)**   ▶ **USOS**

yo	cantar-**é**
tú	cantar-**ás**
él/ella/usted	cantar-**á**
nosotros/-as	cantar-**emos**
vosotros/-as	cantar-**éis**
ellos/ellas/ustedes	cantar-**án**

■ Se utiliza para hablar de acciones futuras:
–¿Cuándo **limpiarás** el jardín?
–Lo **limpiaré** mañana.

■ Para hacer predicciones:
El sábado **lloverá** en el norte.

■ Para hablar de una acción futura poco probable:
–¿Qué vas a hacer durante las vacaciones?
–No sé, creo que **iré** a París.

■ Para acciones que no deseamos hacer o que nos disgustan:
–¿Cuándo vas a reciclar todo este papel?
–Vale, vale. Ya lo **reciclaré**.

Algunos verbos irregulares
DECIR: diré, dirás
SABER: sabré, sabrás...
PONER: pondré, pondrás...
HACER: haré, harás...
PODER: podré, podrás...
SALIR: saldré, saldrás...
HABER: habré, habrás...
TENER: tendré, tendrás...
QUERER: querré, querrás...
VALER: valdré, valdrás...
VENIR: vendré, vendrás...

CE 1.2.

2 Forma oraciones relacionando las tres columnas y conjugando los verbos en futuro simple.

1	La Comunidad de Madrid	▶ limpiar	• las aguas residuales de la ciudad.
2	Los filtros de carbono	▶ talar	• 8000 toneladas de cartón el año que viene.
3	El ayuntamiento de mi ciudad	▶ potabilizar	• de eucaliptos los bosques próximos.
4	La planta potabilizadora	▶ purificar	• los pinos afectados por la plaga.
5	Los agentes forestales	▶ reciclar	• de vertidos tóxicos las orillas del Ebro.
6	Miembros de Greenpeace	▶ repoblar	• los humos de la antigua fábrica de cristal.

3 Eres el presidente de un partido ecologista y debes redactar las condiciones y consecuencias relacionadas con la protección del medio ambiente. Comienza con la estructura *Si* + presente de indicativo + futuro...

Ejs.: *Si algún día* **soy** *el presidente de un partido ecologista,* **centraré** *mis esfuerzos en proteger la naturaleza; si* **protejo** *la naturaleza,* **habrá** *más bosques y campos; si* **hay** *más bosques y campos, los animales...*

CE 3. **4** Relaciona las palabras o expresiones con su significado y, después, construye una oración utilizando el futuro simple.

1. Conjunto de cosas que sobran o se tiran porque no son útiles.

2. Disciplina que estudia la relación de los seres vivos con el medio en el que viven.

3. Conjunto de gases y polvo que despiden los materiales cuando se queman.

4. Cosa o sustancia que resulta de la descomposición o destrucción de una cosa.

5. Gas de color azul pálido que se forma en las capas altas de la atmósfera y que protege a la Tierra de las radiaciones ultravioletas.

6. Transformar o aprovechar una cosa para un nuevo uso o destino.

7. Destrucción o degradación del medio ambiente o de una parte de él.

8. Plantar árboles en un lugar del que habían desaparecido.

9. Vegetales comestibles que no han sido tratados con pesticidas.

a) ozono

b) reciclar

c) contaminación

d) basura

e) repoblar

f) humos

g) ecología

h) agricultura ecológica

i) residuos

CE 4. **5** Completa las siguientes oraciones utilizando el futuro.

1. La semana que viene el grupo de voluntarios *(hacer)* _____ la limpieza de los residuos tóxicos.

2. A las nueve *(comenzar)* _____ la conferencia sobre ecología y sociedad.

3. La presión en el medio ambiente *(aumentar)* _____ en las próximas décadas.

4. El domingo, mi hermano *(venir)* _____ al campo con nosotros.

5. El próximo mes Ana *(preparar)* _____ la campaña publicitaria para acabar con los incendios.

6. Próximamente *(viajar)* _____ a Nueva York como secretario de Greenpeace.

7. Samuel *(decir)* _____ mañana qué planes tiene.

8. Nosotras *(saber)* _____ los resultados el día 10 del mes que viene.

CE 5. **6** Son las diez de la mañana y Marina no ha llegado todavía. ¿Dónde estará?

▶ FUTURO SIMPLE (II)

Este tiempo se utiliza también para expresar duda y probabilidad en el presente:

Esa central térmica produce una gran cantidad de energía; **contaminará** *muchísimo.*

CE 14. **CD2 10** **7** Escucha los siguientes diálogos, anota los futuros que aparecen y señala con qué valor se utilizan.

Acción futura

_____

_____

_____

Probabilidad en el presente

_____

_____

_____

8 Expresa tu opinión. ¿Con cuál o cuáles de las siguientes afirmaciones estás de acuerdo? Coméntalo con tu compañero.

a. El desarrollo industrial destruirá muchos entornos naturales.

b. La utilización del transporte público reducirá la contaminación ambiental.

c. No tirar basura en la montaña conservará el entorno.

d. Prohibir la caza salvará las especies protegidas.

e. El uso de la energía nuclear contribuirá a disminuir la contaminación atmosférica.

f. No hacer fuego en el campo reducirá el riesgo de incendios.

8.1 ¿En qué habéis coincidido? ¿Qué afirmación ha suscitado más polémica?

9 Observa estas fotografías. ¿Qué crees que les deparará el futuro a sus protagonistas?

a)

b)

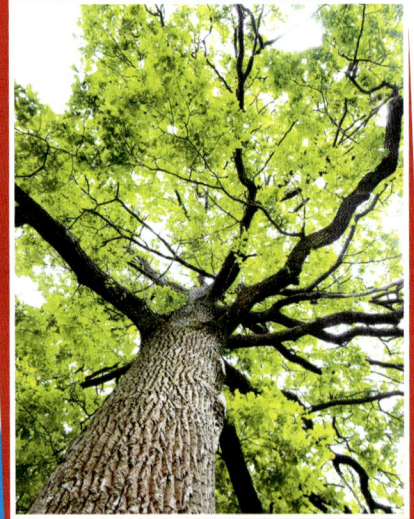

c)

suena**bien**

En esta lección vamos a estudiar -d-, -r- y -l- en posición intervocálica.

CD2 11

10 Escucha y completa con el sonido que falta.

1. ca … a   **4.** co … a   **7.** cu … a   **10.** ce … o   **13.** pi … a

2. ca … a   **5.** ce … a   **8.** co … a   **11.** ce … o   **14.** pi … a

3. ca … a   **6.** co … a   **9.** ce … a   **12.** ce … o   **15.** pi … a

CD2 12

11 Escucha estos enunciados y completa.

1. Comenzarán la _____ de los árboles en enero.

2. Tirar una _____ usada a la basura es contaminante.

3. Llegar a un nivel de contaminación en la atmósfera del _____ por ciento hoy es ciencia ficción.

4. Habrá que actuar con _____ _____ acabar con los problemas medioambientales actuales.

5. Según la nueva ley, _____ una de las empresas deberá _____ en sus acciones.

6. Los países pobres «están a la _____» en cuanto a la adopción de medidas _____ proteger el medio ambiente.

7. La repoblación de ciertas zonas del Amazonas será una _____ de salud para el planeta.

8. Si continúa el viento, también arderá la _____ oeste de la montaña.

9. Algunos defienden el medio ambiente por estar a la _____.

10. Iré al bosque para coger unas _____.

12 Busca en la sopa de letras nueve palabras con los sonidos que estamos estudiando.

R	S	C	P	L	M	R	F	R	P
A	B	E	H	C	L	A	R	A	F
R	L	W	A	K	J	Z	L	V	U
O	Q	S	R	M	S	A	B	C	D
C	T	P	O	Ñ	I	R	A	A	D
A	D	O	M	D	L	L	U	R	S
R	N	P	A	F	A	H	I	V	Y
A	A	M	A	S	I	G	Z	H	W
O	O	R	I	B	S	E	D	A	E
A	R	E	C	F	I	A	F	A	S

▶ EXPRESAR FUTURO

■ **Ir a + infinitivo**

– Expresa decisión y voluntad de hacer algo en el futuro:
Voy a dejar de fumar la semana que viene.

– Se utiliza para hablar de planes y proyectos:
El año que viene **voy a reciclar** todo el papel que pueda.

– Expresa una acción futura con idea de seguridad:
¿Qué vas a hacer estas vacaciones?
Voy a repoblar con pinos un bosque de mi pueblo.

■ **Pensar + infinitivo**

– Expresa una intención o un deseo de hacer algo en el futuro:
Pienso decirle que no estoy de acuerdo con él.

■ **Presente**

– Se utiliza para hablar de una acción futura que sentimos muy cercana:
María **llega** esta tarde y se va el domingo.

---

13 **Escucha las declaraciones de un portavoz de Greenpeace, del concejal de Medio Ambiente de Madrid y del director ejecutivo de Greenpeace Internacional.**

CD2 13

13.1 Contesta las siguientes preguntas.

a. ¿A qué problema general se refiere el portavoz de Greenpeace?
¿Qué sucederá en el futuro según él?

b. ¿Qué acciones va a emprender el concejal de Medio Ambiente?
¿Cuál es la razón de su actitud?

c. ¿Cuál es el problema que hay que evitar relacionado con el medio ambiente?
¿Qué harán para defenderla?
¿Con qué palabras destaca la importancia del tema?

CD2 13

13.2 Escucha de nuevo. Anota todos los casos de *ir a* + infinitivo y señala de qué uso se trata.

---

14 **Lee el siguiente texto y contesta las preguntas.**

«Este mes de julio llega el último monzón del siglo XX. La sentencia del Tribunal Supremo que ha permitido que siga adelante la construcción de la presa significa que 30 de los 245 pueblos del valle van a quedar sumergidos este año. Sus habitantes no tienen dónde ir. Han declarado que no van a moverse cuando las aguas del embalse de Sardar Sarovar les arrebaten sus tierras y sus hogares. Todo el mundo, tanto si está a favor de la presa como si la aborrece, tanto si la quiere como si no, debe comprender el precio que se paga por ella. Es preciso tener el valor de mirar cuando se salden las deudas y cuando se cuadren los libros.

Nuestras deudas. Nuestros libros. No los suyos.

Pensamos estar allí».

Arundhati Roy, *El máximo bien común.*

1. ¿Qué pasa el próximo mes de julio?

2. ¿Qué va a suceder con algunos de los pueblos del valle cuando construyan la presa?

3. ¿Qué harán sus habitantes?

4. Imagina que eres la autora del artículo. Expresa tus intenciones usando la estructura *pensar* + infinitivo.

CE 12.

15 Responde estas preguntas utilizando las estructuras que te proponemos.

1. ¿Qué planes tienes para el próximo verano? (*Ir a* + infinitivo).

2. ¿Qué harás cuando pertenezcas a Greenpeace? (*Pensar* + infinitivo).

3. Todos tenemos «firmes propósitos». ¿Cuál es el tuyo? (*Pensar* + infinitivo).

4. ¿Utilizarás todos los días el transporte público? (*Ir a* + infinitivo).

5. Acabas de crear una ONG. ¿Puedes explicarnos tus proyectos? (*Ir a* + infinitivo).

6. El Ayuntamiento ha organizado unas jornadas ecológicas. ¿Cómo vas a colaborar tú? (*Pensar* + infinitivo).

7. ¿Qué haces la semana que viene? (Presente).

8. ¿A qué hora irás mañana a la reunión de nuestra asociación? (*Pensar* + infinitivo).

GW greenworld ✕

www.greenworld.com

16 Vais a crear una ONG. Explicad vuestros objetivos y elaborad una declaración de principios en la que aparezcan las medidas que vais a tomar. Utilizad alguna de las estructuras que hemos estudiado: *ir a* + infinitivo, *pensar* + infinitivo o presente.

Inicio | Por dentro | Trabajamos en | ¿Qué puedes hacer tú? | Multimedia | Actualidad | Hazte socio | Iniciar sesión

GreenWorld somos una organización ecologista a nivel mundial. Somos independientes, tanto política como económicamente. Nuestros donativos provienen de gentes anónimas y de las cuotas de nuestros socios.

NUESTRO OBJETIVO

• Proteger el medio ambiente en todo el mundo.
• Luchar contra el cambio climático.
• ....
• ....
• ....
• ....
• ....

Para ello, pensamos realizar una campaña de mentalización ....

Hazte socio

PROGRAMAS DE ACTUACIÓN

• *Vamos* a construir pozos en las zonas más deprimidas por la escasez del agua.
• .... vigilancia en las zonas de mayor deforestación.
• .... para una mayor motivación en el reciclaje y control sobre el uso del agua.
• ....
• ....

16.1 El Gobierno va a subvencionar algunas ONG de nueva creación. Convencedlo de que la vuestra es importante para la sociedad.

tomanota

Palabras con la misma pronunciación y escritura diferente

■ Hay palabras en español que se pronuncian igual, pero que se escriben de manera diferente. Este es el caso de **se cayó** (verbo *caerse*) y **se calló** (verbo *callarse*).

■ Existen otras palabras cuya pronunciación es parecida, aunque su escritura es también distinta, como **ahí** (indica lugar), **hay** (verbo *haber*) y **¡ay!** (exclamación que expresa dolor o daño).

17 Ahora, describe las viñetas utilizando las palabras que has aprendido. Imagina lo que sucede y lo que dicen estos personajes.

Otras palabras con la misma pronunciación y escritura diferente

■ **ola** (onda del agua) / **hola** (saludo)

■ **ora** (verbo *orar*; conjunción) / **hora** (parte del día)

■ **baca** (portaequipajes de un coche) / **vaca** (animal)

■ **cabo** (accidente geográfico; grado militar) / **cavo** (verbo *cavar*)

■ **hierba** (planta en general) / **hierva** (verbo *hervir*)

■ **tubo** (pieza hueca y cilíndrica) / **tuvo** (verbo *tener*)

■ **haya** (árbol; verbo *haber*) / **halla** (verbo *hallar*)

■ **baya** (fruta) / **vaya** (verbo *ir*) / **valla** (obstáculo)

CE 13.

18 Completa el siguiente texto con alguna de las palabras anteriores.

Ahora que estoy de vacaciones en la playa me encanta ver las _____ a cualquier _____ del día. Me levanto temprano y cargo mis cosas en la _____ del coche. _____ donde _____ siempre llevo mi hamaca y un libro. Aparco el coche al lado de la moto de Rodríguez, un _____, compañero del ejército. ¡El pobre no _____ suerte y ahora trabaja en una fábrica de _____! Cuando llego, _____ un poco para poner mi sombrilla y leo. Si me canso, me tumbo en la _____ a ver las _____ pastando. Eso solo puedes permitírtelo si pasas tus vacaciones en Galicia.

Es bonito veranear aquí. Todo el mundo te dice «_____» cuando te ve por la calle y para esto no _____ que conocerlos de nada. No me importa que no _____ muchas comodidades. Yo mismo preparo mi comida con lo que pesco. No es que _____ siempre pescado: lo congelo y así tengo comida guardada. A veces, la falta de fruta fresca la compenso con unas _____ silvestres que cojo en un bosque cercano, aunque, como es propiedad privada, tengo que saltarme alguna _____.

19 La inspectora Gutiérrez está investigando la vida de la Sra. Solís, esposa del magnate del petróleo José Sarmiento. Después de una semana, hoy, 10 de agosto, ha perdido su rastro, pero ha conseguido colarse en su habitación. Esto es lo que ha encontrado.

AIR TICKET ✈

GATE	GATE CLOSES	SEAT
Name:	Date: 17/8 para Santo Domingo	
Departure:	Arrival:	
Class:	Flight:	

Name:
GATE
GATE CLOSES
SEAT

FIRST CLASS

Le invitamos a la inauguración de nuestra tienda de productos tecnológicos que tendrá lugar el día 10 de agosto

Valedero para el mes de agosto
BRONZE MEMBER
★★★

«Reunión de accionistas: 15/8; 9 h mañana. Sede Central»

Te espero esta tarde para hablar. Rebeca

15/8: Comer con R. K. (ultimar detalles)

10/8: Cita con R. K. en su apartamento

17/8: Banco (1200 euros)

1. ¿Qué crees que está haciendo ahora la Sra. Solís?

2. ¿Qué crees que hará la próxima semana?

3. ¿Qué sabes que hará la próxima semana?

20 Imagina que damos un gran salto en el tiempo: estamos en el año 2140. ¿Qué cambios crees que se habrán producido? Piensa por ejemplo en…

- ✔ la alimentación
- ✔ el ocio y la diversión
- ✔ las comunicaciones
- ✔ la medicina

- ✔ el transporte
- ✔ las relaciones familiares
- ✔ la educación
- ✔ el medio ambiente

20.1 ¿Cómo será la vida en la Tierra? ¿Seguiremos hablando de la protección medioambiental? Escribe tus respuestas.

toma**nota**

21 Fijaos en el mapa y leed la información que aparece junto a él. Elegid al menos cuatro lugares y elaborad vuestra propia ruta.

1. Úbeda y Baeza

Una interesante visita a estas dos ciudades, declaradas Patrimonio de la Humanidad, máxima representación del Renacimiento español. Rodeadas de olivares con el Guadalquivir a sus pies.

2. Medina Azahara

Conjunto monumental próximo a la ciudad de Córdoba que descubre las huellas del esplendoroso pasado bajo la dinastía de los Omeyas andalusíes.

3. La Alhambra de Granada

Conjunto palaciego Patrimonio de la Humanidad, situada en la colina Roja, llamada así por el color de su tierra. En este cerro existía una fortaleza del siglo XI, y sobre ella el primer rey de la dinastía nazarí comenzó su construcción.

4. Parque Nacional de Doñana

Parque natural declarado Patrimonio de la Humanidad por la Unesco en 1994. Una de las principales características es la variedad de aves que habitan el parque, así como animales protegidos en peligro de extinción, como el lince ibérico.

Alhambra

Medina Azahara

Doñana

Úbeda

5. Caños de Meca

Zona natural situada en el cabo de Trafalgar. Las playas son abiertas, de arena fina y dunas. Pertenece a Barbate; desde la población hasta los acantilados aparecen los famosos caños que dan nombre a la zona: masas de agua dulce.

6. Vejer de la Frontera

El casco histórico de la ciudad fue declarado Conjunto Histórico Artístico en 1976. Su estructura, rodeada por la muralla defensiva construida en el siglo XV, es un conjunto de calles estrechas con edificaciones de estilo islámico.

7. Ronda

La ciudad se asienta sobre una llanura cortada por el río. En lo más alto asoman los edificios de su centro histórico. La variedad de monumentos que posee, su entorno natural y su cercanía a la costa del Sol han convertido a Ronda en un centro turístico notable.

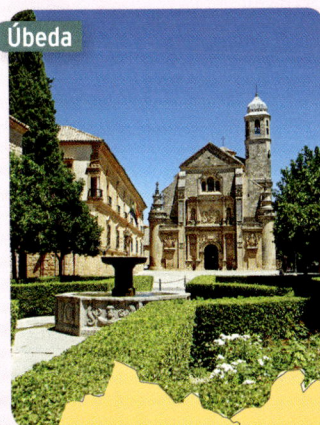
Úbeda

Caños de Meca — Ronda

CÓRDOBA · Medina Azahara · Baeza · Úbeda · JAÉN · HUELVA · SEVILLA · GRANADA · La Alhambra · ALMERÍA · MÁLAGA · CÁDIZ · Ronda · Parque Nacional de Doñana · Vejer de la Frontera · Caños de Meca

CE 1. 2. 3.

1 El programa *Saber viajar* ha proporcionado varios consejos que debemos seguir antes de salir de vacaciones. Tu amigo te cuenta los que recuerda.

1. *(Hacer, tú)* _____ las maletas con antelación.

2. No *(decir)* _____ a mucha gente que sales de viaje.

3. *(Dejar)* _____ la llave del buzón a algún conocido para que saque periódicamente tu correo.

4. No *(bajar)* _____ totalmente tus persianas. Dará la impresión de que hay alguien.

5. *(Desconectar)* _____ todos los aparatos eléctricos.

6. *(Cortar)* _____ la luz y el agua.

▶ IMPERATIVO

Regular afirmativo

tú	mir-**a**	proteg-**e**	escrib-**e**
usted	mir-**e**	protej-**a**	escrib-**a**
vosotros/-as	mir-**ad**	proteg-**ed**	escrib-**id**
ustedes	mir-**en**	protej-**an**	escrib-**an**

Regular negativo

tú	no mir-**es**	no protej-**as**	no escrib-**as**
usted	no mir-**e**	no protej-**a**	no escrib-**a**
vosotros/-as	no mir-**éis**	no protej-**áis**	no escrib-**áis**
ustedes	no mir-**en**	no protej-**an**	no escrib-**an**

Irregulares

■ Los verbos que son irregulares en presente de indicativo tienen las mismas irregularidades en imperativo.

■ Los verbos *decir, ir, hacer, poner, oír, tener* y *salir* son irregulares en la 2.ª persona del singular *(tú)*: *di, ve, haz, pon, oye, ten, sal*.

Uso de imperativos con pronombres

■ La forma afirmativa lleva los pronombres detrás del verbo y forma una sola palabra. Al añadir sílabas se forman palabras esdrújulas o sobresdrújulas, que siempre llevan tilde:

mira - **mí**rala   escoge - es**có**gela

escriba - es**crí**balos   manda - **mán**damelos

■ La forma negativa lleva los pronombres delante del verbo:

no **lo** mires   no se **lo** digas   no **os** sentéis

■ Cuando hay un pronombre complemento directo y otro complemento indirecto, se coloca primero el indirecto y después el directo:

dí**noslo**   láva**telos**   dí**selo**

■ Con los verbos pronominales, la 2.ª persona del plural *(vosotros/-as)* pierde la *-d*:

sentaos   marchaos   levantaos

~~sentados~~   ~~marchados~~   ~~levantados~~

CE 4.

2 Completa el siguiente anuncio con los verbos adecuados.

No te estreses: haz turismo rural

Me gusta que *(reírse)* .... Me gusta que *(evadirse)* .... Me gusta que *(leer)* .... un libro. Me gusta que *(descansar)* .... Me gusta que *(disfrutar)* .... de los tuyos. Me gusta que *(relajarse)* .... Me gusta que *(probar)* .... nuevas experiencias. Me gusta que *(renovar)* .... energías.

▶ PRESENTE DE SUBJUNTIVO

Regular

yo	am-**e**	tem-**a**	part-**a**
tú	am-**es**	tem-**as**	part-**as**
él/ella/usted	am-**e**	tem-**a**	part-**a**
nosotros/-as	am-**emos**	tem-**amos**	part-**amos**
vosotros/-as	am-**éis**	tem-**áis**	part-**áis**
ellos/ellas/ustedes	am-**en**	tem-**an**	part-**an**

Irregulares

■ Los verbos con irregularidad consonántica en el presente de indicativo presentan la misma irregularidad en presente de subjuntivo, aunque en este caso se extiende a todas las personas.

■ Los verbos con irregularidades vocálicas en presente de indicativo tienen, en general, las mismas irregularidades en subjuntivo (E > IE, O > UE, U > UE); en algunos casos, estas irregularidades se extienden a todas las personas (E > I, U > UY).

3 Fíjate en las fotos. ¿Qué representan? Habla con tu compañero, elegid seis imágenes y escribid un eslogan publicitario para cada una.

suena**bien**

4 Vamos a practicar los sonidos que escuchamos en el ámbito anterior: (-*d*-, -*r*- y -*l*-). Lee el siguiente texto en voz alta.

Ada trabaja en una agencia de viajes. Está cansada de que todo el mundo le pida una pila de cosas. Algunos quieren ir a una cala, a un hotel que no sea caro y que esté de moda, ¡tendrán cara! Otros clientes de medio pelo piden que sea una cura mágica y que la cuenta no sume muchos ceros. También encuentra muchos pirados, se les cala enseguida; si cede con ellos, lo lleva claro. Con los que las cosas van como la seda son con los que tienen pelas. Los viajes más caros y que más molan son para ellos.

CD2 14
5 Señala las palabras que escuches.

1. ara / hada / ala
2. cero / cedo / celo
3. moda / mora / mola
4. lira / lida / lila
5. muro / mulo / mudo
6. pero / pelo / pedo
7. hora / oda / ola

6 Juego de las palabras encadenadas. Uno de vosotros dice una palabra que contenga *d*, *r* o *l*, y otro compañero encadenará la última sílaba de esa palabra con otra que, a su vez, contenga estos sonidos.

Ej.: **ca-da** *da-la* **la-ra** **ra-ro**

CD2 15
7 Numera estas palabras según el orden en que las escuches.

► poro ► polo ► podo
► boda ► coro ► sola
► todo ► boro ► queda
► toro ► bolo ► soda

▶ LAS ORACIONES TEMPORALES

Indican el momento en el que sucede la acción expresada por el verbo principal.

Verbo principal	Conector temporal	Verbo subordinado

Indicativo

■ Todos los tiempos menos el futuro + *cuando / en cuanto / cada vez que / hasta que / después de que* + Indicativo
Me acosté en cuanto llegué a casa.

■ Presente / Futuro + *cuando / en cuanto / cada vez que / hasta que / después de que / antes de que* + Subjuntivo
Saldré de casa antes de que llegues.
Te llamo en cuanto salga del trabajo.

■ Si el sujeto del v. princ. es el mismo que el sujeto del v. subor., el v. subor. va en infinitivo.

antes de / después de / al + infinitivo

*Hablé (yo) con el jefe antes de **irme** (yo).*
*Nos iremos (nosotros) después de **volver** del trabajo (nosotros).*

CE 6. / 8. CD2 16

**Un grupo de estudiantes de español visita Andalucía.
Escucha al guía y escribe dónde están y qué van a hacer hoy.**

- ¿En qué ciudad están? _____
- ¿Qué van a visitar? _____
- ¿A qué hora abren? _____
- ¿Qué pueden hacer hasta que abran? _____
- ¿En qué momento dará el guía una breve explicación? _____
- ¿Qué harán antes de comer? _____
- Al terminar de comer, ¿se quedarán en los jardines? _____
- ¿Cuáles son las recomendaciones gastronómicas del guía? _____

CE 8. / 9. **Fíjate bien en los dibujos.
¿Qué conector crees que representan?**

Conectores temporales
- ✓ cuando → sucesión y simultaneidad
- ✓ mientras → simultaneidad
- ✓ cada vez que → distribución y repetición
- ✓ hasta que → límite final
- ✓ en cuanto → sucesión inmediata
- ✓ antes de que → anterioridad
- ✓ después de que → posterioridad

1 _____
2 _____
3 _____
5 _____
4 _____
6 *antes de que*

10 Cómo ser un perfecto habitante de la Tierra. El alienígena HHW ha llegado a España. Hazle algunas sugerencias. Emplea conectores temporales.

- Cuando te inviten a comer, lleva un pequeño regalo, una botella de vino o un ramo de flores.
- Al cruzar la calle, tienes que mirar a ambos lados. Un coche puede atropellarte.
- Cada vez que… _____

11 Tus amigos están planeando su próximo viaje a Barcelona. Completa con los conectores temporales adecuados.

(Sucesión) _____ lleguemos a Barcelona, necesitaremos una buena guía. (Simultaneidad) _____ preparamos el viaje, podemos decidir si vamos en tren o en autobús y (distribución y repetición) _____ nos reunamos, podremos preparar el recorrido por la ciudad. (Anterioridad) _____ salgamos, ya habremos elegido el hotel donde vamos a dormir. No importa que sea caro. (Sucesión inmediata) _____ lleguemos, iremos a él; (anterioridad) _____ se haga de noche y (posterioridad) _____ dejemos las cosas, saldremos para Barcelona.

12 Aquí tienes más información sobre este viaje a Barcelona. Sugiéreles algunas ideas para que su viaje salga bien.

Ej.: *En cuanto lleguéis al hotel Colón, pasaos por el mercado de anticuarios.*

DÓNDE ALOJARSE: En el Barri Gòtic

BARCINO **
Jaume I, 6.

www.hotelbarcino.com

Lo mejor de este hotel es su ubicación en el corazón del Barrio Gótico. Sus instalaciones, que aprovechan la luz natural, están decoradas en estilo moderno.
Habitación doble: 286 €.

COLÓN **
Avda. de la Catedral, 7.

www.hotelcolon.es

Situado frente a la catedral, algunas de sus habitaciones tienen vistas al mercado de anticuarios. Por lo demás, ofrece todas las comodidades propias de su categoría.
Habitación doble: 260-408 €.

DÓNDE COMER: En el Eixample

RESTAURANTE ÀPAT
Aribau, 137.

Cocina catalana de vanguardia y de elevada calidad. Propuestas innovadoras y precios razonables en relación calidad-precio.
Precio medio: 30 €.

www.apat.es

CASA CALVET
Casp, 48.

Situado en un edificio modernista, obra de Antoni Gaudí, está considerado uno de los mejores restaurantes de la ciudad, no solo por su cocina, sino también por la elegancia de sus salones. Cocina mediterránea con propuestas creativas.
Precio medio: 75 €.

www.casacalvet.es

CÓMO DESPLAZARSE

Las principales carreteras de acceso son la autopista AP-7, que rodea la costa mediterránea, y la A2, que enlaza Barcelona con Madrid. El AVE es el medio de transporte más cómodo por su rapidez y puntualidad.

13 Opiniones para todos los gustos. Elige una de las posibilidades y justifica tu elección estableciendo comparaciones.

Ej.: *Me gusta más el lago entre montañas porque es más tranquilo.*

> **Expresar gustos**
> ✓ Me gusta…, me encanta…
> ✓ No me gusta nada…, odio…, detesto…
> ✓ Prefiero…

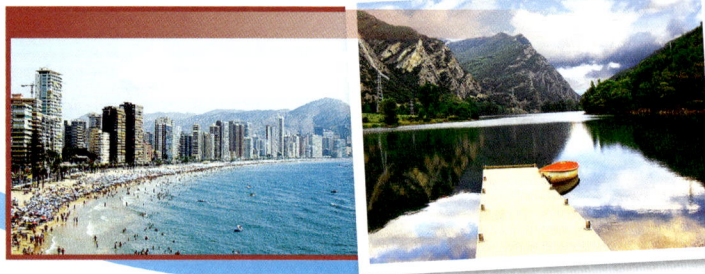

tomanota

Acentuación en verbos + pronombres

■ Cuando añadimos los pronombres personales (*me, te, se, nos, os, le, lo, la, les, los y las*) a los verbos, podemos tener palabras con tilde o acento gráfico en la penúltima sílaba (palabras esdrújulas) o en la que va delante de esta (palabras sobresdrújulas):

Dá*melo* (esdrújula), **mán***damelo* (sobresdrújula)

■ Si el verbo lleva tilde, esta puede desaparecer al añadir el pronombre:

*Pro***pón** / *pro***pon***lo*

CE 9.

14 Transforma estas oraciones sustituyendo las palabras en cursiva por pronombres.

Aproveche *esta gran oportunidad.*

Pon *alas a tus pies.*

Contad esto a vuestros amigos.

Sube *la maleta al tren.*

Hágase *la prueba* **inmediatamente.**

▶ ORACIONES CONDICIONALES

Expresan una condición para que se cumpla la acción del verbo principal.

- **Condición en el pasado:**

  si + pasado + pasado:
  Si hacía *buen tiempo,* ***íbamos*** *a la playa.*

  cuando + pasado + pasado:
  Cuando hacía *buen tiempo,* ***íbamos*** *a la playa.*

  > En estos casos, el conector *cuando* expresa al mismo tiempo la condición y el momento.
  >
  > *Cuando hacía sol, bajábamos a la playa.*
  > *Si hacía sol, bajábamos a la playa.*
  > *En los momentos en que hacía sol, bajábamos a la playa.*

- **Condición para que se cumpla una acción atemporal:**

  si + presente + presente:
  Si llueve, *voy en metro.*

  cuando + presente + presente:
  Cuando llueve, *voy en metro.*

- **Condición en el futuro:** *si* + presente + futuro: ***Si tengo*** *dinero,* ***iré*** *a París.*

- **Condición para una orden:** *si* + presente + imperativo: ***Si llegas*** *pronto,* ***prepara*** *la comida.*

Blog Turismo alternativo

MENÚ   DESTINOS   CONSEJOS   CURIOSIDADES   SÍGUENOS

CE 11, 12, 13.

15 ¿En qué casos realizarías cada uno de estos viajes?

Ej.: ***Si tengo*** *mucho dinero,* ***viajaré*** *a la Antártida.*

ESTANCIA EN UN MONASTERIO

La agencia Otros Mundos organiza estancias de una semana en el monasterio de Yuste. Atención, solo admiten hombres. Precios a convenir con el padre prior. Si buscas un sitio donde relajarte y escapar del ruido y la contaminación, este es el lugar ideal. Incluye excursiones por Extremadura.

CONVIVENCIA CON TRIBUS INDÍGENAS

Desde hace más de doce años la antropóloga estadounidense Irma Turtle introduce a pequeños grupos de viajeros de todo el mundo en las costumbres y tradiciones de pueblos nómadas o tribus indígenas. Desde el Sahara con los tuaregs hasta Níger con el pueblo wodaabe. El precio por persona es de unos 3305 € para viajes que duran entre 14 y 18 días.

LA ANTÁRTIDA EN DICIEMBRE

Adventure Network International (ANI) organiza sus viajes solo en los meses de noviembre y diciembre en la Antártida. Desde 1985 prepara expediciones de tres semanas con trineos de perros y motos de nieve. Este año incluye vuelos en avioneta y globos aerostáticos sobre el monte Winson y las montañas Ellsworth.

www.guiatrotamundos.es ✕ ✕

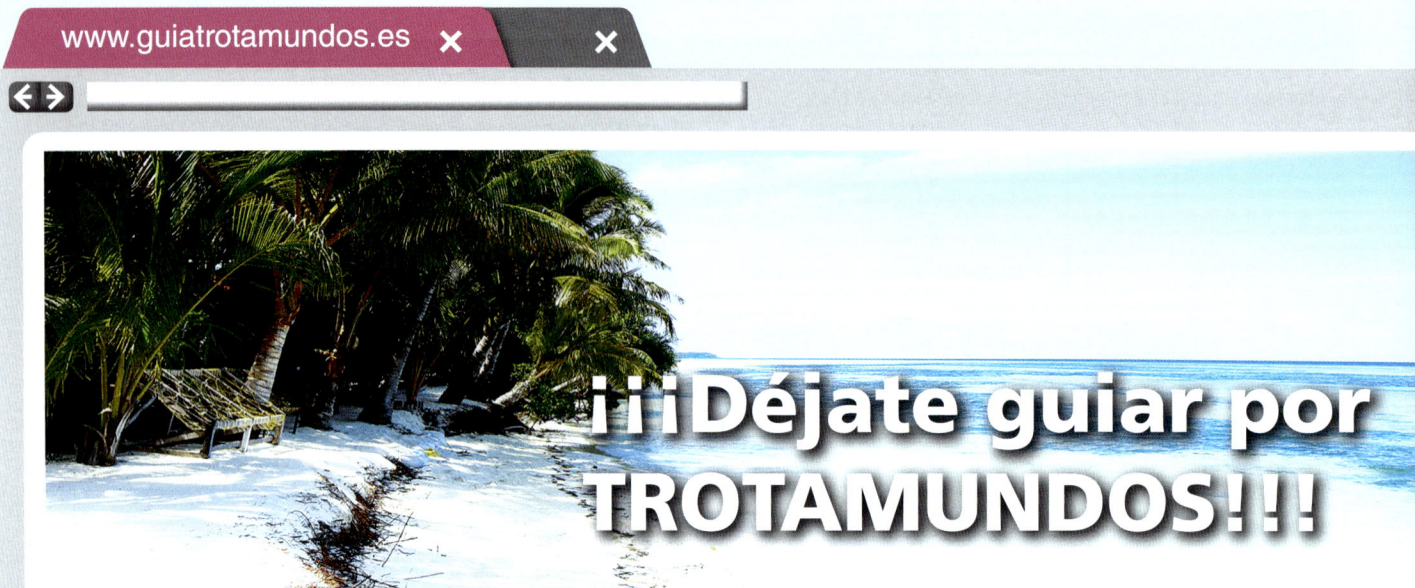

¡¡¡Déjate guiar por TROTAMUNDOS!!!

Inicio   Colecciones   Guía Online   Novedades   Quiénes somos   Blog   Contacto

Síguenos en Facebook **f**

Dónde ir

Destinos

Polonia Atenas e islas griegas
Irlanda Lisboa Venecia
Florencia **Perú** Tokio y Kioto
Turquía Viena y Austria
Los Alpes San Petersburgo

Te presentamos nuestras guías, ellas te llevarán de la mano por los mejores lugares del mundo. Tú solo… ¡déjate llevar!

16 Ahora, completa esta sección de la página web.

TE INTERESARÁN NUESTRAS GUÍAS SI:

1. (Querer) _____ disfrutar de la mejor gastronomía.

2. (Gustar) _____ contemplar una arquitectura típica, explorar las calles y las plazas con encanto.

3. (Desear) _____ saborear los pinchos del lugar y descubrir las mejores y más exóticas tiendas de ropa, zapatos y diseño local.

4. (Apetecer) _____ conocer también las costumbres «nocturnas» de cada lugar, que no cesan hasta el alba.

17 ¿Qué prefieres? Habla con tus compañeros y busca uno con el que coincidas. Explicad vuestras preferencias.

¿Vacaciones tradicionales o vacaciones alternativas?

¿Temporada alta o temporada baja?

¿Deporte o descanso?

¿Solo o en grupo?

¿Al mar o a la montaña?

¿De marcha o de museos?

18 ¿Cuál ha sido vuestro último viaje? Reconstruidlo por orden cronológico siguiendo el esquema.

1. Los datos fundamentales

- ¿cuándo?
- ¿cómo?
- ¿dónde?
- ¿por qué?

2. Los hechos uno a uno

- ir al aeropuerto
- ir al hotel
- intentar ducharse (problemas con el agua caliente)
- salir a dar un paseo, etc.

3. El relato de los hechos

✔ ir al aeropuerto:
A las siete llegamos al aeropuerto y a las ocho nos montamos en el avión. En cuanto despegó nos dieron el desayuno.

19 En grupos, describid a cada uno de los tipos de turistas que aparecen en las fotografías.

- ¿Cómo es?
- ¿Qué le gusta hacer?
- ¿Dónde se aloja?
- ¿Cómo viaja?

tomanota

20 Ahora, preparad un viaje de fin de semana para cada uno de los turistas anteriores. Para la planificación del viaje, tened en cuenta las condiciones que pueden presentarse: *Si hace frío, hará…; si tienen dinero…*

Maneras de VIVIR

¡En marcha, exploradores!

1 Buscad información sobre el primer viaje de Cristóbal Colón a América (las Indias para él) y anotad los hechos más importantes. Cread una tabla con la información.

2 Ahora, cread un diálogo en el que Colón le explique a la reina Isabel de Castilla cómo va a ser su viaje y lo que necesitará.

Necesitaré...

Dinero, barcos... como todos.

La nave Santa María, de Cristobal Colón.

3 A continuación, representad el diálogo para toda la clase. ¿Qué pareja lo ha hecho mejor?

4 Cread una presentación en la que se explique la ruta que iba a seguir, adónde esperaba llegar, qué tierras iba a encontrar (y cuáles encontró), cuál era el propósito de su viaje, etc.

5 Preparad la explicación sobre la importancia que tuvieron estos viajes para Europa y para España. Luego, contrastadla con la de vuestros compañeros.

el camino de santiago

6 En la Edad Media, se hizo famosa una ruta que terminaba en España. ¿Conoces el Camino de Santiago? Leed la información en esta página web y descubriréis una ruta que merece la pena explorar.

A finales del siglo VIII, se extiende por el noroeste de la península Ibérica la leyenda de que el apóstol Santiago estaba enterrado allí. En el año 813, un ermitaño ve una estrella situada en un campo, donde se descubre una capilla con un sepulcro que se atribuye al apóstol. El campo pasó a llamarse Compostela (campo de la estrella) y se convirtió en centro de peregrinación dando lugar al Camino de Santiago.

Esta peregrinación combina la devoción religiosa con la aventura a lo largo del camino. Los peregrinos se van encontrando gente que también hace la ruta, duermen en albergues y descubren unos paisajes fantásticos. Todos los peregrinos, cuando realizan cada una de las etapas, van sellando un documento en los albergues donde se alojan durante el recorrido. Este certificado solo es válido para quienes hacen el camino a pie o en bicicleta. Con este documento, se consigue la compostela, certificación de haber terminado la peregrinación, y que se concede cuando se llega a la catedral de Santiago y se abraza la estatua del apóstol.

El camino está señalado, generalmente, por una flecha amarilla. La vieira, molusco típico de la costa gallega, es el símbolo del camino por excelencia. Antiguamente, los peregrinos, cuando regresaban a sus lugares de origen, lo llevaban puesto encima de su ropa o su sombrero, como prueba de haber llegado a Santiago de Compostela. Otros objetos típicos de los peregrinos son el bastón con mango curvo y la calabaza.

Catedral de Santiago de Compostela.

7 Has leído que los peregrinos solían llevar una calabaza. ¿Sabes por qué? Investiga en internet.

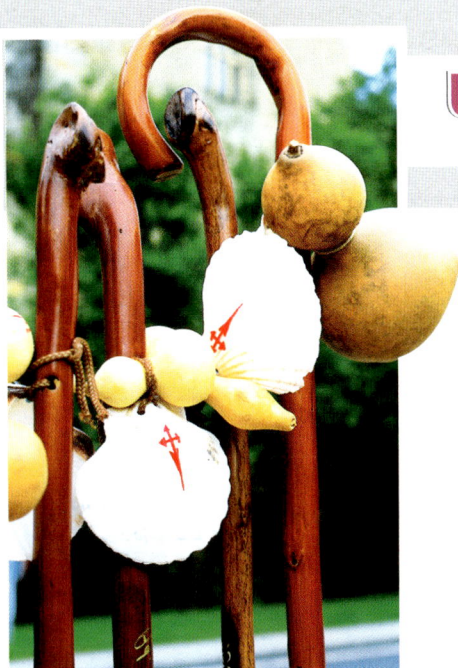

¿Sabías que...?

El veneciano **Marco Polo** se hizo famoso en el siglo XIII por sus viajes a Oriente. ¿Sabes cómo se llamaba la ruta que siguió?

7 Cuidar el cuerpo y el espíritu

ámbito ❶ Me encanta divertirme

APRENDEREMOS A
- Expresar estados de ánimo y sentimientos
- Expresar finalidad
- Expresar concesión

ESTUDIAREMOS
- Oraciones subordinadas sustantivas
- Género del sustantivo: casos especiales
- Oraciones subordinadas concesivas
- Oraciones subordinadas finales
- *por / para*
- Acentos en diptongos, triptongos e hiatos
- Argumentar una opinión
- Deportes y espectáculos
- Diptongos, triptongos e hiatos

ámbito ❷ Es bueno que escuches música

APRENDEREMOS A
- Expresar juicios y valoraciones
- Mostrarse a favor o en contra de una idea
- Justificar o argumentar una opinión
- Expresar certeza

ESTUDIAREMOS
- Pronombres personales sujeto: aparición / no aparición
- Pronombres con preposición
- Oraciones subordinadas sustantivas
- *ser / estar / parecer* + expresión de valoración y de certeza
- Acentos en diptongos, triptongos e hiatos
- Argumentar una opinión
- La música
- Diptongos, triptongos e hiatos
- La música latina

CE 1.

1 Relaciona las fotografías con los espectáculos y deportes.

ESPECTÁCULOS Y DEPORTES ✕ ✕

1. Teatro **c**
2. Cine
3. Concierto de música:
   3.1. Música moderna
   3.2. Música clásica
4. Danza
5. Musical
6. Circo
7. Fútbol
8. Tenis
9. Ciclismo
10. Atletismo
11. Baloncesto

1.1 Ordena las actividades anteriores según tus preferencias.

1.2 Ahora, elige cinco de esas actividades y habla con tu compañero.

✔ ¿Por qué os gustan?

✔ ¿Cuáles son vuestros artistas o deportistas favoritos?

✔ ¿Cuál ha sido la última representación o partido al que habéis asistido?

▶ EXPRESAR SENTIMIENTOS Y ESTADOS DE ÁNIMO

■ Cuando el sujeto v. princ. = sujeto v. subor. ⟶ v. subor. infinitivo

Me pone triste / alegre / contento... ver a mis amigos.
Siento / lamento... no poder acompañarte a tu casa.
Me molesta / me preocupa / me da mucha alegría / me da miedo... viajar sola.

■ Cuando el sujeto v. princ. ≠ sujeto v. subor. ⟶ *que* + v. subor. subjuntivo

Me alegra / satisface... que consigas ganar el premio.
Queremos / deseamos... que os llevéis un buen recuerdo de este viaje.
Me asusta / me entristece... que no exista una verdadera conciencia social.

CD2 17

2 Preguntamos a estas personas sobre Almodóvar. Escucha y clasifica las opiniones de los entrevistados en positivas o negativas.

mujer **1** _positivas_____

mujer **2** _____

hombre **1** _____

mujer **3** _____

hombre **2** _____

TODO SOBRE MI MADRE

TACONES LEJANOS

VOLVER

3 Expresa ahora tus sentimientos personales con respecto a las ideas de los entrevistados.

😊 **Me gusta**   ☹️ **No me gusta**

mujer **1** _____

mujer **2** _____   *Me molesta que no le guste...* _____

hombre **1** _____   _____

mujer **3** _____   _____

hombre **2** _____   _____

4 Completa las siguientes oraciones según tus preferencias o gustos sobre…

1. **Tipo de películas:** Me gusta que las películas *tengan mucha acción y un final feliz.*

2. **Ópera:** Prefiero _____

3. **Conciertos de música moderna:** Odio que los conciertos _____

4. **Conciertos de música clásica:** Me alegra que _____
_____

5. **Teatro:** Me entristece _____

6. **Actores, actrices de teatro, cine:** Me encanta que los actores, las actrices_____

7. **Espectáculos que menos te gustan:** Odio _____ porque _____

8. **Espectáculos que más te gustan:** Prefiero _____ porque _____

5 👥 DIME QUÉ TE GUSTA Y TE DIRÉ CÓMO ERES. Haz este test a tu compañero. Luego, él te lo hará a ti.

1. Te gustan las películas de amor, aventuras, acción, violencia…

2. Odias que las películas…

3. Eres fan incondicional de…

4. En música prefieres que…

5. Lloraste mucho con la película… cuando…

6. Tu deporte favorito es…

7. Cuando sales con tus amigos te gusta…

8. En tus ratos libres…

9. En cuanto a ti, te entristece que…

10. Te da miedo…

11. Te alegra que…

6 Lee el texto con atención.

Hoy en día a mucha gente le preocupa que el fútbol mueva tanto dinero; pero, a pesar de todo, es uno de los deportes con más seguidores. No obstante, hay otros deportes que nos encanta practicar: tenis o simplemente correr. El número de personas inscritas en polideportivos ha aumentado en los últimos años.

Nos molesta que haya deportes tan caros y elitistas como el golf. Quizás por ello sea bastante minoritario en España.
Como deportistas destacados, a los españoles nos han dado muchas alegrías Mireia Belmonte y Rafa Nadal, en natación y tenis, respectivamente.

6.1 Y tú, ¿qué deporte practicas?

¿Cuál es el que menos te gusta?

¿Eres seguidor de algún equipo o deportista?

Blog Deportes de riesgo

7.1 Lee este texto y anota los deportes que se mencionan. ¿Sabes en qué consisten todos ellos?

7 Relaciona los textos con las imágenes.

Rafting, puenting, escalada, barranquismo o rappel son algunas de las prácticas de turismo activo que prefirieron los españoles durante este año

Parapente
Volar con un paracaídas especial que permite planear en el aire.

Escalada libre
Subir paredes de montañas de difícil acceso.

Paracaidismo
Saltar desde un avión en vuelo con un paracaídas.

Puenting
Lanzarse al vacío desde un puente al que se está sujeto por una cuerda elástica.

Descenso de cañones
Recorrer un cañón que ha sido formado por un río de poco caudal.

Según los datos recogidos en el último anuario oficial de estadísticas deportivas, **los españoles realizaron el año pasado 2,57 millones de actividades vinculadas al deporte,** lo que supone el 3,1% del total de los desplazamientos.

Crecimiento en los últimos años

Primavera y verano son meses de temporada alta para la práctica de los **deportes de aventura.** En un estudio realizado se refleja que el senderismo, el barranquismo, el *rafting*, las rutas en bicicleta, la escalada y los paseos en barco, vela o en globo aerostático fueron las prácticas más demandadas el pasado año.

suenabien

Diptongos, triptongos e hiatos

■ Los **diptongos:** dos vocales y una sola sílaba. Unión de una vocal abierta (a, e, o) y una cerrada (i, u) o de dos cerradas: *o-lim-**pia**-das.*

¡Ojo! La *y* posee valor vocálico cuando se encuadra en una sílaba tras una vocal abierta: *hoy.*

■ Lo mismo sucede con los **triptongos,** formados por una vocal abierta entre dos cerradas: *re-me-**diéis.***

■ Dos vocales (una abierta y otra cerrada) que pertenecen a sílabas distintas constituyen o forman un **hiato:** *pre-fe-**rí-a.***

CD2 18

8 Escucha estas palabras. Debes separarlas en sílabas como en el ejemplo.

1. voleibol
2. baile
3. estadio *es-ta-dio*
4. actúan
5. después
6. sitúa
7. despreciáis
8. leía
9. ponéis
10. Paraguay
11. dúo
12. autor
13. lío
14. aún

9 Clasifica las palabras del ejercicio anterior en diptongos, triptongos o hiatos.

► EL SUSTANTIVO: EL GÉNERO

Sustantivos que permiten la alternancia masculino / femenino

1. Si el masculino termina en **-o, -e,** el femenino se forma sustituyendo dichas vocales por **-a:** *chico / chica; jefe / jefa.*
Si el masculino termina en consonante, el femenino se forma añadiendo **-a:** *doctor / doctora.*

2. Algunos nombres forman el femenino añadiendo al masculino **-iz, -isa,-esa,** e **-ina:** *el actor / la actriz, el poeta / la poetisa, el alcalde / la alcaldesa, el héroe / la heroína.*

3. Hay algunos sustantivos que tienen la misma forma para ambos géneros y marcan la diferencia mediante el artículo: ***el / la** pianista, **el / la** cantante, **el / la** cónsul.*

4. Algunos sustantivos diferencian el género mediante palabras diferentes: *la mujer / el hombre, el toro / la vaca, el caballo / la yegua.*

5. Algunas especies de animales marcan la diferencia de género añadiendo al sustantivo las palabras *macho* (para el masculino) y *hembra* (para el femenino): *el ratón **macho** / el ratón **hembra.***

Sustantivos que cambian de significado con el cambio de género

el libro (para leer) / *la libra* (la moneda); *el puerto* (marítimo) / *la puerta* (para entrar o salir);
el clave (instrumento musical) / *la clave* (código); *el radio* (elemento químico) / *la radio* (aparato que retransmite sonidos).

Sustantivos que no permiten la alternancia masculino / femenino

■ Son de género **masculino:**

1. Las palabras terminadas en **-or:** *ordenador, tenedor, comedor.* Excepciones: *flor, labor.*

2. Muchas palabras terminadas en **-ma:** *drama, tema, programa.*

3. Las palabras terminadas en **-aje:** *maquillaje, abordaje.*

■ Son de género **femenino:**

1. Las palabras terminadas en **-ción, -sión, -zón:** *canción, natación, profesión, razón.*
Excepciones: *corazón, buzón, tazón.*

2. Las palabras que terminan en **-d:** *juventud, verdad, libertad.*
Excepciones: *ataúd, alud, abad, laúd.*

3. Las palabras que terminan en **-ez** y en **-sis:** *crisis, vejez, estupidez.*

4. Algunas palabras terminadas en **-o:** *mano, foto, moto.*

CE
10. | **10** Completa estas oraciones con los artículos correspondientes.

1. .... directora de esa película es Sofia Coppola.

2. Me encanta .... espectáculo de magia que está de gira por Europa.

3. ¿Qué te ha parecido ...... canción de Pavarotti?

4. .... protagonistas en el concierto fueron .... cantantes británicos.

5. En las olimpiadas participan .... deportistas más destacados de cada país.

6. El tenis es un deporte entretenido, pero es más emocionante .... natación.

7. > ¿Cuál es .... nacionalidad de Steven Spielberg? < Es estadounidense.

8. .... clave de esa película está en la historia.

9. .... *muerte del cisne,* representada por una compañía rusa, me encantó.

10. El decorado es magnífico. Aparece .... puerto con sus barcos a lo lejos y, en primer plano, ... puerta de la casa del marqués.

11 👥 ¡VAMOS A JUGAR! En grupos, y con ayuda del diccionario, buscad diez palabras. Vuestros compañeros tendrán que decir su género.

www.rae.es

12 Seguro que te gusta la música en español. Busca la letra en español de tu canción favorita, subraya los sustantivos y clasifícalos en masculinos y femeninos.

www.musica.com

▶ ORACIONES SUBORDINADAS CONCESIVAS

Expresan una dificultad u obstáculo para la realización de la acción principal, la cual, no obstante, se cumple.

■ **Aunque** + **indicativo**: el hablante afirma un hecho experimentado (real). **Aunque estudia** mucho, no aprueba.

■ **Aunque** + **subjuntivo**: el hablante expresa un hecho no experimentado (posible). **Aunque estudie** mucho, no aprueba.

CD2 19 **CE 11.** **13** Escucha los diálogos, identifica las oraciones con *aunque* y di cuándo se habla de un hecho real y cuándo de un hecho posible.

CE 12. **14** Completa los diálogos.

1

A: ¿Has visto la última película de Tarantino?

B: No, no la he visto. No voy al cine, aunque (*gustarme*) .... mucho. Prefiero verlas en DVD.

A: Pues yo voy todas las semanas. Aunque la película no (*interesarme*) .... demasiado, entro para ver qué tal está.

2

A: ¿Sabes si Enrique va a tocar con su grupo aquí el domingo?

B: No sé lo que hará, pero aunque (*tocar*) .... aquí, no pienso ir a verlo.

A: ¡Qué rencoroso! Yo sí voy a ir, aunque nunca (*escuchar*) .... nada de ellos.

3

A: Esta mañana he visto a Pilar y me ha dicho que quería hablar contigo para disculparse.

B: Pues aunque (*pedírmelo*) .... de rodillas, nunca se lo perdonaré.

A: No seas así. Ella va a hacer un esfuerzo, pues, aunque no (*creerlo*) ...., te quiere de verdad.

B: Sé que me quiere mucho, pero hay amores que matan.

A: Ella es así; aunque (*intentar*) .... cambiar, no lo consigue.

15 **NO TODO ES LO QUE PARECE.** Relaciona las imágenes con sus textos correspondientes.

15.1 Construid oraciones relacionadas con las imágenes, según el modelo de las anteriores.

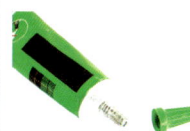

Aunque tiene cabeza, no piensa.

Aunque tiene pies, no anda.

Aunque tiene hojas, no necesita agua.

Aunque vuela constantemente, no tiene alas.

Aunque pica, no tiene pico.

16 CADA OVEJA CON SU PAREJA. ¿Quién va con quién? Forma parejas como quieras y explica el porqué. Usa la imaginación.

Ej.: *La chica del pelo rojo va con el chico del pelo naranja porque,* **aunque es muy alegre y él parece serio,** *necesita alguien que la comprenda.*

tomanota

Acentuación en diptongos y triptongos

■ Los **diptongos** y **triptongos**, puesto que constituyen una sola sílaba, siguen las reglas generales de acentuación y la tilde va siempre sobre la vocal abierta: *encend**éi**s, alivi**ái**s.*

■ Los diptongos no se acentúan si no les corresponde por la posición que ocupan: *b**ue**na.*

■ Las agrupaciones vocálicas **ay, ey, oy** con que finalizan algunos vocablos no llevan tilde a pesar de constituir diptongo: *jers**ey.***

■ El grupo **ui** lleva tilde cuando lo exige su posición en la palabra. Por eso acentuamos *constr**uí***, que es aguda acabada en vocal, mientras que queda sin acento *h**ui**r*, que finaliza en consonante distinta de **n** o **s** y además es monosílaba.

17 Pon la tilde en las palabras que la necesiten.

1. distribui	**5.** huesped	**9.** odiar	**13.** ciudad
2. direis	**6.** sucia	**10.** influir	**14.** comeis
3. veis	**7.** iniciais	**11.** despues	**15.** Sebastian
4. cuatro	**8.** cuidaselos	**12.** vayais	**16.** ibais

▶ ORACIONES FINALES

Expresan la finalidad con la que se realiza la acción del verbo principal.

■ Cuando el sujeto del v. princ. = sujeto del v. sub. ⟶ **para** + infinitivo:
*Voy al teatro **para disfrutar** con la representación.*

■ Cuando el sujeto del v. princ. ≠ sujeto del v. sub. ⟶ **para que** + subjuntivo:
*Llevo a mi hija al teatro **para que disfrute** con la representación.*

18 Completa estos enunciados con los verbos *ganar, conseguir, estar, recordar* y *ver*, y añade los elementos que creas necesarios.

1. Lola practicaba atletismo para ...... y ......
2. Mi madre va a la ópera para ...... a ......
3. Como cantante mejicano, mis espectáculos sirven para ......
4. He dirigido mi última película para ...... un ......
5. Practico el balonmano para ...... en ......

19 Relaciona mediante flechas los nombres de deportes con las palabras que aparecen en la columna de la derecha.

motociclismo	gol
atletismo	canasta
ciclismo	raqueta
natación	bicicleta
esquí	piscina
tenis	moto
baloncesto	nieve
fútbol	maratón

19.1 ¿Practicas alguno de estos deportes? ¿Con qué motivo? ¿Para qué?

20 Expresa finalidad. Ten en cuenta si el sujeto es el mismo (=) o no lo es (≠).

Ejs.: participar = ganar / carrera:
Participo (yo) para ganar (yo) la carrera.

comprar / entradas ≠ ir / cabaré:
Compro unas entradas (yo) para que vayan (ellas) al cabaré.

1. coger / raqueta = jugar / tenis
2. conseguir / dinero ≠ comprar / moto
3. necesitar / coche = ir / piscina
4. lanzar / balón ≠ entrar / canasta
5. mi preparador físico / entrenar / a mí ≠ correr / maratón
6. Cristiano Ronaldo / necesitar / marcar un gol = ganar / partido

▶ POR

- **Causa**
  *Este regalo es **por** tu cumpleaños.*
- **Tiempo**
  – Tiempo aproximado. *Estaré allí por Navidades.*
  – Frecuencia. Equivale a 'al / a la'. *Voy al cine una vez **por** semana.*
- **Espacio**
  – Movimiento en el espacio. Equivale a 'a través de'.
  *Hemos viajado **por** toda Europa.*
  – Localización aproximada. *Vive **por** tu barrio.*
- **Precio**
  *He comprado esto **por** 10 euros.*
- **Sustitución**
  *He cambiado la chaqueta **por** un traje.*

▶ PARA

- **Finalidad o destinatario**
  *La harina es **para** hacer el pastel.*
  *Esta carta es **para** Julián.*
- **Tiempo**
  – Indica fecha límite, plazo.
  *Iremos **para** (el Día de) San José.*
- **Espacio**
  – Movimiento en el espacio: destino.
  *Voy **para** mi país.*
- **Opinión**
  ***Para** mí el culpable es Juan.*
- **Puede servir para hacer comparaciones**
  ***Para** ser extranjero habla bien español.*

21 **Completa estas oraciones con *por* o *para*.**

CE
15.

1. Viajo todos los años _____ estas fechas.

2. Quiero el disco terminado _____ el miércoles.

3. Practica aerobic tres veces _____ semana.

4. _____ ser su primera actuación lo hace muy bien.

5. Mis proyectos son marcharme _____ Ecuador.

6. El yoga sirve _____ relajarse.

7. Voy a cambiar el vestido _____ un pantalón. Es más cómodo.

8. Me he puesto esta ropa _____ el frío.

9. Siempre te gusta colocarte _____ el centro de la sala.

10. Nunca he comprado un regalo _____ seis euros.

22 **Relaciona los elementos de cada columna y forma todas las oraciones posibles.**

Se ha puesto tan alegre…
Me encanta que salgamos a cenar…
El atleta está entrenando…
Actuó…
Me preocupa que…
Siempre llama por teléfono…

por
para

estas fechas.
él nuestra amistad sea algo secundario.
todos los teatros de la capital.
nuestro aniversario.
su próxima prueba.
un autógrafo de su ídolo.

¿Cuántas has conseguido?

23 **Fíjate en las viñetas y explica el significado de las expresiones marcadas. Escribe más ejemplos.**

¡Qué desastre! Ya son las 12.00 y toda la casa **está por** limpiar.

¡Qué aburrimiento! **Estoy por llamar** a una amiga e irnos al teatro.

Estaba para salir cuando llamaron por teléfono.

24 ESPECTÁCULO SOLIDARIO. Organizad un espectáculo con fines benéficos.

Ej.: *Voy a organizarlo para que los necesitados de mi ciudad tengan un nuevo albergue.*

↘ ¿De qué tipo?

↘ ¿Quiénes participarán o intervendrán? ¿Cómo?

↘ ¿Dónde? ¿Cuándo?

↘ ¿Cuánto costará?

↘ ¿Para qué se va a utilizar el dinero recaudado? Busca, al menos, cinco fines.

25 Tu compañero te va a describir el deporte que más le gusta y te va a explicar para qué es bueno. Intenta adivinar de cuál se trata.

tomanota

26 A DEBATE: *El fútbol en la televisión.*

DE LOS VEINTE PROGRAMAS de televisión más vistos en España durante la última temporada, nueve fueron partidos de fútbol.

Entre los principales canales de televisión en Europa, más de la mitad declaran que el fútbol genera el mayor número de telespectadores. El número de personas que vieron la final del Campeonato Mundial del año pasado por televisión fue de 2000 millones.

El País semanal, número 1195.

26.1 Ahora, argumenta tu opinión de acuerdo con el siguiente esquema:

1. Introducción al tema
2. Núcleo
   2.1. Expresión de la opinión
       a favor / acuerdo / idea A
       en contra / desacuerdo / idea B
   2.2. Razones que justifiquen la opinión
3. Conclusión / Resumen

27 Lee el siguiente texto:

RV:

Escribo para expresar mi acuerdo con el editorial publicado en el número 1209, porque me parece estupendo que empiecen a aparecer artículos de moda que no sean solo para mujeres delgadas, dado que no todas somos así. Lo que no me parece tan bien es que una vez que se deciden a publicar algo así lo titulen: «Moda para mujeres grandes», porque no se corresponde con la realidad; solo hay que echar un vistazo a la calle para darse cuenta de que la mayoría de las mujeres no tiene las medidas que aparecen normalmente en las revistas.

27.1 Escribe una breve redacción sobre «la moda y la delgadez» y argumenta tu opinión.

1 Lee la información que aparece en la web de *La noche en blanco de Granada.*

http://www.nocheenblancogranada.es

Desde las cinco de la tarde y hasta las cuatro de la mañana, la ciudad se abrirá al mundo. Se podrá disfrutar de más de 200 actividades de todo tipo y además gratuitas: teatro, danza, música en vivo, poesía, pintura, rutas guiadas, magia, exposiciones, deporte, cine, actividades infantiles, Alhambra, exhibiciones, oferta gastronómica y comercial… La Cultura en mayúsculas se hará reina y señora de la ciudad… Todo el mundo encontrará en Granada mucho que hacer, mucho en lo que participar y mucho que disfrutar.

Objetivos principales de la Noche en Blanco de Granada:

✔ **Reforzar** la imagen de Granada como ciudad creativa, abierta, vanguardista y dinámica.

✔ **Favorecer** la colaboración entre organismos públicos, instituciones y empresas.

✔ **Estimular** la cultura en la infancia y la juventud.

✔ **Fomentar** la creatividad cultural y el impulso de jóvenes creadores.

✔ **Acercar** la creación artística contemporánea a los ciudadanos.

✔ **Desarrollar** la cooperación cultural con otras ciudades de Andalucía, España y Europa a través de la red mediante el intercambio de experiencias y propuestas que posibilitarán también la internacionalización de artistas locales.

1.1 Ahora, responde las preguntas.

1. ¿Cuánto cuestan las actividades?

2. ¿Cuál es la imagen que quieren ofrecer de la ciudad?

3. ¿Se podrá asistir a algún concierto?

4. ¿Cuál crees que es el lema de la noche en blanco granadina?

5. ¿Quiénes son los principales destinatarios de estas actividades culturales?

CD2 20

2 Escucha este texto y completa con los pronombres personales y con palabras relacionadas con la música.

"

Si no existiera la ………, nuestra vida sería diferente. Sus ……… y ……… transforman todo lo que ……… rodea, ponen ……… y ……… a nuestros recuerdos. La ……… diluye de nuestra mente las preocupaciones; aporta luz, serenidad; expulsa las tensiones. ……… siempre ha estado presente en mi vida; con ……… he crecido y siempre ………. ha aportado seguridad.

Hay ……… eternas; cuando ……… escucho, el tiempo se detiene. Y ahora ……… cuento todo esto porque quiero compartir con ……… una emoción: me he decidido a ………, y en mi mente ya hay un ……… que suena y suena sin parar.

"

► PRONOMBRES PERSONALES

sujeto	c. indirecto	c. directo	con preposición
yo	me	me	mí / conmigo
tú	te	te	ti / contigo
él/ella/usted	le (se)	lo / la	él / ella / usted
nosotros/-as	nos	nos	nosotros
vosotros/-as	os	os	vosotros
ellos/ellas/ustedes	les (se)	los / las	ellos / ellas / ustedes

CE 2. 3 Sustituye las palabras subrayadas por pronombres.

Después del trabajo escucho música.

Enciendo mi equipo, elijo un CD y pongo el CD. Tengo aproximadamente 200. Mi mujer escucha música a mi lado. A mi mujer le encantan Stevie Wonder y Jamiroquai. A mí, Supertramp y Queen. Mi mujer y yo casi

nunca vamos a conciertos. Vemos vídeos musicales reproducidos en DVD. A veces grabamos los vídeos a nuestros amigos. También tengo un montón de viejos discos, pero hoy en día, prácticamente, ya no fabrican discos. Además, sustituyo algunos CD por el Ipod.

4 Cada uno dice una oración y el compañero la transformará utilizando los pronombres.

Coge el CD. → **Cógelo.** Habla a Juan. → **Háblale.** Dale a tu amigo la invitación. → **Dásela.**

▶ PRONOMBRE SUJETO

Hay casos de aparición obligatoria

- Identificación de personas: ¿Pedro Lucas? Sí, soy **yo**.
- Al contestar una pregunta dirigida a varias personas:
  ¿Quién sabe la respuesta? **Yo** la sé.
- Cuando no hay verbo (por ejemplo, con también y tampoco):
  He visto a Pedro. **Yo** también. / No he visto a Pedro. **Yo** tampoco.
- Para establecer un contraste con otros sujetos:
  No quiero verte. **Tú** por un lado y **yo** por otro.
- Para evitar ambigüedad: (Él / Ella / Usted) no opina nada (cuando no sabemos qué persona es).

- Entre / según + tú, yo...:
  Según tú, este es el mejor teatro de Europa.
  Entre tú y yo no hay nada en común.
- Con: con + yo = conmigo; con + tú = contigo:
  ¿Quieres venir **conmigo** al cine?
- Con + él mismo = consigo mismo. Conmigo, contigo y consigo no tienen el mismo valor y significado, pues consigo siempre significa «él con él mismo». Conmigo y contigo solo en ocasiones pueden usarse con la palabra mismo.
  Juan viene conmigo. / Juan viene contigo. / Juan viene con él.
  PERO Hablo **conmigo mismo**. / Hablas **contigo mismo**. / Habla **consigo mismo**.

CE 3. 4. 5. 5 Completa los siguientes diálogos libremente.

Mónica: Yo creo que .... podemos limpiar la casa. ✓

Teresa: No, ... y tú limpias. ✓

Mercedes: .... ✓

Raquel: No, yo no sé nada. ¿Y tú, Inés? ✓

Inés: .... ✓

Mercedes: Pues las dos teníais que saber ya algo. ✓

Antonio: ¿Irás solo con Miguel? ✓

Luis: Miguel y yo vamos juntos, es decir, él viene .... ✓

Miguel: Sí, yo voy .... ✓

5.1 Ahora, presta atención a estos enunciados y completa, si es necesario, con la preposición o palabra adecuadas.

1. Juan habla _____ mismo cuando está nervioso.
2. Trabajo _____ Miguel mejor que _____ (tú).
3. Después de seis meses _____ (tú) he llegado a la conclusión que _____ tú y yo no hay nada en común.
4. _____ Ana, _____ ella y Juan no hay nada en común. ¡Han roto!
5. ¡Uf! Estoy agotada, necesito un descanso. ¿Te vienes _____ (yo) a tomar algo?
6. ¿Quieres que hagamos la tarea _____ los dos?

6 👥 Vamos a leer algunas informaciones sobre ciertos géneros musicales. Formad grupos, pensad en estos otros géneros e intentad definirlos.

FLAMENCO

El flamenco hunde sus raíces en diferentes culturas: cantos gregorianos, griegos, sones africanos, melodías persas… En realidad, engloba el cante y el baile. El instrumento que se utiliza es la guitarra. Sus orígenes se remontan al siglo XVIII. Actualmente, en España hay varios cantantes que intentan acercarse al flamenco desde ritmos más modernos, como puede ser el *jazz*.

rock blues **pop** *jazz* ópera *heavy* country

SALSA

Tiene su origen en una mezcla de ritmos africanos y caribeños. En sus melodías predominan los instrumentos de percusión. Uno de las representantes más importantes de este género en la actualidad es Marc Anthony.

MÚSICA MELÓDICA

Son composiciones musicales con letras relacionadas con el tema del amor. Melodías suaves y reposadas. En general, es un tipo de música comercial que triunfa en todo el mundo.

Podéis tener en cuenta los siguientes aspectos:

– Tipo de ritmo.
– Instrumentos que se utilizan.
– Personas a las que suele gustar.
– Lugar de origen o del que es típico.
– Forma de ejecución (en grupo, en solitario…).
– Representantes famosos.

6.1 Ahora leed a vuestros compañeros la definición que habéis realizado. ¿Saben de qué género habláis?

6.2 Puesta en común de los gustos musicales del grupo. Responde las siguientes preguntas:

- ¿Qué cantante te gusta más? ¿Cuál menos?
- ¿Qué género musical te interesa más? ¿Conoces otros géneros musicales?

suena**bien**

CD2 21
7 Escucha y repite las palabras que vas a oír.

CE 6. **CD2 22** **8** Subraya y numera por orden las palabras que escuches.

estudiáis (triptongo) ❑
limpiáis (triptongo) ❑
estudiéis (triptongo) ❑
actuéis (hiato + diptongo) ❑
continuáis (hiato + diptongo) ❑

limpiéis (triptongo) ❑
continuéis (hiato + diptongo) ❑
tuteéis (hiato + diptongo) ❑
actuáis (hiato + diptongo) ❑

9 👥 Escribid una oración en la que aparezcan dos palabras que tengan un diptongo; a continuación, otra con dos palabras que tengan un triptongo, y una tercera con dos palabras que tengan un hiato. Después, leedlas en voz alta.

▶ EXPRESAR JUICIOS Y VALORACIONES

Ser, estar, parecer + expresión de valoración (*necesario, malo, mejor, importante, aconsejable, útil, natural…*).

- Valoración general ⟶ verbo sub. infinitivo:
  Es maravilloso escuchar música en casa.
- Valoración sobre un sujeto particular ⟶ verbo subjuntivo:
  Es bueno que escuches música relajante.

10 ¡CUIDEMOS EL ESPÍRITU! ¿Cuáles son tus valoraciones sobre la música? Piensa, al menos, en tres y explica el porqué.

Es maravilloso saber tocar un instrumento musical.

Es curativo escuchar música.

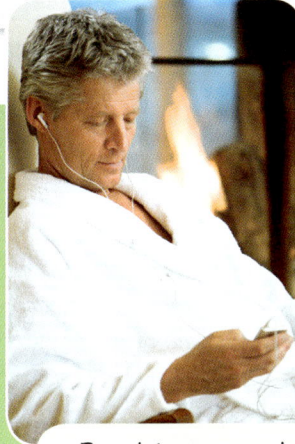

Es relajante escuchar música porque nos ayuda a olvidar nuestras preocupaciones.

11 ¿Y tú? ¿Cómo valoras la música? Construye cinco opiniones siguiendo los modelos.

¿Es conveniente que nosotros hagamos cosas para potenciar la música o es necesario que solo los organismos públicos se preocupen por el tema?

Es ridículo que nosotros potenciemos la música.

Es preocupante que los organismos públicos no organicen más espectáculos de música clásica.

12 A DEBATE. Comparte tus opiniones con tus compañeros. ¿A qué conclusión llegáis? Fíjate en la información de la ficha.

▶ ARGUMENTAR UNA OPINIÓN

Verbos de lengua, pensamiento y percepción (*contar, decir, comentar, explicar, pensar, opinar, ver, escuchar, oír…*).

- Verbo princ. afirmativo ⟶ verbo sub. indicativo:
  Creo que es / parece que es / pienso que es / digo que es…
- Verbo princ. negativo ⟶ verbo sub. subjuntivo:
  No creo que sea / no parece que sea / no pienso que sea / no digo que sea…

CE
11.

13 Lee estas opiniones y expresa la tuya.

Paco Cebrián, 65 años, jubilado

Solo hay dos clases de música: la buena y la mala. La buena es la música clásica. La mala, el resto.

Comentarios: 5

Carmela Silva, 41 años, psicóloga especializada en problemas de la infancia

Los niños ven violencia en las noticias de televisión, en el cine o en los dibujos animados. Esta violencia es para ellos un referente de la crueldad del mundo que los rodea, y desde muy jóvenes se conciencian de la necesidad de hacer algo para acabar con ella.

Comentarios: 2

Jesús Poncela, 34 años, entrenador de atletismo

Me parece mal que muchos futbolistas tengan contratos millonarios, mientras que otros deportistas no tienen dinero suficiente para dedicar todo su tiempo a entrenar.

Comentarios: 9

Simone Monleón, 23 años, estudiante

Opino que la música comercial no es sinónimo de mala calidad.

Comentarios: 12

suena**bien**

Hiatos

- Los **hiatos** de vocales abiertas se acentúan cuando les corresponde por su posición en la palabra: *po-é-ti-co.*

- Cuando coinciden una vocal abierta y otra cerrada y el acento recae en esta última (condición para que sea un hiato), es obligatorio poner tilde, sin importar la posición que ocupe en la palabra: *dí-a.*

- El condicional de las tres conjugaciones y el pretérito imperfecto de la segunda (verbos en **-er**) y de la tercera (verbos en **-ir**) llevan tilde: *amaría, comería, viviría, comía, vivía.*

14 Completa con las palabras y escribe la tilde si es necesaria.

baul, mios, aeropuerto, ahi, seismo, eolico

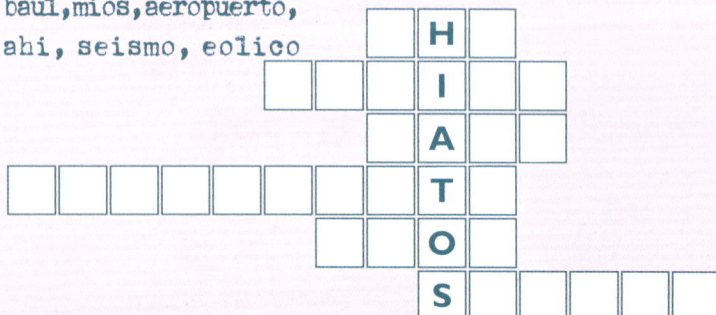

H
I
A
T
O
S

CE
12.

15 Coloca los acentos que faltan.

Gonzalo Benavides, mánager y productor musical: «*Al principio no tenia mánager; luego sí y, con el tiempo, descubriria que era mejor no tenerlo: yo solo me movia mucho mejor; entonces fue cuando comencé a pensar que algún dia yo también seria mánager. Los cantantes me preocupan como si fueran hijos mios*».

▶ EXPRESAR OPINIÓN: CASOS ESPECIALES

■ Si el verbo princ. es afirmativo o negativo + interrogativo indirecto ⟶ el verbo subordinado va siempre en indicativo.

Nos explicó por qué estaba *en desacuerdo con ellos.* / ***No nos explicó por qué*** estaba *en desacuerdo con ellos.*

16 Echa un vistazo a esta cartelera musical y escribe ejemplos como los propuestos.

Ejs.: *Nos cuenta dónde serán los conciertos.*
Nos explica cuándo serán los conciertos.
Nos dice cómo serán los conciertos.

CARTELERA

← → Rihanna y Shakira

Mayumaná, en Madrid

El espectáculo tendrá lugar en Madrid.
Los meses de mayo, junio, julio y agosto.

Barcelona: acción musical

Los conciertos serán en Barcelona en la plaza de la Catedral y la plaza del Rey.
Los días 23, 24 y 25 de septiembre.
Actuarán Radiohead, Robbie Williams y Adele.
Entrada libre.

Estrella Morente: disco

Presenta su último disco en Madrid, en la sala Caracol.
El día 27 sale a la venta.
Se trata de una «declaración de amor a la música de Brasil».

U2: gira

Actúa en Cádiz, Sevilla, Madrid, Barcelona, Burgos y Vigo.
Los días 1, 2, 5, 7, 8 y 13.

Rihanna
En concierto

EN GIRA CON SHAKIRA

Shakira
En concierto

EN GIRA CON RIHANNA
Barcelona (día 25) y Madrid (día 26).
Se escucharán los grandes éxitos de su carrera musical.

CE 13.

17 ¿Qué informaciones faltaban en las carteleras del ejercicio anterior?

Ejs.: *No nos cuenta quién es el cantante del grupo. No nos dice cómo se llama el último disco del grupo. No nos explica en qué lugar exacto de Madrid y Barcelona van a actuar.*

1. Mayumaná, en Madrid	2. Barcelona: acción musical	3. Estrella Morente: disco	4. U2: gira

17.1 Ahora, contesta estas preguntas.

1. ¿Es verdad que Mayumaná actuará en el mes de abril?

2. ¿Es cierto que escuchar el concierto de Robbie Williams cuesta 80 €?

3. ¿Es verdad que podemos comprar el disco de Estrella Morente el día 25?

4. ¿Es cierto que U2 actúa en algunas ciudades de Andalucía?

▶ **EXPRESAR CERTEZA**

Ser, estar, parecer + expresión de certeza (*cierto, verdad, obvio, evidente, claro…*)

• Verbo princ. afirmativo ⟶ verbo sub. indicativo: **Es verdad** que ella no **sabe** nada.

• Verbo princ. negativo ⟶ verbo sub. subjuntivo: **No es verdad** que ella no **sepa** nada.

CE 14.

18 Completa y di si estás de acuerdo o no.

1. .... claro que el *Submarino amarillo* (ser) .... una canción de los Beatles.

2. No .... verdad que en España solo (escuchar) .... flamenco.

3. .... cierto que Alanis Morissette (pertenecer) .... al grupo de artistas de *rock* femenino que más ha vendido en la historia.

4. No .... claro que el estilo del grupo U2 (ser) .... el *rock*.

5. No .... evidente que Miguel Bosé (continuar) .... su carrera indefinidamente.

6. .... evidente que uno de los boleros más famosos (ser) .... obra de Maurice Ravel.

19 Verdad o mentira.

Ej.: *Hoy hace mal día. Es evidente que hoy hace mal día.*

1. Soy altísima.

2. Todas las mañanas siento náuseas.

3. Me encanta la música celta, pero no voy a ningún concierto. Cuestan muy caros.

4. No…, si yo soy muy feliz.

BUSCAR **CONCIERTOS** REVISTAS

Ayuda **Español**

M MÚSICA

Usuario

Contraseña

ENTRAR

f Facebook
Twitter

20 Música y tópicos.

A veces, se relacionan ciertos géneros musicales, bailes o cantantes con un país, lugar o región determinados. Eso sucede en España con el flamenco, aunque no es verdad que el flamenco sea la música predominante. **¿Conoces otros casos similares?**

20.1 ¿Recuerdas el último concierto al que fuiste? Cuéntales a tus compañeros quiénes actuaban, qué tipo de música era, cómo fue el concierto...

tomanota

21 ¿Los conoces? Di qué música es para ti...

✔ La más aburrida: _____
✔ La más interesante: _____
✔ La más culta: _____
✔ La más «pasada de moda» (anticuada): _____
✔ Califica el resto según tus gustos e ideas. _____

Abba   The Rolling Stones

Maná   Mozart   Enrique Iglesias   Ainhoa Arteta

21.1 Aporta varias razones para fundamentar tu opinión.

CE 15.

22 «La música moderna: manifestación artística o simple entretenimiento». Desarrolla tu argumentación sobre el tema en un mínimo de diez líneas.

Maneras de VIVIR

Con la música a otra parte

1 ¿Qué tipos de música conocéis? Leed los términos que os proponemos y definidlos.

[clásica, popular, bailable, melódica, ligera, folclórica, culta, popular, urbana, moderna]

Ritmo latino

2 ¿Cuánto sabéis de la música latinoamericana? Leed esta información de la página web Ritmo Latino.

En todas las épocas, el arte del baile y la música ha tenido un papel muy importante en la cultura y la sociedad latinoamericanas. De hecho, los bailes populares son en sí mismos un vehículo de expresión cultural. La música latina cada vez se escucha y se baila más en todo el mundo: la salsa, el merengue, el chachachá, el bolero o el tango son algunos de los bailes más conocidos.

La salsa se originó a partir de música y bailes tradicionales, como el son cubano y los ritmos de Puerto Rico. En el mundo de la salsa, destacan, entre otros, Tito Puente, Rubén Blades y Willie Colón.

El merengue surgió en la República Dominicana a principios del siglo XIX. Es una mezcla de elementos africanos, caribeños y europeos. Algunos de sus músicos más importantes son Johnny Ventura, Juan Luis Guerra o Rubby Pérez.

El chachachá es de origen cubano, creado por el músico Enrique Jorrín Oleaga en los años 50. El nombre procede de la estructura del paso de baile: dos pasos lentos seguidos de tres rápidos (cha-cha-cha).

El bolero nació en Cuba en torno a 1840. Puede cantarse a dúo, por un solista acompañado de piano o guitarra, por tríos o por cuartetos. Algunos de sus intérpretes más conocidos son Chavela Vargas, Los Panchos, Armando Manzanero, Alejandro Fernández o Luis Miguel.

El tango es el baile típico de Argentina. Surgió a finales del siglo XIX en los barrios marginales de Buenos Aires. Va acompañado de una danza sensual con pareja abrazada. Enrique Santos Discépolo, uno de sus mejores compositores, definió el tango como «un pensamiento triste que se baila». En 2009, la Unesco lo declaró Patrimonio Cultural Inmaterial de la Humanidad. Carlos Gardel, fallecido en 1935, está considerado como el mejor cantante de tango.

3 🙇 Buscad en internet qué instrumentos son los característicos de la música y los bailes anteriores. Después, indicad si son de percusión, cuerda o viento.

Bandoneón.

Tango	Bandoneón	Instrumento de viento

4 🙇 ¿Sabéis bailar alguna de estas melodías? Buscad información sobre alguno de estos bailes y preparad una presentación para la clase.

5 ¿Cómo es la música de tu país? ¿Qué instrumentos se usan? ¿Son conocidos en todo el mundo?

6 Prepara una presentación sobre la diferencia entre la música de tu país y la música del mundo hispánico. Indica cuál te gusta / disgusta más, qué sientes cuando la escuchas y por qué.

7 Preparad un reportaje sobre algún estilo musical latino muy famoso para colgar en vuestro periódico/revista digital.

8 Preparad una breve encuesta sobre gustos musicales. Después, preguntad a vuestros compañeros. Luego, redactad un informe para presentar en clase los resultados.

¿Sabías que...? ✕ ✕

El instrumento musical más antiguo del mundo que se conoce es una flauta hecha con huesos de ave y marfil de mamut, encontrada en el sur de Alemania y que es de hace unos 42 000 años. Sin duda, su valor es incalculable. ¿Sabes cuál es el instrumento más caro del mundo?

8 Hoy ceno con mi jefe

ámbito ❶ ¿Sería tan amable de...?

APRENDEREMOS A

- Expresar deseo y petición
- Justificar una petición
- Conceder o denegar permiso
- Expresar orden y mandato
- Dar instrucciones
- Expresar una acción futura en relación con un pasado

ESTUDIAREMOS

- El condicional: verbos regulares e irregulares
- Contraste entre presente, imperfecto y condicional
- Imperativo: usos
- Oraciones subordinadas sustantivas con verbos de orden y mandato
- Siglas
- Anuncios: ofertas y solicitudes
- Tiendas, servicios públicos y hoteles
- Repaso de esquemas tonales básicos

ámbito ❷ Haz un curso de informática

APRENDEREMOS A

- Dar consejos
- Hacer valoraciones
- Expresar lo objetiva y subjetivamente necesario

ESTUDIAREMOS

- Imperfecto de subjuntivo
- Condicional de consejo
- Correlaciones temporales
- Pronombres relativos: *que, quien*
- Oraciones subordinadas de relativo
- Abreviaturas
- Anuncios: ofertas y solicitudes
- Léxico laboral
- Repaso de esquemas tonales básicos
- Profesiones con alma

1 Relaciona las imágenes con el lugar correspondiente.

☐ comisaría de policía

☐ quiosco ☐ restaurante ☐ supermercado

☐ oficina de Correos ☐ hotel

▶ **EXPRESAR DESEO Y PETICIÓN: LA CORTESÍA I**

Verbos *querer, poder, desear, importar, molestar, dejar, permitir*

■ Presente: es el tiempo más directo; carece de valor de cortesía.
  *¿**Puedes** decirme la hora? / ¿Le **importa** decirme la hora?*
■ Imperfecto: se utiliza para expresar cortesía en situaciones de poca formalidad. Solo se usa con algunos verbos: *desear, poder, querer…*
  *¿**Podía** indicarme dónde está el supermercado más próximo?*

Infinitivo / subjuntivo en la oración subordinada

■ Sujeto v. princ. = sujeto v. subor. → v. subor. = infinitivo.
  Quiero reservar una habitación.
■ Sujeto v. princ. ≠ sujeto v. subor. → v. princ. + *que* + subjuntivo.
  Quiero que me reserven una habitación.

> Para justificar una petición se utiliza la expresión: *es que…*
> *Me podría decir dónde hay una farmacia. ¡**Es que** tengo que comprar mis calmantes!*
> Se utiliza en la lengua hablada y en situaciones informales.

2 Expresa deseos y peticiones para los elementos del ejercicio 1 utilizando los siguientes verbos. Justifica tu respuesta.

CE 2.

Ej.: *indicar / renovar: ¿Podía indicarme dónde hay una comisaría?*
Es que quiero renovar mi pasaporte.

1. decir / enviar . . . .
2. dar / dormir . . . .
3. saber / comprar . . . .
4. decir / comprar . . . .
5. indicar / ir al servicio . . . .

3   Completa las redes de palabras con los términos correspondientes.

Boutique

Mercería

Perfumería

Zapatería

Quiosco

Restaurante

Farmacia

✓ botones
✓ colonia
✓ jarabe para la tos
✓ revista
✓ camisa
✓ rímel
✓ café con leche
✓ botas
✓ leotardos
✓ periódico
✓ falda
✓ refresco
✓ zapatillas
✓ bobina de hilo
✓ sopa de verduras
✓ pintalabios
✓ pantalones
✓ antibiótico
✓ abrigo
✓ caja de tiritas

4   Haz las peticiones cortésmente y utiliza el vocabulario anterior.

¿(Desear, usted) .... alguna otra cosa?

(Querer) .... también una .... de tiritas.

He ido a una *boutique* carísima y le he dicho al dependiente: «(querer) .... unos ....» y al final me he comprado una ....

1

2

¿(Poder/usted) .... decirme dónde está el quiosco más próximo?

Sí, mira...

¿Qué (desear) ...., señora Fernández?

(Querer) .... reservar una habitación con vistas a la playa.

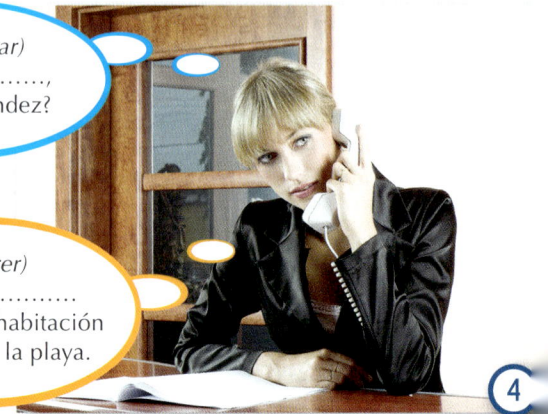

3

4

5 Los pequeños comercios van desapareciendo de nuestros barrios y cada vez compramos más en los grandes centros comerciales, situados normalmente a las afueras. ¿Sabes lo que esto implica? Lee este texto y, después, en parejas, pensad en tres consecuencias negativas de esta situación.

¡Salvemos las tiendas de barrio!

Consumir en las tiendas de barrio tiene muchos efectos positivos y ventajas. Veamos algunos de ellos.

• Los comercios pequeños y los mercados de barrio son fundamentales para la salud de nuestras comunidades, pues es muy habitual que sus propietarios vivan en el mismo barrio. El dinero gastado en estas tiendas ayuda a fortalecer la economía local.

• Las tiendas de barrio son un buen lugar donde encontrarse, estar de charla y establecer contactos con tus vecinos.

• Para desplazarnos hasta las afueras consumimos mucho tiempo y grandes cantidades de dióxido de carbono. Ir paseando o en bici a las tiendas de barrio permite disminuir el tráfico y los gastos de gasolina, a la vez que haces ejercicio físico.

• Se calcula que el contenido de una cesta de la compra típica ha recorrido más de 160 000 kilómetros hasta llegar a las estanterías de un centro comercial. Los comercios de barrio cuentan con más productos locales o cultivados y fabricados en la zona.

• Los pequeños comercios consumen menos energía que los centros comerciales. Por cada metro cuadrado de espacio en un centro comercial, una frutería de barrio consume hasta tres veces menos energía.

• ¿Te imaginas ir al centro comercial y pedir consejo acerca de un libro, unas manzanas ecológicas o una televisión de bajo consumo energético? Las grandes superficies amplían su gama de mercancías sin cesar, por lo que es imposible que el personal conozca todos los productos de la tienda. En cambio, es muy probable que el carnicero, el librero o el frutero de tu barrio puedan ofrecerte consejos útiles sobre todos los productos que venden.

www.canalsolidario.org/noticia
(texto adaptado)

5.1 A DEBATE. Y tú, ¿dónde sueles hacer la compra? ¿Por qué? ¿Estarías dispuesto a hacer el esfuerzo de comprar todo o casi todo en tu barrio? ¿Crees que la voluntad de los ciudadanos puede cambiar esta situación o son necesarias medidas «desde arriba»?

6 UNA NOCHE MOVIDITA. En grupos de tres. Uno de vosotros va a pasar una noche en un hotel de Bilbao. Una vez allí, decide pedir la cena en su habitación, pero se encuentra con algunos problemas. Inventad las conversaciones entre el cliente, el recepcionista y el camarero. Debéis seguir las siguientes pautas:

cliente

✓ Cuando estás instalado en tu habitación decides pedir por teléfono algo para cenar (no olvides tus buenos modales).

✓ Un camarero te trae la cena al cabo de media hora, pero cuando vas a comer compruebas que se ha equivocado y te ha dado la de la habitación de al lado. Vuelves a llamar pidiéndole que solucionen el problema.

✓ El camarero vuelve a subir. Te sientes un poco molesto por la situación y no te atreves a pedirle que baje a por una cosa que se te había olvidado. Al final lo haces, pero intentas ser muy educado. Es la tercera vez que el pobre muchacho sube. Debes hacer algo para compensarlo, pero no quieres ser descortés. ¿Aceptarán propina en ese hotel? De todos modos, asegúrate y pregúntaselo.

recepcionista

✓ Recibes la llamada de un cliente que desea que le suban la cena a su habitación. Le dices que tardará diez minutos.

✓ Media hora después recibes nuevamente la llamada del cliente porque ha habido un problema con su cena.

camarero

✓ Te han pedido que subas la cena al cliente de la habitación 150. Después de llevársela, recibes nuevamente un aviso de recepción. El cliente está contrariado porque dice que no es la cena que él ha encargado.

✓ Vuelves a subir.

6.1 Ahora representaremos para toda la clase la situación anterior.

suena**bien**

CD2 23

7 Señala si las oraciones que vas a oír son interrogativas, enunciativas o exclamativas. Después, escribe los signos de puntuación.

	1	2	3	4	5	6	7	8	9	10
→ INTERROGATIVAS										
→ ENUNCIATIVAS										
→ EXCLAMATIVAS										

1. Me gusta salir de compras.
2. Salimos esta tarde.
3. Cállate.
4. El lunes nos veremos.
5. El lunes nos veremos.
6. No.
7. No.
8. No.
9. Cuántos años tienes.
10. Cuántos años tienes.

CD2 24

8 Escucha con atención las oraciones y señala si son interrogativas, enunciativas o exclamativas.

CD2 25

8.1 Vuelve a escucharlas (solo escucharás una de cada grupo) y escríbelas.

	interrogativas	enunciativas	exclamativas
A			
B			
C			
D			

► EXPRESAR DESEO Y PETICIÓN: LA CORTESÍA II

Condicional simple

1.ª conjugación	2.ª conjugación	3.ª conjugación
amar-**ía**	beber-**ía**	subir-**ía**
amar-**ías**	beber-**ías**	subir-**ías**
amar-**ía**	beber-**ía**	subir-**ía**
amar-**íamos**	beber-**íamos**	subir-**íamos**
amar-**íais**	beber-**íais**	subir-**íais**
amar-**ían**	beber-**ían**	subir-**ían**

■ Verbos irregulares

Los verbos que son irregulares en futuro lo son también en condicional:
decir (diría…), *hacer* (haría…), *caber* (cabría…), *querer* (querría…), *poder* (podría…), *haber* (habría…), *poner* (pondría…), *saber* (sabría…), *salir* (saldría…), *tener* (tendría…), *valer* (valdría…), *venir* (vendría…).

■ Uso

Los verbos *poder, querer, desear, importar, ser, molestar, dejar* y *permitir* se usan en condicional simple para mostrar el máximo grado de cortesía.
*¿Le **importaría** traerme una silla?*
***Desearía** tomar helado de postre.*
*¿**Sería** tan amable de abrirme la puerta?*

9 ¿RESERVAMOS EN UN HOTEL? Completa el texto con los verbos *querer* y *desear*. Utiliza el tiempo que consideres conveniente: presente, pretérito imperfecto o condicional simple.

> **Empleado:** Hola, buenos días. ¿Qué ……………?
< **Cliente:** Hola, buenos días, ……… reservar una habitación en un hotel cerca de Madrid.
> **Empleado:** Perfecto. ¿Para qué fecha la ………?
< **Cliente:** La ……… para el día 23 de noviembre. La noche del 23 al 24.
> **Empleado:** ¿Habitación doble o individual?
< **Cliente:** ……… una doble. Viajo con mi mujer. También ……… media pensión.
> **Empleado:** Muy bien. Voy a reservarla.
< **Cliente:** Espere, una última cosa. Si es posible, ……… una habitación con terraza.
> **Empleado:** De acuerdo. No hay problema.
< **Cliente:** ¿Cuánto cuesta?
> **Empleado:** 160 €.
< **Cliente:** Muy bien, muchas gracias.
> **Empleado:** No olvide venir una semana antes para pagar la reserva y recoger el bono.

CE 3.

10 Fíjate en las siguientes viñetas, formula una petición en condicional simple y justifícala.

Ej.: *¿Podría abrirme la puerta? Es que yo no puedo.*

11 **¡VAYA SUERTE!** Imaginaos que os toca un premio al cliente «un millón» en un centro comercial. Os regalan 50 000 € para comprar artículos de allí. ¿Qué pediríais?

11.1 Os regalan una noche de hotel gratis, con cena incluida, para dos personas. ¿Con quién irías? Preparad un diálogo para pedir la cena. Mirad el menú del restaurante.

menú

Primer plato

Ración de ostras
Ensalada de salmón con espárragos
Pastel de brócoli y puerros

Segundo plato

Lubina al horno
Arroz con bogavante
Ternera en su jugo

Postre

Macedonia de frutas
Sorbete de mango y papaya
Helado de chocolate blanco
Tarta de queso

Bebida

Agua con gas
Refrescos
Cerveza / Cerveza sin alcohol
Vino blanco / tinto / rosado
Vino dulce
Cóctel de cava

Para pedir en el restaurante:

De beber quiero…

De primero (primer plato)…

De segundo (segundo plato)…

De postre…

CD2 26

12 Escucha la conversación telefónica y contesta las preguntas.

▶ Cuando empieza la conversación, el Sr. Martínez habla con una telefonista. ¿Qué le ordena?

▶ ¿Qué le han pedido como presidente de la Asociación El Prado?

▶ ¿Qué no tolera el Sr. Martínez?

▶ ¿Exige algo?

▶ ¿Ordena algo?

▶ ¿Por qué?

▶ El Sr. Domínguez le pide algo relacionado con un correo electrónico. Escribe el imperativo donde le da la orden.

▶ **EXPRESAR ORDEN Y MANDATO**

■ **Imperativo:** *Llame* al director por teléfono y *páseme* la llamada.

■ **Verbos de orden y mandato**

(ordenar, mandar, prohibir, permitir, tolerar…) + ⎡ infinitivo
⎣ *que* + subjuntivo

Te prohíbo poner / *que pongas* la televisión.

---

13 Hace poco tiempo que te has comprado un piso nuevo. Es demasiado grande para ti, por lo que decides alquilar una habitación a algún estudiante.

✓ ¿Qué prohíbes?   ✓ ¿Qué ordenas?   ✓ ¿Qué no toleras?

---

tomanota

Las siglas

■ Seguro que ya conoces muchas siglas en español: ONG, GPS, OVNI, por ejemplo. Pero ¿qué son exactamente las siglas? Son términos que se han formado con las letras iniciales de un conjunto de palabras.

CE 5.

14 Relaciona las siguientes siglas con su significado.

1. OMS   **2.** ONU   **3.** FMI   **4.** ETT   **5.** OTAN   **6.** VIH   **7.** DNI   **8.** RAE   **9.** UCI   **10.** IVA

▶ Organización del Tratado del Atlántico Norte

▶ Fondo Monetario Internacional

▶ Virus de la Inmunodeficiencia Humana

▶ Empresa de Trabajo Temporal

▶ Organización Mundial de la Salud

▶ Real Academia Española

▶ Unidad de Cuidados Intensivos

▶ Documento Nacional de Identidad

▶ Impuesto sobre el Valor Añadido

▶ Organización de las Naciones Unidas

▶ IMPERATIVO: USOS

■ **Para influir en el oyente**
- ✓ Consejos y recomendaciones: *No fumes tanto, que es malo para la salud.*
- ✓ Petición: *Carlos, por favor, llame a la agencia de viajes y confirme mi billete.*
- ✓ Orden: *Haz la cama ahora mismo.*
- ✓ Prohibición: *No bebas alcohol.*

■ **Para conceder o denegar permiso**
Cuando se concede permiso, se suele repetir el imperativo.
¿Puedo entrar? Sí, claro. Entra, entra.
¿Puedo poner la televisión? No, no la pongas porque estoy estudiando.

■ **Para dar instrucciones**
¿La Puerta del Sol? Sí, está muy cerca. Siga todo recto y gire a la derecha.

■ **Para ofrecer cosas**
Tómate otro café.

15 Redacta textos breves para las situaciones que te proponemos. Recuerda que deben aparecer peticiones corteses, directas, órdenes o mandatos…

1
LUGAR: el banco.
ASUNTO: recogida de tu nueva tarjeta de crédito.

3
LUGAR: la comisaría.
ASUNTO: renovar el pasaporte.

2
LUGAR: el supermercado.
ASUNTO: envío de la compra que acabas de hacer a tu casa.

4
LUGAR: comida en casa de tu mejor amigo.
ASUNTO: ir al hospital. Te ha sentado mal algo.

CD2 27 · CE 7. 8.

16 Juan González ha llegado a casa y ha encontrado varios mensajes en su contestador. Escúchalos y relaciónalos con las siguientes personas y lugares.

Mensaje 1 Miguel, su nuevo compañero de trabajo.

Mensaje 2 Luisa, su madre.

Mensaje 3 Su amiga Noelia.

Mensaje 4 Agencia de viajes.

Mensaje 5 Maite, su hermana.

Mensaje 6 María, su novia.

Mensaje 7 El banco.

CD2 27

16.1 Contesta las siguientes preguntas.

1. ¿Qué quiere la madre de Juan?

2. ¿Dónde vive Miguel? ¿Qué tiene que hacer Juan cuando baje del autobús?

3. ¿Qué problema tiene Juan en la agencia?

4. ¿Que le prohíbe la novia a Juan?

5. ¿Para qué lo llaman del banco?

6. ¿Qué necesita la hermana de Juan? ¿Por qué no baja ella al supermercado?

7. ¿Qué le ordena su amiga Noelia?

CD2 27

16.2 Para terminar, indica en cada caso el número del mensaje correspondiente.

Consejo	Orden	Prohibición
Petición	Intrucciones	Ofrecimiento

17 Elaborad dos diálogos telefónicos teniendo en cuenta los datos de las fichas. Cada miembro de la pareja representará un papel.

1 **ALUMNO A**

CLIENTE: Miguel Ruipérez

ENCARGO: cinco tartas de cumpleaños y ocho docenas de pasteles de nata y crema para el sábado.

PASTELERÍA EL CONFITE

PROBLEMA: demasiado trabajo.

2 **ALUMNO B**

CLIENTE: María Olarrieta

ENCARGO: dos kilos de filetes de ternera, un kilo de lenguados, dos bolsas de calamares congelados, una garrafa de agua de cinco litros y tres botellas de lejía.

SUPERMERCADOS CONSUM

Servimos pedidos a domicilio a partir de 60 euros de compra.

PROBLEMA: el importe del pedido no llega a los 60 euros.

18 Uno de vosotros es el recepcionista, y el otro, un cliente que busca alojamiento. Completad la conversación. Después, intercambiad los papeles.

> Recepcionista: Hotel Lyon. Dígame.

< Cliente / alumno:

....

> Recepcionista: Se oye muy mal.

< Cliente: (Cambiar) ....
....

> Recepcionista: Muy bien. De todas formas, es mejor que cuelgue y marque de nuevo.

< Cliente: (Segundos después). (Querer) ....
....

> Recepcionista: ¿Una habitación? ¿Doble o individual?

< Cliente: ....

> Recepcionista: Un momento, no se retire, no hay ningún problema. ¿A nombre de quién hago la reserva?

< Cliente: ....

> Recepcionista: 150 euros, pero en esta cantidad está incluido el desayuno. Debe llegar antes de las seis; si no, perdería su reserva.

< Cliente: (Decir)
....

> Recepcionista: ¿El Arco del Triunfo? Está muy cerca del hotel.

< Cliente: ....

> Recepcionista: Deme su número de tarjeta de crédito.

< Cliente: (Esperar) ....
....

> Recepcionista: No hay problema. ¡Hasta el viernes!

tomanota

CE 11. **19** **ANUNCIOS: OFERTAS Y SOLICITUDES.**
Aquí tienes algunos anuncios de un periódico digital. Léelos y fíjate en los verbos utilizados y en el estilo breve y conciso (telegráfico) en el que están redactados.

| Inicio | España | Economía | Internacional | Cultura | **Anuncios** | | Contacto |

1 VENDO ROPA
Vestido de señora de Sacharel, marrón, talla 42; cazadora de cuero negra a estrenar, talla 40, por 190 €, todo en perfectísimo estado. Pruébeselo sin compromiso.

2 SE ALQUILA CAFETERÍA-RESTAURANTE
100 m², zona Alcasol, totalmente instalado. Alquiler de 2135 €, Marta.

PROFESOR DE MÚSICA 3
Se ofrece profesor de música para clases particulares. Precio a convenir. Llamar mañanas. Preguntar por Raúl.

COMPRO LOCAL 4
Compro local comercial a estrenar. De unos 120 m², en Sevilla. Hasta 120 000 €.

BUSCO LAVADORA 5
Necesito lavadora de segunda mano, seminueva que funcione bien. Pagaría 255 €. Llamar noches.

GRUPO DE MONTAÑA 6
Busco gente divertida para hacer salidas por el campo los fines de semana. Abstenerse fumadores.

19.1 Clasifica los anuncios.
✓ Oferta
✓ Solicitud

19.2 Inclúyelos en su sección correspondiente.
✓ Locales comerciales.
✓ Ropa y complementos.
✓ Hogar y electrodomésticos.
✓ Relaciones personales.
✓ Trabajo.

19.3 Ahora escribe un anuncio nuevo para cada sección.

CE
1.2.

1 Lee los anuncios de esta página web y aconseja a tu amigo Miguel uno de ellos. Fíjate en su currículum.

Se precisa administrativo(a) para empresa de transportes. Enviar currículum al apdo. 43080, Tarragona.

Escuela de diseño gráfico. Bolsa de trabajo. Gran Vía, 31, 6.ª planta, oficina 18. Tel.: 999 448888.

Necesitamos profesores de inglés. Estudios: graduados en Estudios Ingleses. Zona Galapagar. Enviar currículum vitae a Free Language, calle Pinos Alta. Tel.: 908 444555.

Se busca abogado(a) para bufete dedicado a Derecho Laboral. Bilingüe inglés-español. Se valorarán otros idiomas. Tel.: 908 443322.

SE NECESITA CAMARERO/-A CON BUENAS REFERENCIAS. TEL.: 991 472794.

Compañía de Servicios solicita comerciales para incorporación inmediata en plantilla. Pedir entrevista en el tel. 908 004455.

Ej.: *Yo, en tu caso / que tú, estudiaría otros idiomas antes de buscar trabajo.*

CURRÍCULUM VÍTAE
- **Estudios:**
  Graduado en Informática.
- **Idiomas:**
  - Inglés (nivel B2).
  - Francés (A2).
- **Experiencia laboral:**
  - Profesor particular de inglés.
  - Camarero en Inglaterra durante seis meses.

▶ EXPRESAR CONSEJO

- **Verbos de consejo y recomendación** *(aconsejar, recomendar, sugerir…)* **+ *que* + subjuntivo**
  Te **recomiendo que estudies** unas oposiciones.

- ***Ser, parecer* + valoración** *(mejor, bueno, bien, aconsejable, recomendable, útil…)* + ⎡ infinitivo
  Es mejor que vayas / ir a la entrevista con traje. ⎣ *que* + subjuntivo

- **Imperativo:** *Estudia* Informática. Hoy es muy importante para conseguir un trabajo.

- **Condicional:** *Yo, que tú, / yo, en tu lugar, / yo, en tu caso,* **haría** un curso de chino.

AÑO XIII Nº 163 JULIO 2015 5,95 EUROS
www.estudiasotrabajas.net

¿ESTUDIAS O TRABAJAS?

Los mejores consejos para encontrar trabajo

2 La revista *¿Estudias o trabajas?* te da una serie de consejos para pasar con éxito una entrevista de trabajo.

➡ Sea puntual.

➡ Le recomendamos que se relaje antes de la entrevista. Es bueno que se tome una tila u otro tranquilizante.

➡ Sea usted mismo. No engañe comportándose de manera diferente a como es normalmente.

➡ Le aconsejamos que lleve su currículum actualizado.

➡ Es mejor que lleve una ropa adecuada al puesto. Si es un trabajo de camarero, es conveniente una ropa sencilla y, si es un puesto de comercial, sería recomendable un traje.

2.1 ¿Qué más consejos darías a tu amigo Miguel?

3 Más ideas para encontrar trabajo. Transforma estas oraciones siguiendo el ejemplo.

Ej.: *Haz unas oposiciones. Tendrás un trabajo estable.*

Te recomiendo que hagas unas oposiciones. *Me parece útil hacer unas oposiciones.*

1. Vete a Inglaterra a practicar inglés.

2. Inscríbete en una empresa de trabajo temporal. Hoy en día son las que mueven más ofertas de trabajo, aunque las condiciones laborales suelen ser peores.

3. Apúntate a una oficina de empleo. Es un organismo estatal y podrás encontrar puestos más interesantes.

CD2 28

4 ¿Cuál es el mejor lugar para encontrar trabajo? Escucha lo que opinan varias personas sobre el tema y, después, contesta las siguientes preguntas.

1. ¿Qué dice la primera chica sobre la oficina de empleo?

2. ¿Qué recomienda a los jóvenes el hombre que habla en segundo lugar? ¿Qué son los contratos «basura»?

3. ¿En qué lugar son peores los contratos para el tercer entrevistado?

suena bien

CD2 29

5 Escucha e identifica cada una de las oraciones que oigas. Después, dicta a tu compañero una oración de cada grupo.

1
a) No le gustan.
b) ¡No le gustan!
c) ¿No le gustan?

2
a) Escribe más despacio.
b) ¿Escribe más despacio?
c) ¡Escribe más despacio!

3
a) ¡Se casa!
b) ¿Se casa?
c) Se casa.

4
a) Hablamos en español.
b) ¿Hablamos en español?
c) ¡Hablamos en español!

5
a) Llama a los chicos.
b) ¿Llama a los chicos?
c) ¡Llama a los chicos!

6
a) Suena el teléfono.
b) ¿Suena el teléfono?
c) ¡Suena el teléfono!

7
a) Se van a casa.
b) ¡Se van a casa!
c) ¿Se van a casa?

CD2 30

6 A continuación, vas a escuchar a tres personas. ¿Podrías indicar su estado de ánimo? Justifica tu respuesta.

Miguel

Juan

Luis

8
a) Sí, sale conmigo.
b) ¿Sí? Sale conmigo.
c) ¡Sí! Sale conmigo.

9
a) ¿Por qué estudia?
b) Porque estudia.
c) ¿Por qué? ¿Estudia?

10
a) Qué dolor.
b) ¿Qué dolor?
c) ¡Qué dolor!

▶ LAS ORACIONES DE RELATIVO

Sirven para describir características de objetos, personas, lugares... Funcionan como un adjetivo.

QUE

■ **Antecedente +** *que*

He comprado un libro **que** tiene muchas fotografías de Madrid.

■ **Antecedente + preposición + artículo +** *que*

Iremos a la ciudad **en la que** nació Cervantes.

Quiero un amigo **con el que** hablar.

El asunto **del que** te hablé ya está resuelto.

Se casó con Eva, **a la que** conoció solo dos meses antes.

El lugar **por el que** había pasado estaba cubierto de nieve.

QUIEN

■ **Antecedente + preposición +** *quien*

Concuerda en número con el antecedente. Solo se utiliza para personas.

✓ Es alguien **en quien** puedes confiar = en el que...

✓ Ese es el chico **con quien** estuve en la entrevista = con el que...

✓ El hombre **de quien** te hablé es un empresario importante = del que...

✓ Esa es la secretaria **a quien** vimos en la oficina = a la que...

✓ No conozco al muchacho **por quien** pregunta = por el que...

CE 5. | **7** Miguel ha encontrado este texto en internet. Complétalo con los artículos y pronombres relativos correspondientes.

¿Cómo se mueve el mundo del empleo?

▶ La última estadística sobre el empleo analiza los perfiles profesionales más demandados por las empresas españolas en el último año.

▶ Existen áreas de trabajo más «jóvenes» que otras. Las áreas _____ tienen perfiles de edad más extremos son las de dirección (entre 35 y 37 años) y servicios generales (entre 25 y 29).

▶ Por sectores, el más «envejecido» es el de la enseñanza, en _____ la edad media supera los 34 años.

▶ El inglés es la lengua con _____ se puede acceder más fácilmente a un puesto de trabajo. A esta hay que añadir otros idiomas, entre _____ dominan el alemán y el chino.

▶ Otro elemento clave en la definición de un perfil profesional, muy ligado con la edad del candidato, es la experiencia. La oferta analizada muestra un claro predominio de profesionales con una experiencia inferior a tres años, a _____ hay que sumar candidatos _____ no han trabajado previamente.

---

8 Pensad en las siguientes cuestiones. Haced una puesta en común.

- Las profesiones con más futuro.
- Los trabajos peor pagados.
- El trabajo más interesante.
- El trabajo más aburrido.
- La profesión que genera más estrés.
- La profesión más arriesgada.

---

9 Une las siguientes oraciones siguiendo el ejemplo.

CE 6.

Ej.: *He entrevistado al joven. Le he dado la mano esta mañana a este joven.*
He entrevistado al joven al que / a quien le he dado la mano.

1. Dejaré mi currículum. Tú me recomendaste dejarlo a una persona concreta.
2. Me pediste una instancia. La instancia había que rellenarla a mano.
3. Discutimos con una mujer. Ella trabaja de secretaria.
4. El ordenador es carísimo. Yo te he hablado de él.
5. Está trabajando. La razón son sus estudios.
6. He confiado en ti para este trabajo. Tú eres esa persona.
7. Quiero estudiar en esa universidad. Mi hermana ya estudió allí.
8. Iré a estudiar con Luisa. Luisa es mi novia.
9. Quiero vivir en una casa. Cuesta 810 euros al mes.
10. Trabaja en una fábrica. La fábrica está muy lejos.

< Cliente: Verá, busco un trabajo de programadora (soy titulada en Ingeniería Informática), un trabajo que tenga un buen sueldo (no menos de 2500 € brutos) y que me permita viajar por el mundo.

> Consejero: Veo que el currículum que ha traído es realmente bueno. ¿Está buscando un empleo que le dé estabilidad laboral?

< Cliente: Sí, claro que sí, pero también quiero un trabajo que me guste y en el que haya un buen ambiente.

> Consejero: Según su currículum, el inglés que habla lo aprendió fundamentalmente en Nueva York. Allí estudió durante dos años en una academia que está acreditada por la Universidad de la Ciudad de Nueva York.

< Cliente: Sí, así es. Eso es porque tengo una hermana que vive allí.

> Consejero: Muy bien, pues, la verdad es que…

10 En la empresa de trabajo temporal 1, 2, 3, Curra Otra Vez, el consejero laboral entrevista y aconseja a los demandantes de empleo. Lee esta entrevista y subraya los verbos de las oraciones de relativo. ¿Qué diferencias ves?

► ORACIONES DE RELATIVO (ALTERNANCIA MODAL)

V. princ. + antecedente + _que_ + v. subor. (indicativo / subjuntivo)

- Si el antecedente es conocido para el hablante (sabe que existe), el v. subor. va en indicativo:
  Quiero el libro que **está** sobre la mesa.

- Si el antecedente es desconocido para el hablante (no sabe si existe), el v. subor. va en subjuntivo:
  Necesitamos una doctora que **sepa** inglés.

11 Lee la conversación. Fíjate en los verbos marcados y escribe la forma correcta cuando sea necesario.

< Miguel: Hola, Nuria. ¿Cómo estás?

> Nuria: Yo, muy bien. ¿Y tú?

< Miguel: Genial.

> Nuria: ¿Y tus estudios?

< Miguel: Ya los he terminado. Ahora busco un trabajo que **es** adecuado a mi carrera.

> Nuria: Estudiaste Sociología, ¿no?

< Miguel: Sí, pero no me dedico a ello. Estoy trabajando en un colegio porque me ofrecieron un empleo que **reúna** muy buenas condiciones. De todos modos, a mí me interesa un trabajo que **esté** relacionado con mi formación. Me encantaría trabajar, por ejemplo, en el Centro de Investigaciones Sociológicas.

> Nuria: ¡Y a quién no, hombre! A mí, por el contrario, no me importa el trabajo que **sea**. Yo, en tu caso, buscaría algo que **esté** relacionado con ordenadores. Me encanta ese sector.

< Miguel: ¡Anda! Pues conozco una empresa que **pide** gente con conocimientos de informática. Ya han seleccionado a varias personas que **sepan** informática. Solo tienes que solicitar una instancia en la oficina central que **debas** rellenar y entregar en el mismo lugar; después querrán que pases una entrevista con uno de los directivos.

> Nuria: ¡Genial! Muchas gracias por la información.

< Miguel: De nada. Estoy seguro de que uno de los puestos es para ti. Reúnes todas las características que **piden**.

CE 8. 9.

12 En la empresa de trabajo temporal Trababién buscan un intérprete. Lee lo que dice la responsable de personal y completa.

Busco una persona de unos treinta años, _____ (ser) _____ intérprete de chino / español, _____ (tener) _____ experiencia avalada por unos buenos informes. Esa persona _____ (buscar) _____ debe tener disponibilidad para viajar. Si hay algún candidato idóneo, tiene que presentarse aquí, el lunes a las 9:00, para firmar su contrato. Si no encontramos ninguno, pondremos un anuncio y pasaremos a realizar una serie de entrevistas con los candidatos _____ (reunir) _____ los requisitos.

13 ¿EXISTE EL TRABAJO IDEAL? Intentad describirlo. Discutid sobre las siguientes cuestiones.

- Condiciones laborales.
- Relaciones con los compañeros.
- Condiciones económicas.
- Relaciones con el jefe o la jefa.
- Tipo de trabajo.

CE 7.

14 Transforma los siguientes anuncios en oraciones de relativo.

Se necesita agente comercial con idiomas.	Vendo perro con pedigrí.	Ejs.: *Se necesita agente comercial que sepa idiomas.* *Vendo perro que tiene pedigrí.*
Compro coche: todoterreno.	A dos minutos de la playa. Alquilo apartamento.	Regalo ropa; en perfecto estado.	Buscamos jardineros con experiencia.

CE 11.

15 Relaciona las siguientes ofertas con las solicitudes.

1 Necesitamos licenciados en Filología Inglesa para cursos en academia.

2 Buscamos administrativos con conocimientos de contabilidad.

3 Empresa de transporte urgente precisa personal con moto propia para realizar servicios fijos. Se ofrece contrato laboral.

4 Se solicita auxiliar de geriatría para trabajar por las noches.

a Se ofrece persona para cuidado de ancianos, con titulación y experiencia.

b Motorista. Aceptaría trabajos de reparto a domicilio. Incluidos servicios fijos.

c Contable. Empresa de automóviles. Se ofrece. Llamar tardes.

d Inglés nativo con español fluido. Se ofrece para dar clases particulares.

16 Observad vuestra clase y a vuestros compañeros. A continuación, en parejas, preparad cinco preguntas y respuestas según el modelo.

✓ *¿Hay algún estudiante rubio? No, no hay ningún estudiante que tenga el pelo rubio. / Sí, hay dos estudiantes que tienen el pelo rubio.*

✓ *¿Alguno lleva algo rojo? No, no hay ningún estudiante que lleve algo rojo. / Sí, hay un estudiante que lleva una camiseta roja.*

✓ *¿Quién tiene bigote? No, no hay nadie que tenga bigote. / Sí, hay un estudiante que tiene bigote.*

No hay / No existe [nada / ningún / nadie] + verbo en subjuntivo

No hay nadie que pueda ayudarme.
No hay nada que me guste.

Agencia de contactos ✕ ✕

17 👥 Trabajáis en dos agencias de contactos muy especiales: en una solo hay hombres y en la otra solo mujeres. Cada uno es responsable de un cliente.

Ej.: *En mi base de datos hay un hombre **que es** bajito y atractivo **que busca** una mujer **que sea** deportista.*

Inicio   Contactos   Chats   Visitas   Flechazos   Favoritos   **Iniciar Sesión**   Regístrate

Nombre y apellidos:

Edad:

Nacionalidad:

Profesión:

Descripción física:

Carácter:

Aficiones:

Le gusta / No le gusta (sobre sí mismo):

Le gusta / No le gusta (sobre los demás):

Otros datos de interés:

BUSCA

Un hombre / mujer que…   No importa si…

Es necesario (imprescindible) que…   Otros datos de interés…

17.1 Buscad un nombre para cada una de las agencias.

17.2 Completad las fichas de las personas que están registradas.

17.3 Presentad de uno en uno y de forma alternativa (hombre / mujer; mujer / hombre) a vuestros clientes y formad parejas.

tomanota

La abreviatura
Reducción de la representación gráfica de una palabra o de un grupo de palabras. Solo se utiliza en la escritura.

18 Sustituye las abreviaturas por las palabras completas.

1. D. Miguel, ha sido Ud. elegido como representante de nuestra Cía. _____

2. Barna. 20 de noviembre de 2014. _____

3. D. Julio García, domiciliado en la c/ San Nicolás, n.° 10, 1.° dcha. C. P. 18005 (Granada). _____

4. Sr. Dir. del Bco. San Julián: Me dirijo a Ud. por su oferta de trabajo. _____

5. Hemos ingresado en su cta. cte. la cantidad de 620 €. _____

6. Oferta para trabajar en el dpto. de relaciones laborales de la Edit. Cómplum. _____

7. Cita en la consulta del Dr. Leiva, especialista en traumatología. _____

Maneras de VIVIR

¿En qué te gustaría **trabajar?**

La Trotamundos ✕

← → C 🏠 www.latrotamundos.es ≡

1 Leed la entrada del blog *La trotamundos* de Maika.
¿Conocéis a este famoso director de orquesta y a sus músicos?

| Inicio | Literatura | Música | Pintura | Arquitectura | Cine | Cocina |

Ayer asistí a un concierto en el Palacio Bellas Artes de México. Tocaba la West Eastern Divan, dirigida por el músico Daniel Barenboim. Fue impresionante y me sentí muy emocionada. Interpretaron a Falla, Albéniz y a Mozart. Lo más impresionante fue ver cómo ese conjunto de jóvenes, palestinos, israelíes, españoles y de otros países era capaz de interpretar maravillosamente, unidos por la música y al margen de los conflictos que destrozan a sus países. No importaban la crisis económica ni los conflictos armados. Lo fundamental era la música que los unía a todos. El público escuchaba admirado y aplaudió muchísimo.

Yo me pregunto si sería posible hacer esto mismo con otras profesiones, que sin importar el color de la piel o la nacionalidad se pudiera trabajar conjuntamente por el bien de la humanidad, para que no hubiera hambre, ni guerras, ni destrucción…, y sí educación, paz y prosperidad en todo el planeta. Por mi parte, desde mi humilde labor como estudiante, estoy dispuesta a aportar mi «granito de arena». ¿Cómo? Ya lo veréis. Voy a integrarme en una ONG dedicada a la alfabetización en México. Estoy muy ilusionada, porque ya he trabajado como voluntaria en mi país…

2 ¿Creéis que es posible cambiar el mundo a través de una profesión concreta?

voluntariado

3 Leed este texto sobre un interesante proyecto de voluntariado.

66 Programas de voluntariado y cooperación

No te quedes solo en aprender un idioma; aprende otra lengua mientras ayudas a los demás. Este programa está enfocado a los más aventureros y solidarios; aprende otra lengua, conoce otra cultura, mientras te adentras en auténticos proyectos de voluntariado y cooperación ayudando a los más necesitados. Ahora puedes, en tus ratos libres, acompañar a ancianos que no tienen familia, alfabetizar a niños que no asisten a la escuela, organizar recogidas de comida para los más desfavorecidos, contribuir a la mejora de las aguas, ayudar, si eres profesional sanitario, en los centros de salud y, así, un largo etcétera.

Ven a visitarnos. Nuestro gobierno te organiza el viaje y tus clases de español, si quieres ayudar a que la población tenga una vida más justa y mejor. Los paisajes y las playas son incomparables; el centro donde te alojaremos y recibirás tus clases de español está ubicado en medio de una zona rural rodeada de volcanes inactivos. Tendrás clase todas las mañanas y las tardes las dedicarás a tu labor de voluntariado, con monitores que te formarán en la labor que quieras desarrollar. ¡Anímate y aprende español con nosotros, mientras logras que nuestra tierra sea un poco mejor!

a) ¿Habéis desarrollado alguna labor de voluntariado en vuestro país?

b) ¿Creéis que es posible mejorar la calidad de vida con vuestro «pequeño» esfuerzo? ¿Por qué?

c) ¿Cuál es la diferencia entre labores de voluntariado y las labores de una ONG? Investigad sobre ello en internet y decidid cuál os parece más solidaria.

d) Volved al blog de Maika. ¿Cómo valoráis la labor de la orquesta West Eastern Divan? ¿Creéis que sirve para resolver conflictos?

En parejas...

4 Elegid cinco profesiones en las que os gustaría trabajar. También indicad si, con ellas, podríais aportar «un granito de arena» por el bien de la humanidad.

5 Preparad una encuesta sobre las profesiones del siglo XXI. Preguntad a los estudiantes en qué trabajan o en qué les gustaría trabajar; si han elegido la profesión por el sueldo, si tiene alguna aplicación social, etc.

6 Con los resultados de la encuesta, redactad una noticia que hable sobre las profesiones del futuro y de las que han desaparecido. Aconsejad también sobre las mejores profesiones con una gran repercusión social.

¿Sabías que...? ✕ ✕

Henry Dunnat recibió el primer Premio Nobel de la Paz en 1901. ¿Sabes quién era y por qué lo recibió?

9

¿Habrá alguien en casa?

VIVIR COMPARTIENDO

👍 Me gusta

¿Cómo sería tu casa ideal «compartida»?

Hoy en día, los jóvenes tienen pocas posibilidades de poder adquirir una vivienda. Por ello, la mejor solución para los que no viven con sus familias es compartir un piso con los compañeros de estudios, de trabajo o con sus amigos.

Pero la convivencia en un piso de estudiantes puede ser una pesadilla o una experiencia inolvidable. Hay que encontrar la casa adecuada y a los compañeros ideales. ¿Crees que es fácil conseguirlo?

✔ ¿Qué es imprescindible en una casa que van a compartir tres estudiantes?

✔ ¿Qué parte de la casa es la que más te gusta?

✔ ¿Qué te parece más importante: tener buen ambiente, pagar un precio asequible o tener ciertas comodidades (aire acondicionado, buena calefacción en invierno…)?

✔ ¿Piso céntrico o mejor algo retirado del bullicio, buscando la tranquilidad para el estudio?

1 Coloca en el dibujo el nombre de estas partes de la casa.

1. desván	**4.** habitación	**7.** cocina
2. baño	**5.** entrada	**8.** salón
3. cuarto de estar	**6.** pasillo	**9.** terraza

CE 1. 2.

2 Escribe otras palabras que podemos usar en español para nombrar estas partes de la casa.

1. desván: _____

2. salón: _____

3. baño: _____

4. habitación: _____

5. entrada: _____

▶ INDEFINIDOS

		Existencia	Inexistencia	
■ **Pronombre**		*alguien* (persona)	*nadie* (persona)	
		algo (no persona)	*nada* (no persona)	
		alguno /-a, algunos /-as	*ninguno /-a*	
No + verbo +		*nadie*	*nadie*	+ verbo
		nada	*nada*	
		ninguno /-a	*ninguno /-a*	

*No hay **nadie** en casa.*
*No hay **nada** en la nevera.*
*¿Ves **alguna** mesa libre? / No veo **ninguna**.*

***Nadie** está en casa.*
***Nada** de la nevera me gusta.*
***Ninguna** está libre.*

■ **Adjetivo** ⟶ *algún /-a/-os/-as; ningún /-a + sustantivo*
– *algún(o)(a): «al menos uno». Tengo **algún libro** de poesía en casa.*
– *algunos(as): «cantidad pequeña, no concreta». Tengo **algunas revistas** tuyas.*

CE 3. 4.

3 👥 Pregunta a tu compañero si tiene en su habitación las mismas cosas que aparecen en la fotografía.

Ej.: *¿Hay algún muñeco en tu habitación?*
No, no hay ningún muñeco.

3.1 Ahora, explica al resto de la clase cómo crees que es tu compañero teniendo en cuenta cómo es su habitación.

4 Completa estas oraciones con el indefinido necesario y contesta las preguntas.

1. ¿Vive _____*algún*_____ compañero cerca de tu casa? *No, no vive* **ninguno.** _____

2. ¿Tienes _____ colgado en la pared de tu habitación? _____

3. ¿Compartes la habitación con _____? _____

4. ¿Te hace falta _____? _____

5. ¿Hay _____ importante en tu habitación? _____

▶ EXPRESIÓN DE LA DUDA Y DE LA PROBABILIDAD

Futuro / Condicional

- ■ Futuro simple. Duda, probabilidad en el presente:
  Estará enferma.
- ■ Futuro compuesto. Probabilidad en el pasado cercano (= pretérito perfecto):
  Habrá estado enferma.
- ■ Condicional simple. Probabilidad en el pasado (= indefinido, imperfecto):
  Estaría enferma.

Quizá(s); tal vez

Con indicativo / subjuntivo.
- ■ Con presente (ind. o subj.), duda en el presente y en el futuro: *Tal vez salgamos a las 10. / Tal vez salimos a las 10.*
- ■ Con imperfecto, duda en el pasado: *Quizás estuviera en la fiesta anoche.*
  ¡ATENCIÓN! Detrás del verbo, siempre en indicativo: *Hace, quizá, un poco de frío.*

Puede que

Siempre en subjuntivo.
- ■ Con presente, duda en el presente y en el futuro: *Puede que no venga hoy.*
- ■ Con imperfecto, duda en el pasado: *Puede que estuviera preocupado.*

A lo mejor ⟶

- ■ Siempre lleva indicativo: *A lo mejor ha llamado por teléfono. / Dijo que a lo mejor llegaba tarde.*

CD2 31

5 Escucha a estas personas. ¿Puedes indicarnos dónde están o estuvieron? Utiliza las expresiones de duda anteriores.

1. _____   4. _____

2. _____   5. _____

3. _____

6 ¿Qué crees que les pasó o les está pasando a estos personajes?

CE
5. 6.

7 Expresa una probabilidad para cada una de estas situaciones.

Ej.: *Tu compañero de piso está durmiendo en la escalera.*
***A lo mejor** se ha olvidado las llaves.*

1 Tus padres llevan dos semanas sin llamarte.

2 Tu profesora se enfadó mucho el último día de clase.

3 Ayer quedaste con tu mejor amigo y no se presentó a la cita.

4 Marco tuvo un accidente de moto.

8 Lee atentamente este enigma y descubre las causas de tan trágico desenlace.

8.1 Ahora, imaginad el móvil y reconstruid la historia previa.

MISTERIOSO ENVENENAMIENTO

suenabien

Enunciados interrogativos	Enunciados exclamativos
¿Vas a venir? *¿Cuándo vas a venir?*	*¡Magnífico!*

CD2 32

9 Escucha y señala si los enunciados son interrogativos o exclamativos.

	¿ ?	¡ !		¿ ?	¡ !		¿ ?	¡ !
1	☐	☐	5	☐	☐	9	☐	☐
2	☐	☐	6	☐	☐	10	☐	☐
3	☐	☐	7	☐	☐			
4	☐	☐	8	☐	☐			

CD2 32

10 Vuelve a escuchar y copia los enunciados. Después, representa la línea tonal de los cinco primeros.

11 Señala en la tabla qué cosas te gustaban, te encantaban, te fastidiaban y odiabas cuando eras pequeño.

	gustar	encantar	fastidiar	odiar
Ir a la piscina				
Ir al colegio				
Ir de compras				
Visitar museos				
Ir de visita				
Comer tarde				
Visitar castillos				
Ir al médico				
Acostarte pronto				
Leer tebeos				
Comer lentejas				

11.1 Ahora, compara tus preferencias con las de tus compañeros.

▶ **EXPRESIÓN DE LOS GUSTOS Y DE LOS SENTIMIENTOS**

Verbo de sentimiento (*gustar, fastidiar, odiar…*) + infinitivo / *que* + subjuntivo.

■ Si el sujeto o agente del verbo princ. = sujeto del verbo sub. ⟶ infinitivo: ***Odio*** (yo) ***comer*** hamburguesas.

■ Si el sujeto o agente del verbo princ. ≠ sujeto del verbo sub. ⟶ subjuntivo: ***Me encanta*** (a mí) ***que*** mis amigos ***vengan*** a mi casa.

CE [8. 9. 10.]

12 Piensa en algo que te gusta o te fastidia de ti y de tus compañeros de clase. Fíjate en el ejemplo.

Ej.: **Me *fastidia ser*** *tan impuntual.* **Me *fastidia que*** *seas impuntual.*

13 Busca algún sentimiento en común entre estos personajes.

Teo

Gustos: pintar, la cerveza, leer, escuchar música pop.

Fobias: perros, música clásica, comida rápida, comprar ropa.

Sonia

Gustos: cocinar, planchar, pasear, estar con animales.

Fobias: ver la televisión, ir a la primera sesión de cine, comida rápida, beber cerveza.

Javi

Gustos: comprar ropa, viajar, esquiar, bailar.

Fobias: leer ciencia ficción, cocinar, fumar.

Emma

Gustos: pasear, leer, ir al cine, cocinar.

Fobias: películas de acción, fumar, trabajar en una oficina, sentarse ante el ordenador.

Miguel

Gustos: viajar, pasear, leer, pintar.

Fobias: animales, planchar, hacer deporte, ver la televisión.

Patri

Gustos: coleccionar sellos, bailar, esquiar, pasear.

Fobias: beber, fumar, jugar al fútbol, leer libros de aventuras.

14 En parejas, mirad atentamente las siguientes fotografías y elegid una.

14.1 Imaginad dónde está la imagen que habéis elegido: ciudad o campo; montaña o costa. Después, dibujad un plano con la distribución de la casa.

14.2 Escribid cómo creéis que está decorada en su interior (objetos, muebles, cuadros...) y con qué tipo de personas os gustaría vivir en ella.

14.3 Comentad las respuestas con el resto de los compañeros.

tomanota

Se escriben con mayúsculas:

- Los nombres propios de personas, animales, cosas y lugares: *Jorge Gómez; la Alhambra de Granada.*
- La primera letra de los títulos de las obras literarias, artículos y películas: *El Quijote.*
- Los números romanos: *Alfonso X el Sabio.*

Se escriben con minúsculas:

- Los días de la semana, los meses del año, los adjetivos de nacionalidad y los nombres de los idiomas: *lunes; senegalés.*

15 Coloca las mayúsculas necesarias en este texto.

⊕ Nuevo   Responder |∨   Eliminar   Archivar   Correo no deseado |∨   •••

↑ ↓ ✕

RV:

esta mañana he ido en metro al parque de el retiro porque había quedado con carlos. allí hemos visto a mucha gente. esta semana se celebra la feria del libro y todo el mundo quería que los autores les firmaran sus libros: reverte, almudena grandes, marías, elvira lindo. el retiro está muy bonito en primavera, hay muchos árboles: almendros, abetos, castaños..., y flores. es el parque más bonito de madrid. fue mandado construir en el siglo xvii por el conde-duque de olivares como regalo a felipe iv. últimamente se ha convertido en un gran centro cultural al aire libre; allí la gente puede contemplar, mientras pasea, a jóvenes promesas de la música, ilusionistas y echadores de cartas.

▶ EXPRESAR DESEOS Y SENTIMIENTOS

- **¡Ojalá! + presente / imperfecto de subjuntivo**

  Expresa deseos en el presente y en el futuro. Con imperfecto, el cumplimiento del deseo parece menos probable.

  ¡Ojalá apruebes el examen!

  ¡Ojalá llame pronto Juan!

  ¡Ojalá me tocara la lotería!

- **Verbos de sentimientos (querer, esperar…)**

  – Sujeto v. princ. = sujeto v. subor. ⟶ v. subor. infinitivo

  Quiero comprar un coche nuevo.

  – Sujeto v. princ. ≠ sujeto v. subor. ⟶ v. subor. subjuntivo

  Quiero que te **compres** un coche nuevo.

CE 11. 16 Fíjate en estos dibujos y construye ejemplos como el que te proponemos.

1. Alberto **quiere tocar** la batería.
   Sus padres **quieren que estudie** medicina.

2. _____

QUIERO VIVIR SOLA.

TIENES QUE VIVIR CON NOSOTROS.

3. _____

4. _____

Otra forma de expresar deseos

- **Me gustaría** + infinitivo
- **Me gustaría que** + imperfecto de subjuntivo

Me gustaría aprobar el examen.

Me gustaría que aprobaras el examen.

17 Fíjate en estas fotografías y completa.

Me **gusta** viajar.

Me **gustaría** viajar.

Cuando **expreso una afirmación** sobre mis gustos, utilizo …………………… …………, pero si quiero **expresar un deseo**, utilizo ……………………….

▶ PRETÉRITO IMPERFECTO DE SUBJUNTIVO

- Se forma con la 3.ª persona plural del pretérito indefinido, pero con la terminación en **-ra** o en **-se.**

yo	ama**ra** / ama**se**
tú	ama**ras** / ama**ses**
él / ella / usted	ama**ra** / ama**se**
nosotros /-as	amá**ramos** / amá**semos**
vosotros /-as	ama**rais** / ama**seis**
ellos / ellas / ustedes	ama**ran** / ama**sen**

CE 14. **18** Expresa lo que desearías sobre estos temas para ti y para tus amigos. Fíjate en el ejemplo.

Ej.: **Me gustaría trabajar** en una agencia de publicidad. **Me gustaría que** mis amigos **trabajasen** conmigo para poder crear un ambiente agradable que nos permitiera desarrollar toda nuestra creatividad.

dinero ⊗	trabajo ⊗	amistad ×	amor ×	salud ×

19 En grupos de cuatro, tirad el dado y expresad vuestros sentimientos y deseos sobre el tema de la casilla que os toque. Utilizad la expresión que corresponda al color de vuestra ficha.

Ej. casilla 2: **¡Ojalá te quedes** conmigo! / **Quiero que te quedes...**

Salida

1 QUERER / ESPERAR / ¡OJALÁ! / GUSTAR — **AMIGOS**
2 ESPERAR / ¡OJALÁ! / GUSTAR / QUERER — **TÚ**
3 ¡OJALÁ! / GUSTAR / QUERER / ESPERAR — **HIJOS /-AS**
4 GUSTAR / QUERER / ESPERAR / ¡OJALÁ! — **FUTURO**
5 QUERER / ¡OJALÁ! / ESPERAR / GUSTAR — **PADRE**

11 PREGUNTA ALGO A TUS COMPAÑEROS /-AS
10 ¡OJALÁ! / ESPERAR / GUSTAR / QUERER — **PAREJA**
9 ESPERAR / GUSTAR / QUERER / ¡OJALÁ! — **LIBROS**
8 GUSTAR / QUERER / ¡OJALÁ! / ESPERAR — **CASA**
7 QUERER / ¡OJALÁ! / ESPERAR / GUSTAR — **ROPA**
6 ¡OJALÁ! / QUERER / ESPERAR / GUSTAR — **MÚSICA**

12 QUERER / ESPERAR / GUSTAR / ¡OJALÁ! — **CIUDADES**
13 ESPERAR / GUSTAR / ¡OJALÁ! / QUERER — **SOCIEDAD**
14 GUSTAR / ¡OJALÁ! / QUERER / ESPERAR — **MADRE**
15 QUERER / ESPERAR / ¡OJALÁ! / GUSTAR — **BARES**
16 ESPERAR / ¡OJALÁ! / GUSTAR / QUERER — **VECINOS**
17 ¡OJALÁ! / GUSTAR / QUERER / ESPERAR — **ESCUELA**

23 GUSTAR / QUERER / ESPERAR / ¡OJALÁ! — **PROFESIÓN**
22 QUERER / ESPERAR / ¡OJALÁ! / GUSTAR — **COMPAÑEROS /-AS**
21 ESPERAR / ¡OJALÁ! / GUSTAR / QUERER — **PAÍS**
20 ¡OJALÁ! / GUSTAR / QUERER / ESPERAR — **PRENSA**
19 GUSTAR / QUERER / ¡OJALÁ! / ESPERAR — **ESTUDIOS**
18 QUERER / ¡OJALÁ! / ESPERAR / GUSTAR — **DINERO**

24 PREGUNTA ALGO A TUS COMPAÑEROS /-AS
25 ¡OJALÁ! / ESPERAR / GUSTAR / QUERER — **HAMBRE**
26 ESPERAR / GUSTAR / QUERER / ¡OJALÁ! — **MUNDO**
27 GUSTAR / QUERER / ¡OJALÁ! / ESPERAR — **GUERRAS**
28 PREGUNTA ALGO A TUS COMPAÑEROS /-AS

Llegada

tomanota

20 Mark es un estudiante americano que quiere solicitar información sobre el Camino de Santiago, pero no sabe muy bien cómo, ¿lo ayudas?

Redacción: Camino de Santiago

De: Mark
Asunto: Camino de Santiago

_____:

_____ Mark Lee y soy estudiante de español en la Universidad de Estocolmo. El próximo verano me gustaría poder hacer el Camino de Santiago y necesitaría que me _____ información detallada sobre albergues, rutas, medios de transporte, horarios y requisitos para abrazar al santo.

_____ saber también si existe la posibilidad de entrar a formar parte de un grupo de personas de diferentes nacionalidades.

_____, _____ y _____,

Mark Lee

20.1 Ahora es tu turno. Has recibido una notificación en la que te informan de que la Universidad Central de Ecuador ofrece becas para realizar allí un curso de español. Escribe un correo solicitando información.

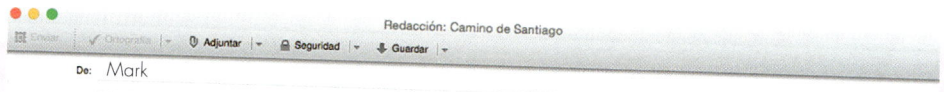

barriada
semáforo
jardín
calzada
acera

1 Fíjate en la ilustración. Señala dónde están los errores y escribe el nombre de los elementos marcados.

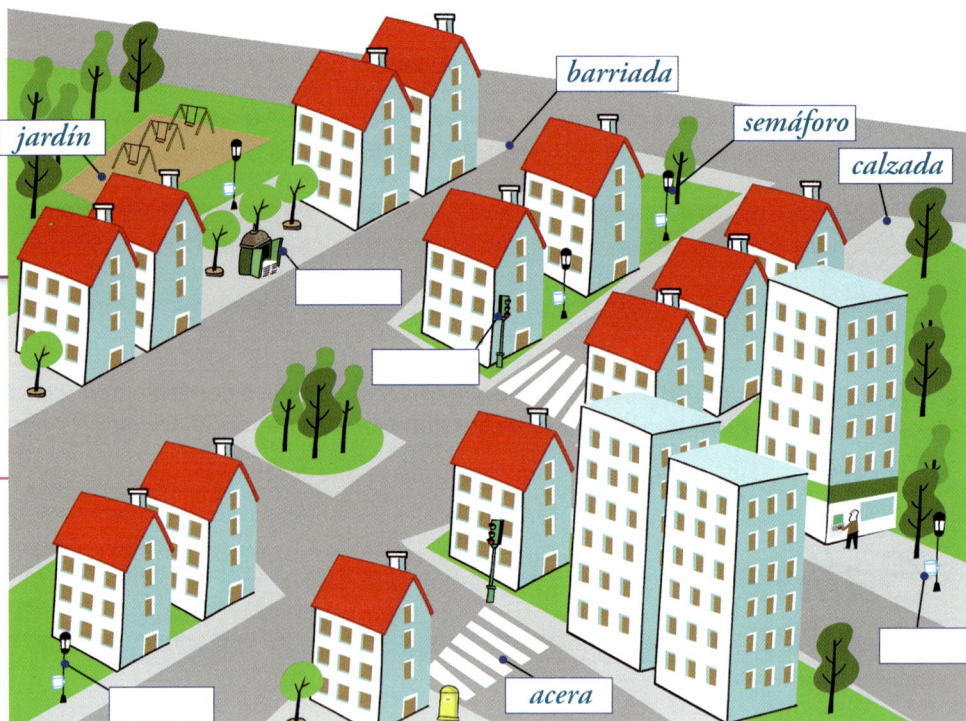

▶ PRETÉRITO PERFECTO DE SUBJUNTIVO

FORMA

yo	**haya**	
tú	**hayas**	
él/ella/usted	**haya**	+ cant**ado** / beb**ido** / viv**ido**
nosotros/-as	**hayamos**	
vosotros/-as	**hayáis**	
ellos/ellas/ustedes	**hayan**	

USOS

■ Expresa acciones pasadas que el hablante siente como cercanas.
Espero que haya llegado.

■ Expresa acciones futuras anteriores a otras también futuras.
Espero que el sábado hayas terminado.

2 Escribe pequeños textos como el del ejemplo.

1. Marisa y Ana han ido a un concierto fuera de la ciudad.

Espero que Marisa y Ana se hayan divertido y que les haya gustado el espectáculo. Espero también que no se hayan cansado y que no tengan problemas para volver.

2. He escrito a José desde Guatemala.

Espero que _____

3. Hemos dejado de salir juntos.

Ojalá _____

4. La semana pasada mi novio tuvo un examen de gramática.

Espero que _____

5. Esta mañana mi marido y yo nos hemos dormido.

Espero que él _____

Otra forma de expresar sentimientos

■ **Extrañeza**

¡Qué raro que…! / Me extraña que + subjuntivo

¡Qué raro que haya venido!

Me extraña que venga.

■ **Alegría**

¡Qué bien que…! / Me alegro de que + subjuntivo

¡Qué bien que haya venido!

Me alegro de que venga.

■ **Contrariedad**

Siento que / Lamento que + subjuntivo

Siento que haya venido.

Lamento que venga.

CD2 33

3 Escucha atentamente las noticias y escribe el sentimiento que te producen.

4 Discutid sobre estas cuestiones y exponed vuestro punto de vista al resto de la clase.

✔ Vivimos en una sociedad muy materialista pero también muy solidaria.

✔ La gente no muestra sus sentimientos para evitar sufrir.

✔ ¿Quién es más sentimental, el hombre o la mujer?

✔ Definíos: pasionales o racionales.

4.1 Escribid un decálogo para ser un(a) perfecto/-a sentimental.

tomanota

CD2 34

5 Escucha e identifica cada uno de los enunciados.

1
a) ¿Cómo lo has hecho? ☐
b) ¡Cómo lo has hecho! ☐
c) ¿Cómo? ¿Lo has hecho? ☐

2
a) ¿Dónde está tu tío? ☐
b) ¿Dónde? Está tu tío. ☐
c) ¡Dónde está tu tío! ☐

3
a) ¡Vendrán! ☐
b) ¿Vendrán? ☐
c) Vendrán. ☐

4
a) ¿Quién? Ha venido. ☐
b) ¿Quién ha venido? ☐
c) ¡Quién ha venido! ☐

5
a) Despierto a los chicos. ☐
b) ¿Despierto a los chicos? ☐
c) ¡Despierto a los chicos! ☐

6
a) Mañana es el examen. ☐
b) ¿Mañana es el examen? ☐
c) ¡Mañana es el examen! ☐

7
a) Cuando vas a tu casa. ☐
b) ¡Cuándo vas a tu casa! ☐
c) ¿Cuándo vas a tu casa? ☐

8
a) Puedo contar con él. ☐
b) ¿Puedo contar con él? ☐
c) ¡Puedo contar con él! ☐

9
a) ¿Por qué habla? ☐
b) Porque habla. ☐
c) ¿Por qué? ¿Habla? ☐

10
a) ¿Qué hora es? ☐
b) ¡Qué hora es! ☐

5.1 Ahora inténtalo tú. Lee los enunciados anteriores con la entonación necesaria.

6 Escribe expresiones exclamativas e interrogativas que tengan relación con estos estados de ánimo.

feliz

¡Qué bien que hoy no hayas querido fruta!

enfadado   **irónico**

agresivo   **triste**

7 Anota a qué tipo de construcción o edificio corresponde cada fotografía.

7.1 Explica cuál es la finalidad de cada uno de ellos. ¡Sin diccionario!

▶ FINALIDAD

- *Para* + infinitivo: sujetos iguales.
  *Te escribí (yo) **para contarte** lo ocurrido.*

- *Para que* + subjuntivo: sujetos diferentes.
  *Te llamé (yo) **para que me contaras** lo ocurrido (tú).*

- *Para qué* + indicativo: sujetos diferentes.
  *Te explicaré **para qué sirve** esto.*

CE 3.

8 Relaciona ambas columnas.

1. Solo me quedan 12 euros para…
2. Quiero visitar España para…
3. Tienes que ir a la facultad para…
4. Te he llamado para…
5. Van a salir para…
6. Hemos traído un regalo para…
7. Han enviado a su hija a EE. UU. para…
8. Pasaron por su casa para…
9. Se lo dije para…
10. Dinos para qué…

a. que me des el teléfono de José.
b. acabar el mes.
c. que estudie inglés.
d. dárselo a la niña.
e. conocer su cultura.
f. ver a tus profesores.
g. vienen tus padres esta tarde.
h. que me diese una respuesta.
i. tomar una copa.
j. recoger a los niños.

CE 3.

9 ¿Con qué finalidad haces tú estas actividades?

> Viajar / Ver la televisión / Leer guías
> Visitar a tus amigos / *Estudiar*

Ej.: *Pues yo estudio para conseguir un buen trabajo, pero también para que mis padres estén contentos. Quiero tener un buen trabajo, para poder hacer todo lo que me gusta y para que mi vida sea más fácil y placentera. Pero, sobre todo, quiero conseguir un trabajo para no tener que estudiar nunca más.*

▶ CAUSA Y CONSECUENCIA

Causa

- *Por* + infinitivo: suele ir detrás de la oración principal. *Lo despidieron **por llegar** tarde.*
- *Porque* + indicativo: detrás de la oración principal. *Fui al médico **porque me dolía** la cabeza.*
- *Como* + indicativo: delante de la oración principal. ***Como me dolía** la cabeza, fui al médico.*
- *Es que* + indicativo: al comienzo, para poner excusas. *No he podido llegar antes; **es que he tenido** un problema.*

Consecuencia

- *Así que* + indicativo. *No había nadie en la sala, **así que me fui.***
- *Por eso* + indicativo. *Estaba agotada del viaje, **por eso se quedó** en casa.*
- *Entonces* + indicativo. *Tenía mucha hambre, y **entonces cogí** lo primero que vi.*

10 Completa expresando causa y consecuencia.

1. Se enfadaron **por** _____
2. Entré en su casa, **entonces** _____
   _____
3. **Como** _____ , tiene resaca
4. Ya no salen juntos **porque** _____
   _____
5. Nunca ha salido de España, **por eso** _____
   _____

11 Señalad cuáles son para vosotros las causas y las consecuencias de estos problemas del mundo actual.

PARO   DESIGUALDAD SOCIAL   MALTRATO ANIMAL

12 Busca una respuesta lógica a las siguientes preguntas.

"¿Por qué las huchas tienen forma de cerdo? ¿Por qué los hombres se abrochan la ropa a la derecha y las mujeres a la izquierda? ¿Por qué hay damas de honor en las bodas?"

13 Lee atentamente la siguiente información sobre estos barrios de Madrid.

EL MADRID DE LOS AUSTRIAS

Se le da este nombre a una amplia zona del centro: en ella se concentran los monumentos, edificios y plazas más importantes realizados en Madrid desde comienzos del siglo XVI hasta 1700, año de la muerte de Carlos II, último rey de esta dinastía. No dejes de visitar el palacio de los Vargas, en la plaza de la Paja, la Casa de Cisneros (hoy propiedad del Ayuntamiento), en la plaza de la Villa, o el convento de las Descalzas Reales, cerca de la Puerta del Sol, quizá la mejor muestra de esta zona.

EL BARRIO DE CHAMBERÍ

El eje de este barrio es la plaza de Chamberí y las calles que la rodean. Ser de Chamberí fue durante años sinónimo de casticismo. Hoy la plaza ha sido restaurada, pero no por eso la zona ha perdido su encanto de principios del siglo XX. Y sus tabernas son de las más agradables de la ciudad.

LA ZONA DE CONDE DUQUE

Construido en 1720, el cuartel del Conde Duque, así llamado por haber sido el lugar de residencia del conde duque de Olivares, alberga hoy un centro cultural y la hemeroteca municipal. Este edificio y muchos otros de la zona son representativos del Madrid de los Borbones, la época de nuestra historia en la que la capital conoció su tercer gran impulso (tras los Reyes Católicos y los Austrias).

13.1 Responde verdadero o falso (V o F).

1. El Madrid de los Austrias es una zona amplia del centro de Madrid.
2. En la plaza de la Paja está el convento de las Descalzas Reales.
3. Las tabernas de Chamberí son las más feas de todo Madrid.
4. La zona de Conde Duque debe su nombre a un cuartel.
5. Ser de la zona de Conde Duque es sinónimo de casticismo.

toma nota

14 Lee detenidamente esta carta comercial y señala los siguientes elementos:

fecha, membrete, referencia, asunto, saludo, introducción, dirección interior, firma, cuerpo, cierre, despedida, anexo

14.1 ¿Qué diferencias hay con un e-mail?

Compañía de Viajes **Nuevo Mundo**
C/ Almagro, 56 28037 Madrid

José Luis Pérez
C/ Isaac Peral, n.º 12
28003 Madrid

Madrid, 15 de julio de 2015

Referencia: **VN/IC**

Estimado señor:

Ante todo, queremos darle las gracias por utilizar nuestra agencia para realizar sus viajes. Nos dirigimos a usted para remitirle el billete Madrid-Tenerife que nos había solicitado con fecha 11 de julio de 2015. Su importe es de 258,44 €, tasas de aeropuerto incluidas. Cobraremos dicha suma en dos plazos.

Agradeciendo la confianza depositada en nosotros, se despide atentamente

Anexo: Adjuntamos factura.

Juan Aguirre López
Director comercial

▶ EXPRESAR CONDICIÓN

- *Si / Cuando* + pasado + pasado: condición en el pasado.
  - *Si / Cuando estaba triste, llamaba a su familia.*
- *Si / Cuando* + presente + presente: condición para que se cumpla una acción atemporal.
  - *Si / Cuando me duele la cabeza, me tomo una pastilla.*
- *Si* + presente + futuro: condición en el futuro.
  - *Si tengo tiempo, iré a tu casa a verte.*
- *Si* + presente + imperativo: condición para una orden o petición.
  - *Si llama Enrique, dile que lo espero donde siempre.*

¡ATENCIÓN! *Cuando* expresa condición con acciones habituales; en los demás casos significa solo tiempo.
  - *Cuando era pequeña, vivía en el campo. * Si era pequeña, vivía en el campo.*

15 ¿Qué haces si...

1. llegas tarde al trabajo?
2. conoces a la pareja de tu vida?
3. suspendes un examen?
4. ves un atraco?
5. recibes un regalo que no te gusta?

16 ¿Qué hacías cuando...

1. te castigaban tus padres?
2. no sabías las preguntas del examen?
3. no te regalaban lo que querías?
4. te perdías?
5. no podías salir con tus amigos?

▶ EXPRESAR OPOSICIÓN

- *Aunque* + indicativo / subjuntivo. Opone una dificultad al cumplimiento de la oración principal, a pesar de la cual se cumple.
  - – Sé que es verdad (hecho real) ⟶ *aunque* + indicativo
    - *Aunque estudiaba mucho, siempre suspendía.*
  - – No sé si es verdad (hecho posible) ⟶ *aunque* + subjuntivo
    - *Aunque tuviera dinero, no se lo daría.*
- *Pero* + indicativo: detrás de la oración principal. Restringe el significado de la oración principal, aunque las dos acciones se cumplen.
  - *Estaba preocupado, **pero no lo parecía**.*
- *Sino que* + indicativo: con negación en la primera oración. Excluye el cumplimiento de la oración principal.
  - *No iba al colegio, **sino que se quedaba** en el parque jugando.*
- *Sin embargo* + indicativo: al comienzo de la oración. Restringe el significado de la oración anterior; las dos se cumplen.
  - *No tengo hambre; **sin embargo**, me lo comeré.*

CE 10. 11. **17** **Lee lo que dicen estas personas y escribe tu parecer sobre ello.**

Ej.: *¡Qué raro! **Aunque** es atractivo, no tiene pareja.*

No tengo nada de dinero. Soy feliz.

Creo que soy atractivo. Soy un hombre sin pareja.

Tengo 42 años y vivo con mis padres. Tengo trabajo, pero no quiero irme de casa.

18 ¿Qué harías si te regalaran alguna de estas cosas?

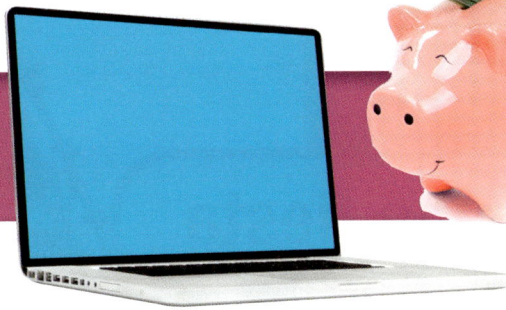

19 Leed este texto sobre Enrique. Después, elegid opciones y construid su futuro.

Si… (tomar la pócima)

✔ *Conocer* a una chica muy interesante que *ser*…
✔ *Transformarse* los días de luna llena en…
✔ *Encontrar* un trabajo en… y *viajar* por…

entonces / es posible que…

✔ *Casarse* con… y *tener* hijos…
✔ *Acudir* a muchas fiestas nocturnas, como, por ejemplo…
✔ *Ir* a Siberia durante…

porque

✔ *Gustarle* las grandes familias…
✔ Allí *poder* conocer a otros…
✔ *Enviarlo* a una misión secreta, que *consistir* en…

por eso

✔ *Tener* ocho hijos.
✔ *Hacerse* famoso.
✔ *Vivir* grandes aventuras.

aunque al final

✔ *Divorciarse* y los niños *irse* con su exmujer porque…
✔ *Ser detenido* por… y *encarcelado* en…
✔ *Tener que ocultarse* en una isla desierta para que…

entonces Enrique

✔ *Quedarse* solo.
✔ *Acabar* solo.
✔ *Vivir* solo.

Enrique es…

un joven de 23 años que acaba de terminar sus estudios de Ingeniería. Es un chico tímido, solitario, introvertido, con dificultades para relacionarse… Está muy preocupado por su situación y por su futuro, por lo que ha decidido contratar los servicios de una maga. Doña Merlina le ha preparado una pócima que cambiará su vida, pero Enrique no sabe si tomársela.

¿Qué crees que le ocurrirá si se la toma?

¿Y si no lo hace?

Si… (no tomar la pócima)

✔ *Ir* a una agencia de matrimonios para…
✔ *Acudir* a una terapia de grupo una vez por semana para…
✔ *Encontrar* un trabajo de bibliotecario en…

entonces / es posible que…

✔ *Presentarle* a una chica tan tímida como él y… pero nunca *llegar a salir*.
✔ *Conocer* gente con mayores problemas y *sentirse*…
✔ *Hacer* grandes viajes con la imaginación por…

porque

✔ Ninguno *atreverse a hablar* ni *a decir*…
✔ *Existir* personas en peor situación, por ejemplo…
✔ *Gustarle* mucho leer libros…

por eso

✔ *Presentarle* a muchas chicas.
✔ *Apuntarse* a una ONG.
✔ *Aprender* mucho y *ganar* concursos de…

aunque al final

✔ No *casarse* con ninguna porque…
✔ *Deprimirse mucho* y *dejar* la terapia y la ONG durante…
✔ *Adquirir* mucha fama e *irse* a otro país a vivir para que…

entonces Enrique

✔ *Quedarse* solo.
✔ *Acabar* solo.
✔ *Vivir* solo.

tomanota

CE 13. **20** Escribe un *e-mail* dirigido a la librería Galaxia para solicitar el catálogo de la editorial Luna e interesarte por la forma de pago de los libros que vas a encargar.

Maneras de VIVIR

La vida es una fiesta

Blog Dra. Gisela Mayor

1 En parejas, leed los textos y responded las preguntas.

Yasmina ha escrito:

Hola, doctora. Soy Yasmina y tengo 19 años. Soy polaca y me encanta ir de fiesta con mis amigos. No soy capaz de concentrarme en los estudios, ni tampoco en mi trabajo (cuido niños en una guardería, por las tardes). Cuando estoy de fiesta con mis amigos, sin embargo, no dejo de pensar en el examen siguiente y en que no he hecho todo lo que debía… ¡Y esto me angustia! ¿Qué puedo hacer?

Dra. Gisela Mayor ha escrito:

Gracias por tu consulta, querida Yasmina. Es normal que, a tu edad, quieras ir de fiesta con tus amigos o familiares. El ser humano necesita tiempo para el ocio y el esparcimiento, especialmente cuando se trabaja o cuando la vida se vuelve ajetreada. Toda persona ha de realizar sus labores, que ocupan la mayor parte del tiempo de cada día, de cada semana y de cada mes. No obstante, el individuo necesita disponer de pequeños espacios temporales que le permitan relajarse y descansar, mientras realiza actividades que le gusten. Es normal que, a tu edad, te sientas atraída por esos momentos en los que escapas de tus obligaciones (eres muy joven y estudias y trabajas). Sin embargo, debes organizar mejor tu tiempo, para que puedas labrarte un buen porvenir. Concéntrate en tus estudios, pero disfruta de tu tiempo libre cuando dispongas de él. Con esto quiero decir que, mientras estudias, solo pienses en lo que estás haciendo y, cuando estés divirtiéndote, no te amargues con el trabajo. Lo ideal, si puedes hacerlo, es que dediques ocho horas al estudio y a tu trabajo todos los días, ocho horas al sueño y ocho horas a todo lo demás, en lo que se incluyen el ocio. De esa forma, te sentirás bien por haber realizado tu trabajo y por haber descansado un tiempo cada día.

a ¿Os sucede también a vosotros lo mismo que a Yasmina?

b ¿Cuánto tiempo diario dedicáis a vuestras obligaciones?

c ¿Qué opináis del consejo que le da la psicóloga a Yasmina?

CD2 35

2 Escuchad con atención y escribid al lado de cada fiesta el país o el lugar correspondiente. Podéis buscar información en internet.

Fiesta del Sol (   )

Día de los Muertos (   )

El carnaval (   )

3 ¿Cuántas fiestas del mundo hispánico conocéis? Buscad información y cread una tabla como esta. Incluid también fotos para ilustrarla.

Nombre de la fiesta	Lugar donde se celebra	fecha	Imagen
Las Fallas	Valencia	19 de marzo	

4 Ahora, preparad una presentación sobre las fiestas más importantes de vuestro país y estableced las similitudes y diferencias con otras del mundo hispánico.

5 ¿Conocéis la Fiesta de la Primavera? ¿En cuántos países se celebra? ¿Con qué país relacionáis este texto?

La Fiesta de la Primavera es el acontecimiento familiar más importante de todos los que se celebran en el país. Aquellos que viven lejos de sus hogares vuelven a casa, por lo que aeropuertos, estaciones de autobuses y trenes se llenan de gente.

El origen de la Fiesta de la Primavera se remonta a la dinastía Shang (1600 a. C. - 1100 a. C.), cuando al inicio del año la gente hacía ofrendas a las divinidades del cielo y la tierra y a los antepasados para tener buenas cosechas.

La víspera de la Fiesta de la Primavera es sin duda el momento más importante. Todos los miembros de la familia se reúnen para disfrutar de la deliciosa «cena de la víspera». Muchas tradiciones acompañan a esta famosa fiesta.

PAÍS: _____

6 ¿A qué comidas se refieren los siguientes términos y en qué fiestas se consumen? Buscad información sobre otras comidas propias de las fiestas típicas del ámbito hispánico.

[huesitos de santo, turrón, torrijas, dulce de leche, alfajor, calabaza en tacha, empanadas]

7 Buscad información de cuáles son las fiestas nacionales de los 21 países que tienen el español como lengua nacional. Indicad el día en que se celebra y cómo se hace.

8 Preparad un viaje por un país del mundo hispánico. Contad qué fiestas veréis, qué comida degustaréis, por qué es interesante conocer esa otra cultura, etcétera. Presentadlo a la clase. ¿Cuál es el más divertido o el más interesante?

¿Sabías que...? ✕ ✕

La Navidad se festeja en todo el ámbito latino. Una de las costumbres más arraigadas es cantar villancicos durante estas fiestas. ¿Sabes cuál es el origen de este cántico?

10 Tenemos nuevas noticias

ámbito ❶ Mensajes

- Emplear recursos para transmitir las palabras de otros
- Transmitir recados

ESTUDIAREMOS

- Transformaciones verbales
- Transformaciones pronominales
- Transformaciones de los marcadores de lugar
- *ir / venir; llevar / traer*
- Verbo *preguntar*
- Repaso: signos de puntuación y normas de acentuación
- Notas y recados personales
- Medios de comunicación
- Enumeración enunciativa

ámbito ❷ Dicen que...

APRENDEREMOS A

- Contar noticias y reaccionar ante ellas
- Resumir y destacar las ideas principales de un relato

ESTUDIAREMOS

- Recursos para expresar la impersonalidad
- Construcción pasiva
- Notas y recados personales
- Medios de comunicación
- Oraciones coordinadas
- La gastronomía española

ESTILO INDIRECTO

Con el estilo indirecto se reproducen las palabras de otra persona. Fíjate en las transformaciones verbales.

Estilo directo

- Indicativo
  *Todos los días **me levanto** temprano.*

- Subjuntivo
  *¡**Ojalá apruebe** mi examen de Matemáticas!*

- Imperativo
  ***Compradme** el periódico.*

DICE QUE

HA DICHO QUE

Estilo indirecto

- Indicativo
  *Dice que todos los días **se levanta** temprano.*

- Subjuntivo
  *Dice que ojalá **apruebe** su examen.*

- Imperativo
  *Ha dicho que le **compremos** el periódico.*

Otras transformaciones

- Pronombres: yo → él; nosotros → ellos; me → le;
  nuestra → su / suya; conmigo → con él.

- Adjetivos: mi casa → su casa; este libro → ese libro;
  nuestro hijo → su hijo.

- Marcadores de lugar: aquí → allí; en este lugar → en ese lugar.

- Verbos: ir → venir; llevar → traer.

*****Nosotros nos** acostamos a las 11. → Dice que **ellos se** acuestan a las 11.*
*****Este** es **nuestro** coche. → Dice que **ese** es **su** coche.*
*****Ven conmigo aquí.** → Dice que **vayas con él allí.***
*Ahora **voy** a verte. → Dice que ahora **viene** a verte.*
*Pepe, por favor, **tráeme** un té. → Dice que **le lleve** un té.*

CE
1. 2. 3.

1 Escribe las oraciones en estilo indirecto.

1. «Pide a la telefonista el número de mi hijo Carlos». Luisa me dice / ha dicho que _____

2. «A mí no me gusta conducir de noche». Juana dice / ha dicho que _____

3. «Este bolso no es el nuestro». Ellas dicen / han dicho que _____

4. «Siempre que vamos / venimos a Málaga llevamos / traemos regalos para nuestra familia». Ellos dicen / han dicho que _____

5. «No tengo casi cobertura en este despacho». Javier dice / ha dicho que _____

6. «Que tengáis buena suerte». Marta nos dice / ha dicho que _____

7. «Raúl me ha dejado su nueva dirección». Virginia dice / ha dicho que _____

8. «Quizás empiece aquí una nueva vida». Roberto dice / ha dicho que _____

9. «Ojalá vinieran temprano». Petra dice / ha dicho que _____

10. «Conmigo siempre estaréis a salvo». El director dice / ha dicho que _____

2 Lee con atención esta conversación. Redacta en estilo indirecto todo lo que José le cuenta a Javi después de haber hablado con Ramón.

¡Hola, José! Soy Ramón. Carmen y yo queremos invitaros a ti y a Javi a nuestra casa el próximo sábado.

1

Me parece estupendo.

Hemos pensado que podemos vernos sobre las nueve. También vendrán Belén y Clara.

2

De acuerdo.

Para que lleguéis bien y no os perdáis, tenéis que cruzar toda la avenida Juan de Austria y después torcer a la derecha.

En esta calle encontraréis un parque a la izquierda; nuestra casa está justamente al final del parque. No os preocupéis, no es difícil venir aquí.

Quizás sea una buena idea dejar mi coche en la puerta del garaje para que podáis encontrar la casa sin problemas.

3

Muy bien, hablaré con Javi y le contaré todo lo que me has dicho, y allí estaremos.

¡Ah! Por cierto, no olvidéis traernos el licor de moras tan bueno que comprasteis en Cáceres. Nos encantó.

De acuerdo. Allí nos veremos.

4

Unos minutos más tarde…

5

¡Hola, Javi! Acabo de hablar con Ramón y me ha dicho que…

CD2 36

3 Escucha los titulares que ha emitido Radio Veloz y anota si son verdaderas o falsas las siguientes afirmaciones. Justifica tu respuesta y reproduce en estilo indirecto la información que aparece en cada una de las noticias.

V **F**

a) Los padres dejan de ocuparse de la manutención de sus hijos a edad temprana.

Las familias invierten ahora en la formación de sus hijos mucho más que antes.

b) El horóscopo anuncia que la próxima semana solo las mujeres que tienen el signo de Cáncer tendrán suerte.

Será una buena semana para comprarse una casa.

c) La dieta mediterránea solo contiene cereales.

La dieta mediterránea nos prohíbe el consumo de vino.

d) La moda del próximo año traerá faldas muy largas.

El color de moda será el negro.

4 EL HORÓSCOPO DICE QUE ERES... Cuéntaselo a tus compañeros. ¿Qué signos te son favorables?

HOMBRES

Aries: Te gustan las situaciones difíciles y necesitas que tu pareja te preste mucha atención.

Tauro: Buscas siempre el amor de verdad. Eres un hombre fiel y posesivo.

Géminis: Eres un hombre divertido y apasionado. Hablas con todas las mujeres que encuentras y cuando conozcas a la mujer de tu vida serás fiel.

Cáncer: Normalmente eres un hombre muy sensual y romántico. Siempre te ocupas de todo y eres muy protector.

Leo: Te encanta recibir regalos y quieres que todo el mundo esté pendiente de ti continuamente.

Virgo: Eres una persona muy apasionada, cariñosa, intelectual y práctica.

Libra: Te muestras siempre elegante y sensual. Tienes muchos problemas para tomar la decisión adecuada.

Escorpio: Eres dominante y sexy. Cuando quieres de verdad a una mujer intentas comprenderla.

Sagitario: Para ti el amor es una aventura constante. No quieres sentirte atado a una sola persona.

Capricornio: Eres fiel y protector. A veces eres noche y día al mismo tiempo.

Acuario: Siempre te muestras sincero y sociable. A tu pareja le exiges inteligencia y pasión.

Piscis: Eres creativo, sensible y tienes la imaginación más erótica del zodíaco. Necesitas una mujer fuerte e intelectual.

MUJERES

Aries: Eres una mujer muy apasionada, impulsiva y cabezota. También te gusta ser la número uno en el amor.

Tauro: Te muestras seductora, sensual y, a veces, muy posesiva. Siempre te esfuerzas para no tener ningún problema con tu pareja.

Géminis: Eres una persona que necesita vivir con su alma gemela. Eres encantadora, aventurera, cariñosa y amable.

Cáncer: Te muestras vulnerable y romántica, te implicas en el amor y nunca perdonas una traición.

Leo: Siempre quieres tener mucha pasión en tu relación con un hombre y quieres que él te complazca en todo.

Virgo: Te enamoras para siempre y esperas que tu pareja también lo haga.

Libra: Eres una mujer encantadora y buena amante, pero esperas que sea el hombre el que mantenga la llama del amor.

Escorpio: Ofreces lealtad y emociones fuertes, pero eres demasiado drástica.

Sagitario: Das a tu pareja un amor sincero y abierto. Eres una mujer muy sensual.

Capricornio: Eres leal y apasionada, y cuando te sientes segura confías en todo el mundo.

Acuario: Te gusta ser una amante muy apasionada.

Piscis: Eres una soñadora que ofreces una pasión auténtica. Amas con sinceridad.

MUJERES / HOMBRES — tabla de compatibilidad

● Conflictivo ● Poco amigos ● Indiferente ● Bueno ● Excelente

suenabien

5 Escucha estas oraciones y presta mucha atención a su esquema de entonación.

El coche, el horno, la aspiradora, todo se ha roto al mismo tiempo.

Tus hijos son traviesos, simpáticos, cariñosos.

Las margaritas, las rosas y las azucenas son mis flores preferidas.

Paco Ruiz cocina, monta a caballo, escribe novelas y corre 10 km diarios.

▶ TRANSFORMACIONES CON EL VERBO *PREGUNTAR*

■ Preguntas de respuesta *sí / no* o similares (interrogativas totales).

Estilo directo	Pregunta si…	Estilo indirecto
¿Quieres que salgamos esta noche a cenar?	Ha preguntado si…	*Pregunta si quieres que salgamos esta noche a cenar.*

■ Preguntas que se centran en una información concreta (interrogativas parciales).

Estilo directo	Pregunta / Ha preguntado qué, quién, dónde, cómo, cuándo	Estilo indirecto
¿Qué ha explicado hoy el profesor?		*Pregunta qué ha explicado hoy el profesor.*
¿Quién te ha contado esa mentira?		*Ha preguntado quién te ha contado esa mentira.*

CE
7. 8.

6 Escribe en estilo indirecto las preguntas y las respuestas de los invitados a la fiesta de inauguración de la casa de Ramón y Carmen.

¿Cómo estás, Javi?

Muy bien. Me siento feliz de estar con vosotros aquí. ¿Cuándo fue la última vez que nos vimos?

1

Oye, Carmen, ¿dónde pongo el licor de moras que hemos traído?

José, ponlo en el congelador para que se enfríe.

2

Claro que sí, aunque hace tiempo que no nos hemos visto. ¿Sigues viviendo en Madrid?

Sí, claro.

¿Recuerdas a Víctor? Es el novio de Marta.

No sé. Quizá un vaso de sangría. Oye, ¿quién es el novio de Marta?

¿Qué quieres beber?

3

4

6.1 Los amigos que no han podido venir han enviado WhatsApps. Carmen le comenta a Ramón su contenido. Reconstruye los mensajes originales.

1. Tu hermana Elena dice que no puede venir porque tiene que estudiar para sus exámenes. Quiere saber cuál es nuestro nuevo número de teléfono móvil y si iremos a verla en las vacaciones de Semana Santa.

2. Eugenia ha perdido el avión y no puede venir a nuestra fiesta. No ha encontrado ningún billete de avión en el vuelo de las 20.00 h. Se ha quedado muy decepcionada y nos promete que estará aquí la próxima vez.

3. Tu jefa tiene demasiado trabajo y prefiere quedarse en la oficina. Te pregunta cuánto tiempo estarás de vacaciones y si puedes llamarla el lunes a su despacho.

7 Lee los anuncios de esta web y reprodúcelos en estilo indirecto. **PENSADO PARA TI** ✕

| Inicio | Moda | Salud y Belleza | Restaurantes | Complementos | Turismo |

1 Te sentirás bien conmigo y siempre tendrás un amigo a tu lado.

2 Si haces un pedido por valor superior a 30 € recibirás gratis una gorra o una mochila, a elegir.

3 Atraerás todas las miradas y no perderás el tiempo.

4 Disfrutarás de un entorno único, con piscina, zonas ajardinadas y todo tipo de comodidades.
Precio: desde 360 000 euros.

7.1 Ahora, fíjate en las imágenes y escribe un mensaje publicitario. Después, pásalo a estilo indirecto.

Ven a los lagos de Covadonga,
...
_____
_____
_____

_____
_____
_____
_____

_____
_____
_____
_____

7.2 ¿Crees que la publicidad nos lleva a comprar los productos anunciados? ¿Tú compras lo que ves anunciado?

toma**nota**

8 Sergio ha recibido varios WhatsApps. Coloca los signos de puntuación y los acentos en estos mensajes.

Hola Rocio No se todavia como celebrare mi cumpleaños ✔✔

Mis padres quieren que hagamos una gran fiesta con merienda musica baile y mucha gente 😘 ✔✔

Volvere a escribirte ✔✔

Carlos ayer te espere hasta las tres de la tarde y no apareciste por la biblioteca ✔✔

Quizas estabas enfermo o simplemente te quedaste en el sofa tan tranquilo ✔✔

Llamame cuentame que te paso y dime si cuento contigo para el sabado ✔✔

CE 9.

9 Elena ha recibido varios mensajes en su Facebook. Después de leerlos, se los cuenta a su amiga Clara y se los reproduce en estilo indirecto.

Ej.: *Me ha escrito Carlos y dice que…*
He recibido un mensaje de Candela
y me cuenta que…

Carlos Jiménez ✕

Hola, Elena:
Te escribo desde La Habana. Aquí estoy pasando unos días maravillosos. Todo el mundo es súper amable y me saluda como si me conociera de toda la vida.
Te llevaré unas postales para tu colección.
Marián y Javier te mandan muchos recuerdos.
¡Ah!, no te olvides de recogerme el correo.
Bueno, nos vemos pronto. Iremos a tu casa para celebrar juntos que has terminado la carrera.

Candela Alonso ✕

Ya estamos en la playa y todavía no nos hemos bañado porque hace frío, no para de llover y la temperatura no supera los 15 °C. Cuando vengas a visitarnos, tráenos buen tiempo, por favor. Te esperamos. Un besazo.

CE 10. 11.

10 Mientras estabas en la ducha, has recibido en tu móvil dos mensajes de voz y un WhatsApp. ¿Nos cuentas lo que te dicen?

Soy mamá.
Por favor, dile a tu hermano Javi que recoja su traje de la tintorería, porque se me olvidó hacerlo la semana pasada, y que no olvide que tiene cita con el dentista el jueves a las cuatro. Julia y yo pensamos quedarnos dos días más en Zaragoza. El tiempo es estupendo y nos lo estamos pasando muy bien. Un beso muy fuerte.

Pablo, tengo que hablar contigo. ✔✔

Por favor, llámame cuando puedas. ✔✔

Estoy muy preocupada por Miguel. Ya te contaré. ✔✔

Pablo, soy Carmen. Nunca te encuentro. Llevo llamándote varios días y no tengo suerte. El próximo sábado es la presentación de mi libro y cuento contigo, pero llámame y me lo confirmas, ¿vale?

Porfa, no te olvides. 😉😘 ✔✔

CD2 38

11 Escucha unos fragmentos de entrevistas hechas en un famoso programa de televisión a diferentes personajes de la vida pública española e hispanoamericana. Relaciona cada foto con su entrevista y cuenta a tus compañeros lo que dicen.

12 Realiza este cuestionario a tu compañero y añade tres preguntas más que te parezcan interesantes. Después, cuenta al resto de la clase cuáles han sido sus respuestas.

▶ ¿Qué rasgo define tu carácter?

▶ ¿Cuál es tu sueño dorado?

▶ ¿Cómo te gusta divertirte?

▶ ¿Qué lleva tu plato preferido?

▶ ¿Cuántas horas necesitas dormir para estar en forma?

▶ ¿Cuál es tu deporte favorito?

▶ ¿Quién es la persona más importante de tu vida?

▶ ¿Cuál es el color que más te gusta?

▶ ¿Qué colonia o perfume utilizas?

▶ ¿Qué no te gusta?

▶ ¿Qué te fascina?

▶ _____

▶ _____

▶ _____

tomanota

13 Encima de tu mesa de trabajo has encontrado estas notas:

ERNESTO:
Estamos desayunando en la cafetería de la esquina.
Te esperamos. No tardes.
Vicente

Te ha llamado el jefe y le he dicho que habías salido un momento. Quiere verte en su despacho lo antes posible. No tardes.
Toñi

13.1 Escribe cinco recados personales a tu compañero de piso. En ellos tienes que:

✓ Pedirle que saque el perro al parque.

✓ Contarle que lo ha llamado su madre y que es urgente.

✓ Anunciarle que tiene un aviso para recoger un paquete en Correos.

✓ Recordarle que hoy no irás a cenar.

1 Fíjate en las noticias sobre estos famosos. ¿Quién las dice?

Rumorolandia ✕

Portada | España | Política | Mundo | Sociedad | Economía

Se confirma el distanciamiento entre Angelina Jolie y Brad Pitt

Dicen que el futbolista del Barcelona Gerard Piqué ha encontrado un nuevo amor

---

▶ EXPRESIÓN DE LA IMPERSONALIDAD

- **Se + verbo en 3.ª persona:**
  Se acusó a los vecinos del robo.
  Se dice que el presidente está enfermo.
  Se venden coches de importación.
  Se resolvió el problema de Carlos.

- **2.ª persona del singular:**
  Vas a cualquier bar y siempre hay gente.

- **Verbo en 3.ª persona del plural:**
  Dicen que se casó y sus padres no lo sabían.

- **Hacer, haber y ser en 3.ª persona del singular:**
  Hace calor.
  Hay muchos coches.
  Es invierno.

CE 3. **2** Lee estas noticias y anuncios de un diario digital y subraya las estructuras que has aprendido. Después, clasifícalas y señala de qué tipo son.

NOTICIAS DESDE BRUSELAS

El Gobierno tomará medidas serias contra todos los manifestantes. Se cree que la manifestación acabará antes de las doce de la medianoche y aseguran que la policía estará en alerta.

Comentarios: 5

Piso para compartir

Se busca compañera de piso. Es céntrico y soleado. Tiene cinco habitaciones.

Interesadas, contactar con Mati a partir de las diez de la noche.

Tel. 908 040 301.

TIEMPO FIN DE SEMANA

Se anuncia que tendremos buen tiempo para todo el fin de semana.

No hará frío, las nubes desaparecerán y habrá una temperatura media de 32 ºC.

SHARON STONE NO TIENE TIEMPO PARA EL AMOR

«Vivimos en una sociedad con demasiado estrés, siempre estás de un lado para otro y no tienes tiempo para nada ni para nadie».

Comentarios: 15

CE 5. **CD2 39** **3** Vas a escuchar unos titulares de prensa. Conviértelos en oraciones con un sujeto.

4 Escribe dos anuncios para el periódico de compra y venta *El Mercadillo*. Utiliza estas estructuras: *se compra, se vende, se necesita, se cambia*. Después, los leeréis. Seguro que podemos hacer buenos negocios.

_____
_____
_____
_____
_____
_____
_____
_____
_____
_____

5 En la revista de turismo *Viajaremos* aparecen diferentes informaciones sobre las costumbres y la vida en España. ¿Estás de acuerdo con ellas?

VIAJAREMOS ✕

De España se dice que...

Se cocina con poca grasa.

Se duerme la siesta.

Hay gente por la calle hasta las dos de la madrugada.

Siempre hace muy buen tiempo.

Es muy fácil hacer amigos.

Se vive el fútbol con pasión.

5.1 Ahora te toca a ti. Escribe al menos seis ideas que tienen en tu país sobre España y compáralas con las de tu compañero.
➤ *En mi país dicen que en España…*

5.2 ¿Qué tópicos conoces sobre otros países?
➤ *En mi país se dice que…, dicen que…*

suenabien

CD2 40

6 Escucha estas oraciones.

Anoche llovía y hacía mucho viento.

Ana está en su casa o está en la biblioteca.

Me acuesto temprano y siempre me levanto tarde.

Duérmete o levántate.

CD2 41

7 Ahora, escucha y repite.

▶ El sol salía y la luna se escondía.

▶ Todas las mañanas, Marta bebe leche o toma un poco de zumo.

▶ Natalia trabaja y Silvia está en paro.

▶ Esta noche voy al teatro o me quedo en casa.

▶ CONSTRUCCIONES DE SIGNIFICADO PASIVO (I)

■ **Ser + participio** del verbo conjugado. El participio concuerda con el sujeto paciente en género y número, y el agente aparece precedido de la preposición *por*. Lo importante en estas oraciones es la acción.
*La explosión de la bomba **fue anunciada** por el reportero.*
*El avión **había sido pilotado** por mi padre.*

■ **Se + verbo en 3.ª persona** (singular o plural, en concordancia con el sujeto paciente).
***Se han escrito** varios reportajes sobre animales.*
***Se ha escrito** un reportaje sobre animales.*

8 En la prensa, se utiliza mucho la construcción pasiva. Señala los casos que aparecen en estas noticias. Después, transforma las pasivas del tipo *ser* + participio en oraciones activas.

La exposición de pintura fue inaugurada anoche por la ministra de Cultura en el Instituto Valenciano de Arte Moderno.

Elvira Lindo ha publicado esta semana su nueva novela. Será presentada por el director del Círculo de Bellas Artes de Madrid.

El 15 de octubre se celebró en el Palacio de los Deportes de Madrid el último concierto de la gira de Enrique Iglesias por España. Los reyes de España fueron invitados al concierto.

CE
7.

9 Lee estos titulares y transfórmalos utilizando la construcción pasiva con *ser*.

La Madrid Fashion Week presenta la temporada otoño-invierno

El juez condenó al ladrón a siete años de prisión

Un médico canadiense ha descubierto una nueva vacuna contra la gripe

La presidenta del gobierno clausurará mañana el festival de música clásica

CE
8.

10 Lee estos anuncios y transfórmalos en una construcción pasiva. Utiliza *se* + verbo en 3.ª persona.

• Llevamos comida preparada a cualquier lugar del mundo.
→ _____

• A partir de la semana que viene repararemos los aparatos eléctricos de manera gratuita.
→ _____

• Los fontaneros han visitado las casas más viejas de la ciudad para revisar las tuberías.
→ _____

• La inmobiliaria Martínez alquila apartamentos en Sierra Nevada a muy bajo precio.
→ _____

11 ¡Hablemos de los medios de comunicación de tu país!
Tratad las siguientes cuestiones.

✓ ¿Qué medios de información se utilizan en tu país con más frecuencia?

✓ ¿Qué clase de programas se ven en la televisión?

✓ ¿Hay diferencias importantes entre la televisión de tu país y la de otros países?

✓ ¿Se respeta totalmente la libertad de prensa o hay algún tipo de censura?

✓ ¿Crees que las revistas del corazón tienen algún tipo de interés? ¿Para quién?

CD2 42

12 Escucha el debate de un programa de radio sobre la «prensa rosa» o del corazón.
Después, señala si son verdaderas o falsas las siguientes afirmaciones.

1. En España no se venden muchas revistas del corazón. → V F

2. Una exclusiva no cuesta dinero. → V F

3. La prensa del corazón es un fenómeno generalizado en todo el mundo. → V F

4. Prensa amarilla es sinónimo de prensa del corazón. → V F

12.1 Has escuchado términos como *cotilleo, sensacionalismo, paparazzi, escándalo, telebasura*. ¿Puedes relacionarlos con las siguientes definiciones?

▶ _____ Hecho o dicho considerado contrario a la moral social y que produce indignación o habladurías maliciosas.

▶ _____ Difusión de los asuntos de otras personas.

▶ _____ Tendencia a presentar los aspectos más llamativos de algo para producir una sensación o emoción grande.

▶ _____ Programas de televisión que emiten noticias de poco interés y que solo buscan informaciones morbosas.

▶ _____ Fotógrafos de la prensa del corazón que intentan fotografiar a la gente famosa en cualquier lugar y en cualquier situación.

toma**nota**

13 Subraya la opción correcta en cada caso.

1. ¿(Porque / Por qué) bebes tanto?

2. Hemos (echo / hecho) un regalo a Marta.

3. Ana (se cayó / se calló) cuando subía las escaleras.

4. No me gusta esta comida (porque / por qué) le falta sal.

5. (Ahí / Hay / Ay) vive un hermano de mi padre.

6. Tiene que (haber / a ver) más comida en el armario.

7. Cuando Carlos pedía ayuda, gritaba: «(Ahí / Hay / Ay), ayudadme, ayudadme».

8. (Te / Té) llamo para saber si me invitas a tomar un (te / té).

9. (Se cayó / Se calló) al saber que estaba equivocada.

10. (Mi / Mí) hermana ha enviado unas flores para (mi / mí).

11. Vengo a tu casa (porque / por qué) preparas un café estupendo.

12. (Ahí / Hay / Ay) tres coches en mi garaje.

13. ¿Ya has (echo / hecho) tus maletas?

14. (A ver / Haber) si vienes más temprano.

15. Quiere saber (porqué / por qué) sales con un chico tan extraño.

16. (A ver / Haber), ¿quién sabe la respuesta?

17. Siempre (echo / hecho) las cartas en la oficina central de Correos.

▶ CONSTRUCCIONES DE SIGNIFICADO PASIVO (II)

■ La construcción pasiva del tipo *ser* + participio se utiliza especialmente en el lenguaje periodístico. En la lengua común se prefiere la construcción con *se* + verbo en 3.ª persona.
El libro es vendido. > Se vende el libro.

■ Expresión de impersonalidad con *se* + 3.ª persona.
– CD <u>sin preposición</u> → *se* + verbo singular / plural
  Vendieron los libros. → *Se vendieron los libros.*
– CD <u>con preposición</u> → *se* + verbo singular
  Interrogaron a los testigos. → *Se interrogó a los testigos.*

CE 10. 13.

14 Estos son los ecos de sociedad que ha publicado una famosa revista del corazón. Transforma las oraciones que aparecen con *ser* + participio en una oración del tipo *se* + verbo en 3.ª persona.

1

La boda entre la señorita Margarita de Castro Ribadesella y el señor Rodolfo de la Torre de Don Pedro Gil ha sido celebrada en un lujoso restaurante. Las fotos fueron realizadas en los jardines del restaurante con todos los invitados.

2
Ayer fue hallado vivo el gato de la duquesa Sotomayor. Será entregada una recompensa a los niños que lo encontraron.

3

En la capilla de San Rafael ha sido bautizado el niño Rogelio Peinado Redondo. La ceremonia fue celebrada a las cinco de la tarde en presencia de más de 200 invitados.

15 Utiliza una oración con *se* + verbo en 3.ª persona para poner un pie de foto.

(*inaugurarse*, olimpiadas)

(*entregar*, premio)

(*apagar*, fuego)

16 Escribe correctamente el verbo. Presta atención al tipo de complemento.

1. Se (*hacer*) ……… fotocopias en color.
2. Se (*buscar*) ……… a los autores del robo del cuadro de Joan Miró.
3. El próximo jueves se (*firmar*) ……… la paz.
4. Se (*vender*) ……… y se (*alquilar*) ……… coches durante todo el verano.
5. Se (*castigar*) ……… con una fuerte multa a los conductores que conducen borrachos.
6. Anoche se (*inaugurar*) ……… una nueva discoteca.
7. En 2013 se (*rescatar*) ……… con vida a todos los pasajeros de un barco que naufragó en el Pacífico.
8. Esta mañana se (*detener*) ……… a tres manifestantes que protestaban por la subida del precio de la gasolina.
9. Se (*cerrar*) ……… el supermercado a las 21:00 h.
10. En la organización Manos Libres se (*ayudar*) ……… a las personas que no tienen recursos económicos.

■ *Se* + verbo (singular / plural) + sujeto ⇒ **concordancia.**
■ *Se* + verbo (singular) + *a* + complemento ⇒ **no concordancia.**

17 ¿Cómo reaccionarías al leer en la prensa las siguientes noticias?

Se regala un libro en todos los bares de la ciudad

Los jueces han dejado libre a un hombre que ha contaminado cinco ríos

Un directivo de empresa obliga a su empleado, de 30 años, a casarse con su hija

Se utilizan elefantes y leones enfermos en un circo

¿Seguro?

¿De verdad?

¡Qué raro!

¡Qué horror!

¡No me digas!

¡Qué bien!

¿En serio?

17.1 Inventa cuatro noticias extrañas y léeselas a tus compañeros. Ellos tienen que reaccionar. Anota el tipo de reacción en cada caso.

	Disgusto	Extrañeza	Sorpresa	Alegría
Noticia 1				
Noticia 2				
Noticia 3				
Noticia 4				

18 Cuenta a tus compañeros alguna noticia que hayas visto o escuchado en un medio de comunicación y que realmente te haya impresionado.

CD2 43

19 Vamos a escuchar la opinión de varias personas acerca de la censura en los medios de comunicación. Debate este asunto con tus compañeros. Anota las ideas principales y señala si estás o no de acuerdo.

❏ **Debe existir libertad de prensa.**

❏ **Hay que censurar algunas noticias por el bien público.**

tomanota

20 Escribe a tu hermana varios recados para recordarle que debe…

▶ Recoger un envío certificado.
▶ Regar las plantas de tu apartamento.
▶ Comprar un regalo para el cumpleaños de Jorge.

Maneras de VIVIR

¿Qué «se cocina» en el mundo?

La Trotamundos ✕

← → C 🏠 www.latrotamundos.es ≡

1 👥 En parejas, leed la entrada del blog de Maika.

| Inicio | Literatura | Música | Pintura | Arquitectura | Cine | **Cocina** | |

Hoy he estado en un curso de cocina. La profesora, Mariángeles, ha comenzado la clase con la expresión española *qué se está cocinando en el mundo*. Nos ha pedido que buscáramos su significado. Luego, nos ha explicado cómo son las comidas españolas, las diferencias culturales que existen de una comunidad autónoma a otra y cómo, con los mismos ingredientes, pueden hacerse platos muy ricos y muy distintos, por ejemplo, con el bacalao.

Nos ha traído una salsa exquisita típica de su tierra: mojo rojo y mojo verde, acompañada de papas guisadas, que hemos comido «a ritmo de Caco Senante», *la rica salsa canaria se llama mojo picón.*

Nos lo pasamos muy bien porque estábamos todos muy motivados. Nosotros hemos llevado también comidas y bebidas típicas de nuestros países: arepas, ajiaco, hallacas, frijoles, cebiche, asado argentino, tamales, sancocho y tacos mexicanos, entre otros. Pusimos música de los distintos países y acabamos todos bailando. Nuestra profesora nos ha dejado muy sorprendidos con el ritmo que le puso al tango y al merengue.

Como era el último día de clase, estábamos relajados y felices. Hemos acompañado a Mariángeles al hotel San Francisco y cruzamos a pie la avenida Libertador Bernardo O'Higgins.

Uf. Estoy rendida, queridos y ávidos lectores, y me voy ya a la cama… con un buen libro, *El mágico aprendiz*, de Luis Landero. Mañana, más…

2 ¿A qué países pertenecen las comidas que se mencionan? Buscad información sobre ellas.

3 ¿Conocéis cocineros españoles famosos? Cread una tabla con su nombre, los premios que hayan obtenido y las comidas por las que se han hecho famosos.

4 De esa lista que habéis elaborado, ¿cuántos son cocineros y cuántas son cocineras? ¿Por qué creéis que esto es así?

5 👥 Leed el siguiente texto acerca de la gastronomía española.

1 Los pescados y los mariscos constituyen la base de la cocina gallega. Los platos más representativos son el caldo gallego, el pulpo a la gallega y la empanada.

2 Lo más característico de Asturias es la fabada y el queso de Cabrales. La sidra es la bebida regional.

3 En Cantabria, la sardina, la anchoa y los calamares se preparan de distintas maneras.

4 La cocina vasca tiene su base en las salsas. Sus platos fundamentales son los guisos de pescado preparados en salsa verde, al pil-pil o a la vizcaína.

5 En Navarra, los guisos de aves merecen una mención especial. Aquí se elabora el Roncal, un delicioso queso de oveja.

6 La Rioja produce un excelente vino. Son famosos los pimientos morrones o los del piquillo, los espárragos y las alcachofas.

7 Aragón es la zona de los chilindrones, salsa de tomate, pimientos y cebolla, con la que se prepara el pollo y el cordero.

8 En Cataluña, destacan sus embutidos. Sant Sadurní d'Anoia es el centro de la producción de los famosos cavas o vinos espumosos.

9 Junto a la famosa paella, en Levante hay exquisitos postres, como las tostadas de almendra y los turrones.

10 En Andalucía, podemos degustar riquísimas frituras de pescado y los adobos, además del gazpacho y el jamón de Jabugo (Huelva). Sus vinos, finos y olorosos, son famosos en todo el mundo, especialmente los de Jerez, Málaga y Montilla.

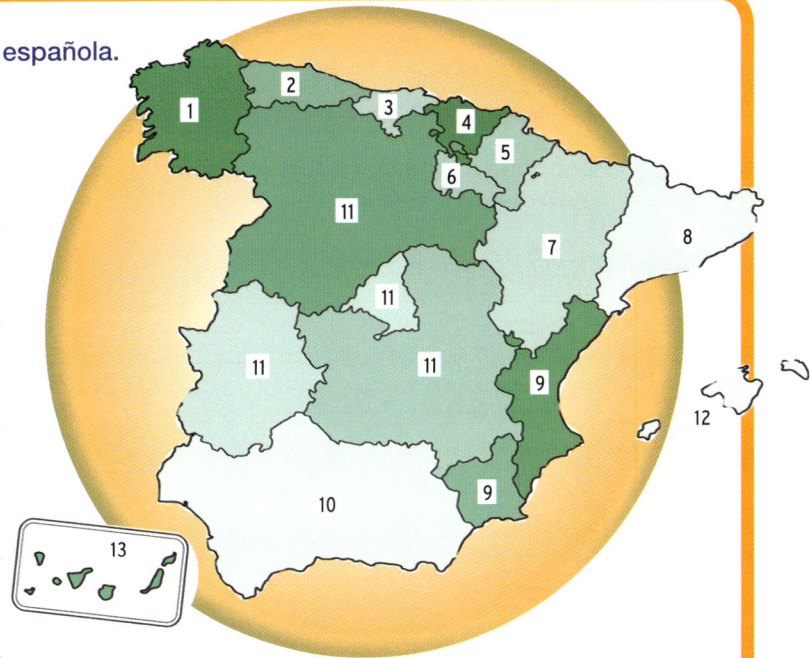

11 El Centro es la zona de los asados: cordero, ternera, cochinillo y otras carnes se asan en horno de leña. En Madrid, se puede degustar su famoso cocido. En Extremadura tienen un excelente jamón serrano.

12 Las islas Baleares han exportado a todo el mundo la mahonesa, salsa originaria de la ciudad de Mahón (Menorca). En Mallorca, son exquisitas las ensaimadas y la sobrasada.

13 Las islas Canarias ofrecen muchos platos a base de pescado, papas y una famosa salsa picante, el «mojo picón». Estas islas también producen frutas tropicales, como plátanos, aguacates, papayas, mangos, guayabas, etc.

6 👥 Ahora, preparad una presentación con la gastronomía de vuestro país, en contraste con la española.

¿Sabías que...?

El sushi japonés cada vez tiene más acogida en la cocina de todo el mundo. La presencia del sushi es tan llamativa visualmente, porque cualquier chef japonés considera que las personas no solo comen con la boca. ¿Sabes por qué los japoneses toman la sopa de miso al final de la comida?

Recapitulación

1 Responde a este test sobre lo aprendido en la lección 6.

1. ¿Qué monumento puedo visitar en Granada?
_____ .

2. ¿Cómo es el futuro de *venir*? _____ .

3. Si tengo dinero, _____ a Estocolmo.

4. Escribe dos palabras con -d-, -r- y -l-.
_____ .

5. ¿Qué establecimiento tendrás que visitar para informarte acerca de un viaje?
_____ .

6. Di a tu amiga que no se coma el jamón:
_____ .

7. Transformar o aprovechar la basura para un nuevo uso o destino es _____ .

8. El conjunto de cosas que empleo para hacer una comida son los _____ de una comida.

9. ¿Qué *(hacer)* _____ próximas vacaciones? Voy _____ a Brasil.

10. Tu clase está vacía. ¿Dónde *(estar)* _____ todo el mundo?

11. Localiza el error: *No te vallas. Pon el equipaje en la baca.*

12. Mi amiga *(salir)* _____ esta tarde de vacaciones.

13. Escribe el nombre de un barrio famoso de Barcelona _____ .

14. Completa: (Sucesión) _____ lleguemos a Barcelona necesitaremos un coche.

15. ¿Qué tipo de libro necesito para obtener información antes de hacer un viaje? _____
_____ .

16. Completa: Cuando *(llegar)* _____ la noche ya *(arder)* _____ la mitad del monte.

17. Elige tu lugar de vacaciones:
_____ .

18. ¿Cuál es el símbolo que aparece en los restaurantes para relacionar el precio y la calidad?
_____ .

19. Si *(hacer)* _____ buen tiempo, íbamos al campo.

20. Corrige: *Hagásela.*

Comprueba los resultados

0-7 ACIERTOS:
¿Has pensado seriamente en volver a leer la lección 6?

7-13 ACIERTOS:
No está mal; pero se podría mejorar.

13-20 ACIERTOS:
¿Te gusta todo lo relacionado con viajes y medio ambiente o es que te has estudiado muy bien la lección?

soluciones

1. La Alhambra
2. vendré, vendrás, vendrá, vendremos, vendréis, vendrán.
3. Iré
4. dedo, dado, cara, pera, bola, cola.
5. Una agencia de viajes
6. No te lo comas
7. Reciclar
8. Ingredientes
9. Harás; a ir
10. Habrá ido
11. Vayas
12. Sale o saldrá
13. La Barceloneta
14. Cuando
15. Una guía
16. Llegue; habrá ardido
17. Posible respuesta: Prefiero el mar o prefiero la montaña
18. El tenedor
19. Hacía
20. Hágasela

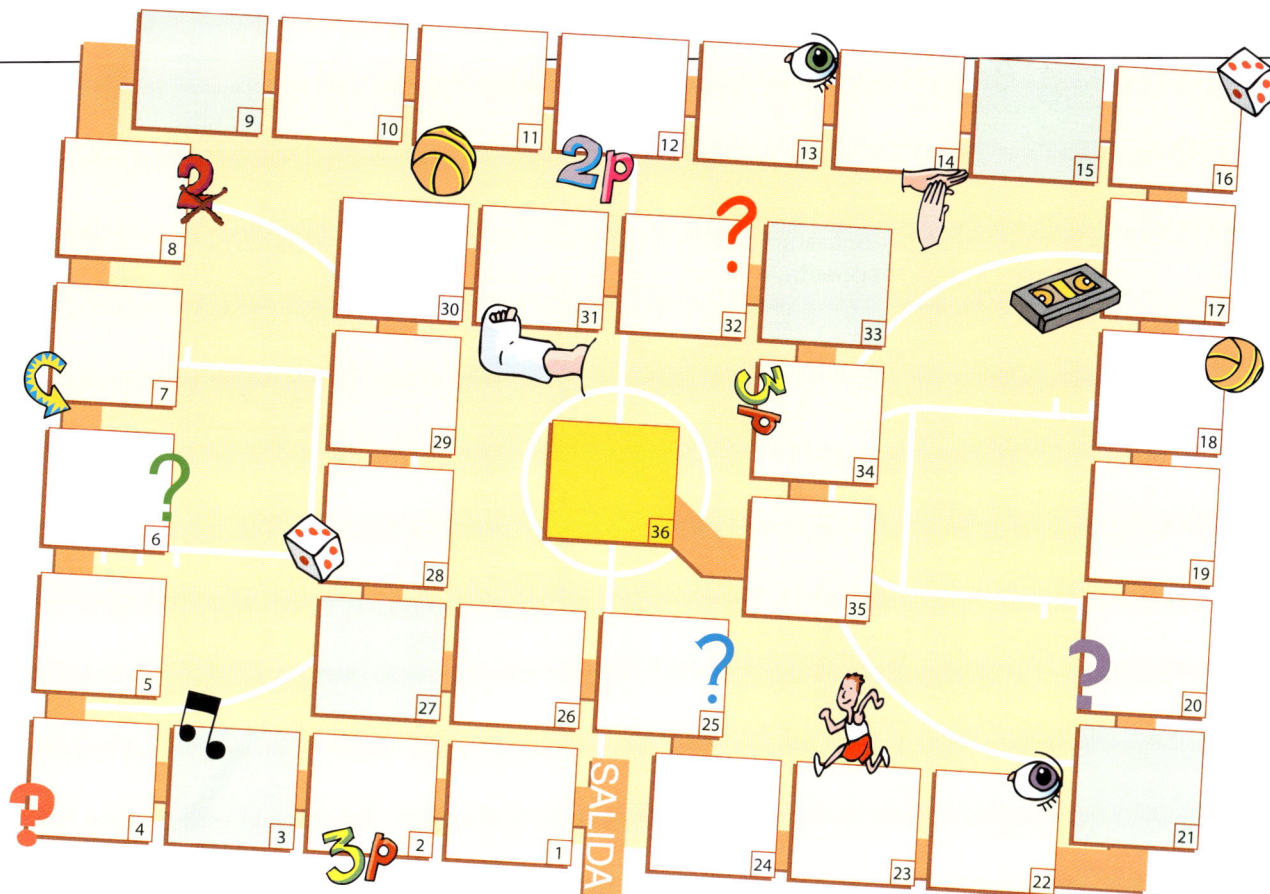

2 Batería de preguntas

1. Nombre de un deporte y de *un / una* deportista que haya destacado en él.

2. Canasta de tres puntos por encestar desde fuera del semicírculo (avanza tres casillas).

3. Cita un cantante o grupo musical que recuerdes y tararea una canción suya.

4. ¿Cuántos jugadores tiene un equipo de baloncesto?

5. ¿Qué profesión tiene Estrella Morente?

6. ¿Cuántas sílabas tiene la palabra *concierto*?

7. Pasos: retrocede una casilla.

8. Falta por empujón a un adversario: dos turnos sin jugar.

9. El femenino de actor es...

10. ¿La palabra *iniciais* lleva tilde?

11. ¿Cuánto dura un partido de baloncesto?

12. Canasta de dos puntos: avanza dos casillas.

13. ¿Es cierto que el fútbol despierta grandes pasiones? **¡Ojo! No vale contestar solo con sí o no.**

14. Tiempo muerto. Di una palabra que contenga un hiato.

15. ¿En qué país piensas cuando oyes hablar del tango?

16. Tiro libre: tira otra vez.

17. Ayer le grabé <u>un vídeo musical a mi hermano</u>. Ayer .... grabé.

18. ¿De qué material está hecho un balón de baloncesto?

19. Me encanta que la gente sea amable. ¿Y a ti?

20. Julio Bocca es un .... argentino. Su espectáculo me encantó.

21. ¿Es verdad que en España solo escuchan flamenco? **¡Ojo! No vale contestar solo con sí o no.**

22. ¿En qué prueba se corren más de 42 kilómetros?

23. Descanso: baila algún baile típico de tu tierra.

24. ¿Para qué es bueno hacer deporte?

25. Di el nombre de un deporte de riesgo.

26. Estoy seguro: aunque *(él / conocer)* .... a mucha gente, se siente solo.

27. Tiro adicional: tira de nuevo.

28. Es aburrido quedarse en casa todos los sábados por la noche. Es aburrido que la gente...

29. «Hace mucho tiempo que no entreno. Estoy para ir a correr un poco». ¿Hay algún error gramatical?

30. Lesión. Te has hecho daño en un pie: un turno sin jugar.

31. No me gusta que me peguen. ¿Y a ti?

32. ¿Qué tipo de espectáculo prefieres: ópera o teatro?

33. ¿Cuál es la distancia a partir de la cual la canasta se considera de tres puntos? (Avanza tres casillas)

34. Contesta negativamente a la siguiente pregunta: «¿Te contó qué había hecho después del concierto?».

35. Final de partido: has ganado.

3 En grupos de cuatro, contestad a cada una de las cuestiones planteadas. Si no sabéis alguna respuesta, «pasad» y esperad otra oportunidad.

SALIDA

1

Di un adjetivo que signifique lo mismo que llamada metropolitana.

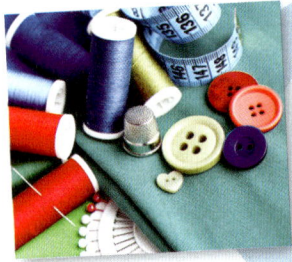

2

Trabajas como dependiente en una mercería. Piensa en una frase para dirigirte a tus clientes de manera cortés.

3

Compras el periódico, pero cuando vas a pagarlo te das cuenta de que te has olvidado la cartera en casa. ¿Qué le dices al dueño para justificarte?

4

Estás estudiando español y quieres practicar más la conversación. Escribe un pequeño anuncio para el tablón de anuncios de tu academia.

LLEGADA

8

¿Cuál es el nombre completo al que corresponden las siglas FMI?

7

Estás en casa. Te duele mucho la cabeza y tu hermano pone la música muy alta. Dile que la quite (utiliza el imperativo).

6

Corrige las faltas de ortografía: Cuanto cuesta. Que caro esta todo.

5

¿Qué pedirías?, ¿cómo?

4 Elige la respuesta correcta y sabrás algunas curiosidades sobre el mundo hispano.

1 A .... hispanohablante le gustaría que desapareciera la letra ñ.

a) ningún
b) ningunos
c) ninguna

2 La patata, el tomate y el café son .... de los productos que Colón trajo de América.

a) algunos
b) algún
c) algunas

3 Probablemente, el español .... la lengua más importante a finales del siglo XXI.

a) es
b) será
c) sean

4 Es un tópico, pero a los hispanohablantes les gusta .... de la vida.

a) disfrutar
b) disfruten
c) disfrutan

5 A muchos hispanohablantes les fastidia que los extranjeros .... que no son muy trabajadores.

a) piensan
b) piensen
c) piensa

6 Si vas a México, te encantará .... el Palenque.

a) ver
b) verás
c) vea

7 Mucha gente visita España para .... su cultura.

a) conocer
b) conocen
c) conozcan

8 El abanico es típico de España y sirve para .... aire cuando hace calor.

a) darse
b) dé
c) doy

9 En España se hace mucha vida en la calle porque casi siempre .... buen tiempo.

a) hace
b) haga
c) hago

10 En México se utiliza la palabra *mano* o *manito* para .... a otras personas.

a) saludar
b) salude
c) saluden

11 Esperamos que a mediados de siglo .... las desigualdades sociales.

a) han desaparecido
b) hayan desaparecido
c) haya desaparecido

12 En Guatemala, estuvieron los mayas, por eso .... yacimientos arqueológicos.

a) tenga
b) tiene
c) tendría

13 Latinoamérica es muy bella, así que vosotros .... visitarla.

a) debemos
b) deben
c) debéis

Recapitulación

5 Reflexiona sobre la enseñanza-aprendizaje del español. Contesta las preguntas para conocer tus logros.

→ ¿Para qué estudias español?

→ ¿Crees que hay que darles más importancia a las clases de gramática que a las de conversación? ¿Son ambas igualmente importantes?

→ ¿Cuál ha sido tu actitud a lo largo de todo el curso?

a) POSITIVA. ¿Por qué?

b) NEGATIVA. ¿Por qué?

c) INDIFERENTE. ¿Por qué?

→ ¿Qué opinas sobre los ejercicios que has realizado en casa? ¿Te han ayudado a comprender mejor los contenidos gramaticales que ha explicado el profesor en clase?

→ ¿Has aprendido mucho con este método de español? ¿Te ha parecido creativo e interesante?

→ ¿Qué esperabas de este curso de español antes de empezarlo? ¿Ha satisfecho tus necesidades?

→ Cada vez que terminaba la clase, el profesor había resuelto tus dudas:

a) SIEMPRE.

b) DE VEZ EN CUANDO.

c) NUNCA.

→ ¿En qué aspectos de la lengua española crees que has mejorado más?

a) GRAMÁTICA.

b) CONVERSACIÓN.

c) ESCRITURA.

d) FONÉTICA.

→ ¿Recomendarías este método de español a otras personas que quieran aprender esta lengua?

transcripciones

transcripciones

ámbito 1 Aprendiendo a conocernos

Ejercicio 2

1. Gabriel García Márquez fue un escritor colombiano mundialmente famoso. Su novela más conocida es *Cien años de soledad*. Fue premio Nobel de Literatura, pero no consiguió el premio Cervantes. Ya está muerto y está enterrado en México D. F., donde vivía.

2. Antigua es una de las ciudades más bellas del mundo hispánico y está en Guatemala. Es famosa por su arquitectura colonial renacentista y está muy bien conservada; por eso, es Patrimonio de la Humanidad desde 1979.

3. Salma Hayek es morena y de ojos oscuros, nacida en 1966. Es de Veracruz, ciudad que está en la costa sur de México, en el mar Caribe. Salma Hayek es una actriz mexicana con mucho éxito internacional.

4. Es la capital de Argentina y está situada en la región centro-este del país, a orillas del Río de la Plata. Buenos Aires es la segunda ciudad más poblada de Hispanoamérica y en ella está una de las avenidas más anchas del mundo, la Avenida 9 de julio.

5. Mario Vargas Llosa es peruano, de Arequipa, pero vive en Madrid desde hace mucho. Es Premio Nobel de Literatura en lengua española (2010) y también es el ganador del Premio Cervantes (1994) y del Premio Príncipe de Asturias de las Letras (1986).

6. Es la ciudad más poblada de Hispanoamérica y una de las más pobladas del mundo. Está en el Valle de México, en el centro del país, y es la capital y sede de los poderes federales. Es una ciudad de rica arquitectura, con ruinas precolombinas, edificios coloniales y zonas modernas con grandes rascacielos.

7. Penélope Cruz es la única actriz española ganadora de un Oscar en 2008. Ha trabajado con directores tan importantes como Woody Allen, Pedro Almodóvar o Alejandro Amenábar. Es muy amiga de Salma Hayek, que es ocho años mayor que ella.

8. Salamanca está en el centro-oeste de España, a orillas del río Tormes. Es una ciudad muy bonita, famosa por su arquitectura renacentista y Patri-

monio de la Humanidad desde 1988. En ella está la universidad más antigua de España y todo el año está llena de estudiantes.

Ejercicio 9

mili, ocho, cono, mus, flaca, tú, casa, tres, su, clara, cese, color, mil, cene, misil

Ejercicio 10

comedor, champú, banco, tiramisú, semáforo, Perú

Ejercicio 11

chalé, apartamento, adosado, piso, buhardilla, ático, casa, caserío, dúplex, caravana

Ejercicio 17

Cielos poco nubosos en la península, con chubascos y tormenta moderada en Aragón y Cataluña. En el norte habrá viento y chubascos, sobre todo en Galicia. En el centro de la península, posibilidad de chubascos. Las temperaturas serán agradables. Valencia y Baleares tendrán nubes con posibilidad de alguna tormenta. En Andalucía predominarán los grandes claros. Despejado en el archipiélago canario.

Ejercicio 20

1.

A: ¡Ya lo tengo! Pregúntenme.
B: ¿Es un río?
A: No, no es un río.
C: ¿Está en España o en tu país?
A: Está en España.
B: ¿Cómo es?
A: Es inmensa, es muy árida.
C: ¿Es una llanura?
A: Sí.
B: Es la Meseta castellana.
A: Muy bien, Alberto.

2.

B: Ahora me toca a mí.
A: ¿Está en España o en América?
B: Está en América.
C: ¿Es una montaña o un río?
B: Es un río.
A: ¿El Amazonas?
B: No, es más pequeño que el Amazonas.
C: ¿Está en Venezuela?
B: Sí. Está en Venezuela y en Colombia.
C: El Orinoco.
B: Correcto.

3.

C: Ahora pienso yo otro accidente geográfico.
B: Sí, pero uno que esté en España.
C: Vale. Está en España.
B: ¿Es un río o un desierto?
C: En España no hay desiertos y no, no es un río.

A: ¿Dónde está?
C: Está en las islas Canarias. Es muy alto. Es muy grande.
A: ¿Es un volcán?
C: Sí.
A: ¿Es el Teide?
C: Sí.

4.

A: Ahora tú. A ver si lo adivinas.
B: ¿Valle o meseta?
A: No es ni valle ni meseta.
B: ¿Está en la costa?
A: Sí.
B: ¿Una bahía?
A: No.
B: ¿Un cabo?
A: ¡Sí!
B: Ya sé, es el cabo de Gata y está en Almería.

ámbito 2 ¡Qué familia!

Ejercicio 1

¿Mi familia? Mi familia es una familia de clase media, bastante típica. Tengo dos hermanos. Mi padre se llama Jorge y es ingeniero. Tiene 52 años. Mi madre se llama Teresa y es enfermera. Tiene…, no estoy muy seguro, porque es muy coqueta y nunca dice la edad… ¡ni a sus propios hijos! Mi hermano mayor, Jorge, está casado con Clara y tiene un hijo, Sergio. El pequeño es Manolo; este está separado de su mujer; mi excuñada se llama Lola. Tienen una hija, Patricia.

Ejercicio 7

1. botas
2. actriz
3. línea
4. tómate
5. español
6. fútbol
7. huéspedes
8. difícil
9. fiscal
10. camiseta
11. velero
12. feliz
13. portería
14. náufrago
15. militar
16. rápido
17. mármol
18. México
19. gabán
20. máquina
21. melón

ámbito 1 Conocemos una lengua

Ejercicio 1

Me llamo Peterson, Michael Peterson, y soy inglés. Vivo en Bristol, en el número 27 de Grove Street y mi correo electrónico es mpeterson@anaya. es. Quiero aprender español porque estudio Empresariales y me interesa mucho el comercio internacional.

Hola, soy Johannes Müller y soy de Alemania. Mi mujer y yo somos jubilados y tenemos una casita en Málaga, en la calle Teatinos, donde vivimos desde hace poco. Necesitamos saber más español para poder conocer gente y hacer amistades. Mi correo es jmuller@anaya.es. Jota, eme, u, ele, ele, e, erre.

Ejercicio 8

Gabriel: ¿Cómo va tu vida?

Paco: Muy bien. ¿Y tú? No ves a nadie cuando vas por la calle. Te veo ayer en la cafetería Urbina, te llamo a gritos y tú nada, no te das cuenta.

Gabriel: Perdona, Paco. Tengo ahora todos los exámenes finales y estoy todo el día en casa y me paso las noches en vela. El otro día también me pasó lo mismo. Me encuentro con Pepe y paso de largo delante de él.

Paco: ¡Ah, Gabriel! ¿Por qué no descansas un poco más? Al final todo irá bien. Eres un buen estudiante y trabajas mucho todos los días. ¿Quieres repasar conmigo algunos ejercicios de fonética?

Ejercicio 9

1.

pata / bata
pez / vez
capa / cava
Pepe / bebe
peso / beso

2.

bar / par
baño / paño
vino / pino
boca / poca
vaca / Paca

3.

té / dé
bota / boda
coto / codo
cata / cada
tía / día

4.

saldar / saltar
seda / seta
modo / moto
doma / toma

5.

casa / gasa
cala / gala
casta / gasta
toca / toga
cama / gama

6.

boga / boca
guiso / quiso
gol / col
vega / beca
mango / manco

Ejercicio 10

una mota, un dato, el beso, aquella gasa, algún tarro, una vaca, este gato, el carro, mi casa, una vaga, ese peso, la moda, esta boda, la bota

Ejercicio 13

1.

Carlo: Profesora, un ladrón entró anoche en mi casa y tuve mucho miedo. Hoy he preparado mis maletas y me voy a Italia en el primer vuelo que sale esta tarde.

Ana: ¡Pobre Carlo!

2.

Peter: Papá, deseo ir a España el próximo año porque quiero aprender mucho sobre el arte español. Pero primero necesito dinero para pasar algunos días en la playa y tomar un poco el sol.

Jean: ¡Muy bien, Peter! Me parece una idea estupenda.

3.

Marco: Estoy cansado y no tengo ganas de ir a clase. Todos los días hacemos los mismos debates y hoy no quiero hablar.

Marie: Pues yo tampoco. Conozco una cafetería muy cerca de aquí. El café y los bollos están riquísimos.

Ejercicio 23

Laura: No soporto el frío que hace hoy en Madrid. Ya sabes que me encanta el calor y estar tumbada en una playa llena de gente.

Javier: ¡Ay, Laura! No digas tonterías. A mí me fascina la montaña y me gusta ir a esquiar todos los inviernos. En cuanto a la playa, detesto la gran cantidad de gente que siempre encuentro allí y me ponen nervioso los niños con sus balones y sus castillos de arena.

Laura: Javier, Javier. Siempre quieres estar solo. A mí me vuelve loca la marcha española que hay en la costa todos los veranos. Me encanta trasnochar, acostarme a las seis de la mañana, levantarme a las doce del mediodía y salir fuera a tomar un aperitivo. ¡Hum!

Javier: Pues a mí me gusta levantarme muy pronto, desayunar en casa y leer el periódico.

Laura: Buenas vacaciones.

Javier: Para ti también.

ámbito ❷ Un día cualquiera

Ejercicio 4

Entrevistador: ¿Cómo es un día normal en su vida, señor Reinaldos?

Pablo Reinaldos: Normalmente, me levanto a las seis de la mañana porque siempre duermo muy poco, unas cuatro horas. Todas las semanas, de lunes a viernes, comienzo los ensayos a las siete en punto. Cada día mis vecinos llaman a la puerta y se quejan porque no pueden dormir. A menudo no les abro la puerta, pero generalmente soy muy educado y atiendo sus protestas. Todos los días es la misma historia.

Cada mañana tomo un huevo crudo para aclarar mi garganta y así nunca me quedo sin voz. Pocas veces me distraigo y nunca enciendo la televisión. Generalmente a las dos termina mi jornada. Entonces pico unas aceitunas y como algo de pescado. Jamás cambio mi dieta al mediodía. Este es mi secreto para tener esta voz maravillosa y ser el número uno.

Ejercicio 6

tumba, lobo, poca, té, mango, paño, caño, casta, gasta, toca, mando, bata, modo, verde, hongo, casa, pino, vino

Ejercicio 18

1. **Ferran Adrià:** Sus recetas son muy atrevidas porque juegan con las combinaciones: crudo-

cocido, dulce-salado, duro-blando… Además, disfruta manipulando los alimentos, que cambian de color, de forma y de consistencia. Cada bocado es un juego. Pero para llegar hasta aquí ha pasado muchas horas en su cocina, donde ha llegado a inventar la cocina de la deconstrucción, que, según él, «consiste en utilizar armonías ya conocidas, transformando las texturas de los ingredientes, así como su forma y temperatura». Detesta los homenajes.

2. **Gael García Bernal:** Como es mexicano, prefiere el cine hispano y las historias hispanas. Detesta las películas románticas y no soporta a la gente que llora cuando ve una película.

3. **Cristiano Ronaldo:** Como está entre los mejores jugadores del mundo, le encanta que se lo reconozcan y disfruta recogiendo premios. Odia fallar goles y se enfada consigo mismo cuando tira el balón fuera. Disfruta trabajando su forma física y prefiere mantenerse en forma a salir con los compañeros de equipo.

4. **Malú:** Le encanta la música desde que era pequeña; enseguida tuvo claro que le apetecía cantar. Con más de 2 500 000 copias vendidas hasta el momento, posee una de las carreras musicales más sólidas y asentadas del panorama nacional español; de hecho, ha obtenido el Premio Ondas a la Mejor Artista del Año en 2014, repitiendo el éxito obtenido por su álbum *Sí*, triple disco de platino con más de 120 000 copias vendidas. No le gustan mucho los actos públicos, prefiere la compañía íntima de sus amigos.

Maneras de vivir

Ejercicio 5

1.

Me encanta el deporte. Dos días a la semana juego al baloncesto en el equipo de la universidad y también juego al fútbol, pero solamente los fines de semana. El fútbol es el deporte nacional en España. Además de practicar deporte, cuando no voy a la universidad y no tengo que estudiar, me gusta escuchar música en casa con algún amigo. Como me gusta mucho la música, siempre que puedo, y tengo dinero, voy a algún concierto. También formo parte de un grupo de jóvenes voluntarios que ayuda a las personas que viven en la calle y que no tienen casa. Un día a la semana, por la noche, nos reunimos para preparar los termos de café y chocolate, bollos, galletas y magdalenas, los cargamos en los coches y salimos a repartirlos entre los vagabundos y necesitados que duermen en los parques y en el metro. Me siento útil porque ayudo a los demás y, cuando vuelvo a casa, sé que he hecho algo bueno.

2.

Siempre salgo con mis amigos los fines de semana a dar una vuelta. Normalmente, vamos al cine los viernes por la noche y después vamos a algún bar a tomar unos refrescos. No bebemos alcohol, aunque hay muchos jóvenes en España que beben bastante los fines de semana. Después, sobre las 2 de la madrugada, regreso a casa. También quedo con mis amigos los sábados por la noche. En España nos gusta salir mucho a la calle, aunque yo no tengo la costumbre de pasar la noche de un sábado en casa de algún amigo. Lo normal es quedar sobre las 9 de la noche, picar algo en un bar e ir a una discoteca.

3.

Lo que más me gusta hacer en mi tiempo libre es viajar. En cuanto ahorro un poco, me lo gasto todo en viajes. Suelo trabajar los fines de semana como camarera en un bar, y con el dinero que ahorro hago siempre un viaje en las vacaciones de verano y en las vacaciones de Navidad. Mi destino favorito es la montaña. Practico senderismo y el contacto con la naturaleza me relaja mucho. Otra de las cosas que me gusta hacer en mis ratos libres es ver la televisión, sobre todo los programas de deportes y las películas de acción.

LECCIÓN 3 ¿Alguna vez has conocido a algún famoso?

ámbito ❶ Ha sido un día estupendo

Ejercicio 1
1. Esta mañana he explicado el pretérito perfecto.
2. Esta tarde he terminado los planos del nuevo edificio.
3. Hace una hora que he puesto una multa.
4. Hace un rato he tenido un juicio complicado.
5. Esta semana he tenido una guardia.
6. Este mes he hecho tres mesas y tres sillas para una tienda.

Ejercicio 9
1. apto
2. cuadro
3. plazo
4. actitud
5. prisa
6. prado
7. abra
8. Praga
9. sobre
10. sable

Ejercicio 10
1. Esta actriz es una profesional.
2. El presidente del tribunal declaró apto al opositor.
3. El director llamó al actor al plató.
4. El profesor abrió la puerta al estudiante.
5. Hemos escrito el sobre para la carta de Alberto.
6. En el museo de Praga hay un sable del siglo XVI.
7. ¡Sople, sople!
8. En un plazo de tres meses desaparecerá la plaga de hormigas.

9. ¿Qué significa *aptitud*?
10. No nos ha gustado su actitud soñadora.

Ejercicio 12
Entrevistador: Hola, buenos días. Estamos haciendo una encuesta sobre los acontecimientos artísticos más importantes en las últimas décadas en España. ¿Podría decirnos cuáles son, según usted, los más relevantes? Por ejemplo, en pintura.

Encuestada: Pues a mí me encanta Miquel Barceló y me parece que la cúpula de la Sala de los Derechos Humanos de la ONU es fantástica.

Entrevistador: ¿Sabe usted cuándo la pintó?

Encuestada: Sí, en 2008.

Entrevistador: ¿Y en música qué destacaría?

Encuestada: El disco *La leyenda del tiempo* de Camarón de la Isla; fue un disco que revolucionó el mundo del flamenco. Lo tengo en casa y lo escucho muy a menudo. Creo que lo publicó en 1979.

Entrevistador: Sí, sí, fue en ese año. Bueno, ¿en escultura?

Encuestada: Pues yo destacaría el conjunto de esculturas *El peine del viento*, en la bahía de San Sebastián; las esculpió Eduardo Chillida en la costa del mar Cantábrico. ¡Una auténtica maravilla! Creo que la obra es de los años 70, ¿no?

Entrevistador: Sí, de 1976, concretamente. ¿Y en el ámbito de la literatura?

Encuestada: Hombre, yo creo que el Premio Nobel a Camilo José Cela marcó historia. Si no me equivoco, lo obtuvo en 1989. ¡Ah! Y hablando ya de premios, yo mencionaría los dos premios Óscar que ganó Pedro Almodóvar. Bueno, y también a Alejandro Amenábar. Me encanta su cine.

Entrevistador: Sí, por cierto, él también ganó un Óscar en 2004.

Encuestada: Sí, es verdad. No me acordaba de eso.

Encuestador: Pues nada, muchísimas gracias, ha sido usted muy amable.

Ejercicio 21
1. Cariño, no puedo salir esta tarde porque esta mañana tuve un juicio muy difícil y estoy cansadísima.
2. En mayo ha nacido la niña de María y todavía no le hemos comprado el regalo.
3. Esta mañana llamaron de la compañía telefónica. Van a cortarte el teléfono por impago.
4. Esta tarde perdí el bolso en el parque y con él las llaves. Llámame para poder entrar en casa.
5. La bruja de tu madre vino esta tarde. Llámala.
6. Hace tres meses que ha muerto el padre de Elena y todavía no la has llamado. Eres una impresentable.

ámbito ❷ Eran otros tiempos

Ejercicio 4
1. Me encantaba, tenía los ojos de cristal y el pelo rizado, rizado. Siempre la tenía en la cunita. Se llamaba Nancy.

2. Mi hermano tenía también una, pero la suya era de reglamento. Y no era tan suave. Solía jugar con ella cuando íbamos al campo. Mi padre nos hacía una portería con dos ramas.
3. Mi hermano y yo solíamos jugar en la calle con los niños del barrio. Cada vez contaba uno mientras los otros se escondían; era muy divertido.

Ejercicio 8
abrigo, brazo, empleado, fábrica, plomero, labrador, hombre, planta, hombro, plató, copla, librero, plaza, hambre, plátano, cumplir, planeta, cabrero, plumero

Ejercicio 17
Elena: ¿Qué te ha pasado?
Carmen: Pues una tontería. Iba a la estación a coger el tren, estaba lloviendo y me caí.

Sara: ¡Qué corte de pelo!
Clara: Estaba cansada. Todos los días tenía que desenredarme el pelo. Tardaba horas en secármelo, así que decidí cortármelo.

Sonia: ¿Por qué te fuiste de la fiesta?
Marta: Me dolía la cabeza, tenía los ojos irritados y era muy tarde.

LECCIÓN 4 ¿Qué le ha pasado?

ámbito ❶ En la comisaría

Ejercicio 3
1.

Pues yo, hace algunos años, jugaba a las cartas todos los días después de comer. Mi amigo Manuel venía a casa sobre las 4 de la tarde y, después de tomar un café con leche, nos poníamos a jugar durante dos horas. Después, me gustaba dar un paseo en un parque que había muy cerca de mi casa, y Manuel y yo discutíamos sobre diferentes temas. Después del paseo, me gustaba ir a una pastelería que se llamaba Fresa y Nata y compraba algunos dulces de chocolate.

2.

Cuando era más pequeño, siempre jugaba solo porque no podía hablar con nadie. No me gustaba estar acostado en la cama porque no podía coger todos los juguetes que había en mi habitación. Además, la mayor parte del tiempo estaba mirando al techo y me aburría el elefante de color verde que bajaba del techo y que mi padre colgó cuando nací. Me encantaba escuchar música y jugar con las manos. A veces mi madre me hacía cosquillas en la planta del pie y yo me enfadaba porque no me gustaba y me ponía a llorar.

3.

Hace algunos años me gustaba mucho coger la moto, ponerme las gafas de sol y dar vueltas por mi barrio. Los vecinos siempre se quejaban porque no podían descansar con el ruido de la moto. De vez en cuando llamaba a mi amigo Quique, y los dos juntos salíamos con nuestras motos. Era muy divertido. Otras veces, cuando llovía, Quique y yo merendábamos en mi casa y veíamos la televisión. Después de la merienda, salíamos a la calle para encontrarnos con otros amigos.

Ejercicio 6

tiro, carreta, coro, perra, corro, careta, pera, sierra, barro, pero, guerra, muro, ahorro, burro, madera, honrar, paro, radio, rico, roto, losa, rosa, rima, lima, perro, pelo, pala, parra, bala, barra, celo, cerro, lavo, rabo, polo

Ejercicio 7

arma, frío, crear, corto, plegar, alma, salir, alto, escribir, falso, preferir, placer, carnaval, libre, fervor, planta, trío, plegaria, tramposo, pueblo, saltamontes, arbusto, trepar, temblar

Ejercicio 11

1.

Ayer por la noche yo iba paseando con mi perro y, de repente, apareció una mujer morena detrás de mí. Al principio, pensé que ella también estaba con su perro, pero, sin decir ni mu, ella me apuntó con unas tijeras muy grandes y cogió mi mochila. Yo me asusté muchísimo y no podía hablar. Me robó dos tarjetas de crédito y mi alianza de casado. ¡Qué susto! Cuando intenté reaccionar, vi que corría hacia un coche que la esperaba en la esquina del parque.

2.

Buenos días, comisario. Quiero denunciar un robo. Esta mañana en el metro, dos chicos jóvenes me han atracado. Yo iba a coger la línea 6 cuando dos muchachos, de unos dieciséis o diecisiete años, me han apuntado con un cuchillo. Gracias a Dios, en el vagón había mucha gente que vino a ayudarme. Cuando los chicos se han dado cuenta de que yo no estaba sola, han empezado a correr, y mi bolso ha caído al suelo. Rápidamente lo he cogido y he recuperado todo mi dinero, aunque se han llevado mi pasaporte. Estoy muy triste porque mañana es el día de mi boda y queremos viajar a México.

3.

Buenos días. Quiero poner una denuncia. Hace dos días me robaron el carné de identidad y algo de dinero. Yo estaba con mis amigos en una discoteca al aire libre. Un hombre alto, de ojos azules y bastante guapo quería bailar conmigo. Yo estaba encantada y acepté su invitación. Pero cuando estábamos al final de la pista, él me cogió por el cuello y me quitó todo lo que llevaba en el pantalón. Me robó 30 euros y el carné de identidad.

ámbito 2 Vamos de excursión

Ejercicio 4

María: Hola, Alejandro. Ayer me ocurrió algo espantoso. Tenía una entrevista de trabajo muy importante en Barcelona, y el avión salía a las nueve y media de la mañana. Cuando llegué al aeropuerto, todavía faltaba una hora para facturar las maletas,

así que decidí ir a la cafetería para tomar un té y hojear el periódico. En casa yo ya había tomado un café, pero en el aeropuerto tenía frío y me apetecía tomar algo caliente. Cuando estaba en la cafetería, me entró un profundo sueño y decidí cerrar los ojos. De todas formas, quedaba más de una hora para embarcar.

Alejandro: ¿Es que no habías dormido bien la noche anterior?

María: No. Casi no había dormido nada. Durante el día había trabajado mucho y luego por la noche no podía dormirme.

Alejandro: Bueno, sigue. ¿Y qué te ocurrió en la cafetería?

María: Me quedé dormida durante más de dos horas. De repente, me desperté y comprendí que había perdido el avión. ¡Dios mío! ¡Qué horror! No pude ir a Barcelona y me quedé en Madrid.

Alejandro: No te angusties. Seguro que hay alguna solución.

María: Eso espero.

Ejercicio 6

El perro de san Roque
no tiene rabo,
porque Ramón Ramírez
se lo ha robado.

Pepe Porra picó a un perro
con una lima de hierro
por enredar en su gorra,
y el perro mordió su mano
diciéndole muy ufano:
«Pica, pica, Pepe Porra».

El grano en el granero no grana.
Si el grano que no grana en el granero granara,
el granero tendría más grano.

Ejercicio 7

pelo, sedal, cero, melo, broca, caro, celo, remo, ala, tarso, roto, balsa, lodo

LECCIÓN 5 ¿Qué pasó?

ámbito 1 Se volvió a casar

Ejercicio 7

1. sumo	7. haces
2. zumo	8. ases
3. casa	9. losa
4. caza	10. loza
5. maza	11. cima
6. masa	12. sima

Ejercicio 9

1. Alcanzó la fama por medio de su trabajo y como consecuencia de una serie de alianzas.
2. Hemos asistido a la petición de mano y al enlace de la princesa Marina.

3. Los noviazgos largos dan ganancias para la prensa rosa.
4. *La Gaceta Cervantina* no ha hablado de la ceremonia civil del cineasta y la excéntrica modelo.

Ejercicio 11

La modelo y actriz Valle Alcántara nos ha concedido una pequeña entrevista para nuestro programa *Pensamos en ti*.

Entrevistador: Buenos días. Hablemos sobre sus trabajos más recientes. ¿Ha terminado ya su última película?

Valle Alcántara: Sí, he ido a México para rodar junto a Pierre Preston. Es una historia de engaños y traiciones.

E: ¿Y qué hay de los rumores de su romance con Pierre?

V: He viajado por todo el mundo y he tenido varios romances. Pierre es uno de ellos. Realmente yo salgo con quien quiero.

E: ¿Es cierto lo de su boda en África por el rito zulú con el multimillonario Van Der Bosch?

V: Todo eso no fueron más que rumores. Cuando me case, iré hasta el fin del mundo para que los periodistas no me descubran.

E: ¿Pierre llegará a ser su prometido?

V: No sé. Hemos estado por varios países de Hispanoamérica y nos ha ido muy bien. Cuando íbamos hacia Cuba me regaló un anillo de brillantes, pero de ahí al matrimonio...

E: Háblenos un poco de sus últimos trabajos.

V: En los últimos meses he hecho varios pases con Domenico Lerruti, pero cuando viajaba de Roma a París tuve un accidente de coche y suspendí mi participación en varios desfiles. Entonces me di cuenta de lo frágiles que somos y desde el hospital de La Santé, donde estaba, concedí varias entrevistas explicando esto. Afortunadamente, ya me he recuperado.

E: Nos alegramos de ello y le deseamos lo mejor en sus futuros proyectos. Muchas gracias y suerte.

V: Gracias a usted.

ámbito 2 Sucesos, noticias, detectives por un día

Ejercicio 5

bajo, ojo, ceja, jarra, ajo, baja, caja, coger, juguetón, jirafa, jamón, teja, maja, azulejo, naranja, garaje

Ejercicio 6

Egipto, bruja, gitano, jugo, paisaje, geranio, jefe, escoger, jaleo, elegir, jilguero, José, enjuto, sumergir, justicia, mejor

Ejercicio 8

Desde hoy el piano de Miguel Catedrales pertenece a Mercedes Bermejo

Mercedes Bermejo, cantante de ópera, es la nueva propietaria del piano que una vez perteneció

transcripciones

al músico gallego Miguel Catedrales. La madre de Miguel se lo había regalado cuando aún era un niño, pero lo tuvo que vender cuando las estrecheces económicas acosaron a la familia. Años más tarde, el pianista contrató a un detective para recuperar el piano, y hace una semana que se lo ha vendido a Mercedes Bermejo. La nueva propietaria ha declarado a nuestra redacción que se siente muy feliz y que una parte del dinero que ha pagado por el piano irá a una asociación musical para niños sin recursos.

Premio para un queso español

Un queso de oveja que se fabricó hace cuatro meses en la empresa española La Vaca Que Sonríe ha ganado el Campeonato del Mundo en la categoría de quesos cremosos. Esta marca de quesos ya había conseguido un segundo premio en otro certamen internacional que se celebró el año pasado en Nîmes (Francia). El queso ganador se elaboró en la factoría de Fresno de Ribera (Zamora) y su director dio las gracias al jurado por la concesión del premio e invitó a todos los asistentes a degustar el queso ganador.

Nada que declarar

El 30 de julio, Carlos de Vitoria llegó en una avioneta privada al aeropuerto de Sevilla. Carlos aseguró que no llevaba nada que declarar. Cambió de opinión cuando el oficial de aduanas inspeccionó el aeroplano. Entonces admitió que llevaba una diadema con esmeraldas y diamantes que había pertenecido a su abuela María Elisa. «Quizás cometí un error», aseguró ayer, tres años más tarde, después de ser declarado culpable de contrabando.

Ejercicio 11

estrangular, exacto, explicación, esquema, exmarido, eslogan, existir, escoger, examen, estratosfera, explosión, extranatural, esfera, extraordinario, esmoquin, exageración, expresidente, esa, extraoficial, esguince, éxito, estrafalario, exigir, esqueleto, expresar, esbelto, exagerado, esoterismo, explotar, exprimidor, esmero, esforzarse

Ejercicio 13

búho, persona silbando, ambulancia, trueno, atasco, barrotes, cerradura, claxon, sirena, perro, coche de policía

Ejercicio 13.2

ambulancia, barrote, cierre de un cerrojo, sirena, coches que frenan, objeto metálico que cae al suelo, claxon, cierre de una puerta que chirría, perros ladrando, el viento, ruido del mar, atasco, silbido, pasos en la tierra, un búho

LECCIÓN 6 Mirando al futuro

ámbito 1 ¿Qué sucederá?

Ejercicio 7

1.
Mujer: Voy a abrir.
Hombre: No abras, serán los pesados de nuestros vecinos que siempre vienen a molestar.
Mujer: ¡Tú crees! Seguramente es mi madre. Todos los lunes viene a esta hora.

2.
Amigo: ¿Qué haces aquí parada?
Luisa: Espero a mi novio. He quedado a las siete. ¿Tienes hora?
Amigo: Yo creo que serán las siete.
Luisa: No tardará mucho en llegar.

3.
Pepe: ¡Hombre, Juan! ¡Cuánto tiempo sin verte! ¿Qué planes tienes para este verano?
Juan: Pues ya ves, Pepe, voy a hacer un viaje a la selva amazónica.
Pepe: ¡No me digas! Costará muy caro.
Juan: No te creas. Con este viaje ahorraré dinero. El próximo año iré a los fiordos noruegos y será mucho más caro.
Pepe: ¡Desde luego, qué suerte tienes! Eres un privilegiado: tú y tu turismo ecológico.

Ejercicio 10

1. cada	6. cola	11. celo
2. cara	7. cura	12. cedo
3. cala	8. coda	13. pida
4. cora	9. cera	14. pira
5. ceda	10. cero	15. pila

Ejercicio 11

1. Comenzarán la poda de los árboles en enero.
2. Tirar una pila usada a la basura es contaminante.
3. Llegar a un nivel de contaminación en la atmósfera del cero por ciento hoy es ciencia ficción.
4. Habrá que actuar con celo para acabar con los problemas medioambientales actuales.
5. Según la nueva ley, cada una de las empresas deberá ceder en sus acciones.
6. Los países pobres «están a la cola» en cuanto a la adopción de medidas para proteger el medio ambiente.
7. La repoblación de ciertas zonas del Amazonas será una cura de salud para el planeta.
8. Si continúa el viento, también arderá la cara oeste de la montaña.
9. Algunos defienden el medio ambiente por estar a la moda.
10. Iré al bosque para coger unas moras.

Ejercicio 13

1.
Extender la vida útil de una central nuclear va a ser un auténtico error que aumentará aún más la posibilidad de que se produzca un accidente grave.

2.
Voy a pedir a todos los ciudadanos una cosa muy sencilla: utilizar el transporte colectivo. Yo voy a ser el primero en hacerlo para evitar que continúe el aumento de ozono. El nivel máximo registrado ha sido de 178 microgramos por metro cúbico de aire.

3.
Hay que evitar la destrucción de la selva amazónica. Vamos a luchar para defenderla. En el futuro va a ser uno de los principales pulmones del planeta. De hecho, ya lo está siendo.

ámbito 2 ¿Qué haremos mañana?

Ejercicio 5

1. ara	5. muro; mudo
2. cedo	6. pero; pedo
3. mora	7. oda
4. lira; lila	

Ejercicio 7

poro, toro, boro, boda, coro, bolo, polo, todo, podo, sola, soda, queda

Ejercicio 8

Estamos en la cuesta de Gomérez. En cuanto la subamos, llegaremos a la Alhambra. Hasta las nueve no podemos entrar, pero mientras daremos una vuelta por los alrededores.
Cada vez que entremos en una sala, daré una breve explicación sobre lo que estamos viendo. Antes de comer subiremos al Generalife para conocer sus jardines. Después de visitarlos, iremos al restaurante Puerta Elvira y, cuando acaben de comer, pasaremos por el hotel para descansar un poco.
¡Ah! Algunas recomendaciones gastronómicas antes de que bajen del autobús. Con este calor, lo mejor, para empezar, es tomar un poco de gazpacho. El jamón de Trevélez es excelente y, para postre, lo ideal es un poco de queso de cabra.

LECCIÓN 7 Cuidar el cuerpo y el espíritu

ámbito 1 Me encanta divertirme

Ejercicio 2

Mujer 1: Me alegra que Pedro Almodóvar comprenda tan bien los sentimientos de las mujeres.

Mujer 2: Me horroriza que digan tantos tacos. Odio ver este tipo de películas.

Hombre 1: Me encanta que Almodóvar haga este tipo de cine.

Mujer 3: Me gusta salir de casa. La película de Almodóvar es una buena excusa.

Hombre 2: Me entusiasma que Almodóvar conserve esa originalidad especial en todas sus películas.

Ejercicio 8

1. voleibol	8. leía
2. baile	9. ponéis
3. estadio	10. Paraguay
4. actúan	11. dúo
5. después	12. autor
6. sitúa	13. lío
7. despreciáis	14. aún

Ejercicio 13

1.

Miguel: ¿Vamos al teatro? Tengo entradas para la última de Imanol Bengoechea.

Arturo: Es una obra muy buena y su papel maravilloso. Yo ya la he visto y no me importaría verla una vez más, pero, aunque me emociona la interpretación de ese actor, hoy no voy a la función. Estoy demasiado cansado.

Miguel: No te preocupes. Se lo diré a mi cuñado. Creo que, aunque esté cansado, vendrá conmigo.

2.

Luisa: ¡Menuda carrera hizo Carlos Méndez!

Mónica: A mí no me pareció tan buena. No quedó entre los tres primeros.

Luisa: Piensa que estaba compitiendo en unas olimpiadas, y quedar el cuarto no estuvo mal.

Mónica: Opino que, aunque entrene todos los días, ese atleta no ganará ninguna carrera.

Luisa: Mi hermana es íntima amiga suya y él le ha contado que, aunque entrena a diario, no gana ninguna carrera y se siente un poco agobiado.

Mónica: A lo mejor tiene otra serie de problemas que no le dejan rendir más.

ámbito ❷ Es bueno que escuches música

Ejercicio 2

Si no existiera la música, nuestra vida sería diferente. Sus notas y acordes transforman todo lo que nos rodea, ponen melodía y ritmo a nuestros recuerdos. La música diluye de nuestra mente las preocupaciones; aporta luz, serenidad; expulsa las tensiones. Ella siempre ha estado presente en mi vida; con ella he crecido y siempre me ha aportado seguridad. Hay canciones eternas; cuando las escucho, el tiempo se detiene. Y ahora os cuento todo esto porque quiero compartir con vosotros una emoción: me he decidido a componer, y en mi mente ya hay un tema que suena y suena sin parar.

Ejercicio 7

recibían, huida, salíais, hay, tío, piano, huevo, adecuáis, mío, baúl, veis, limpiéis

Ejercicio 8

estudiáis, estudiéis, limpiáis, continuáis, tuteéis, actuáis

LECCIÓN ❽ Hoy ceno con mi jefe

ámbito ❶ ¿Sería tan amable de...?

Ejercicio 7

1. ¡Me gusta salir de compras!
2. Salimos esta tarde.
3. ¡Cállate!
4. ¿El lunes nos veremos?
5. El lunes nos veremos.
6. ¡No!
7. ¿No?
8. No.
9. ¡Cuántos años tienes!
10. ¿Cuántos años tienes?

Ejercicio 8

A:
1. Baja al supermercado.
2. ¿Baja al supermercado?
3. ¡Baja al supermercado!

B:
1. ¿Te prohíbo salir de casa?
2. Te prohíbo salir de casa.
3. ¡Te prohíbo salir de casa!

C:
1. ¡Quiere reservar una habitación!
2. ¿Quiere reservar una habitación?
3. Quiere reservar una habitación.

D:
1. La comisaría está allí.
2. ¿La comisaría está allí?
3. ¡La comisaría está allí!

Ejercicio 8.1

1. ¿Baja al supermercado?
2. Te prohíbo salir de casa.
3. ¡Quiere reservar una habitación!
4. ¿La comisaría está allí?

Ejercicio 12

Telefonista: Buenos días, dígame.

Sr. Martínez: Póngame con el Sr. Domínguez. Soy el presidente de una asociación de consumidores.

T: Un momento, le paso.

Sr. Domínguez: Buenos días.

Sr. M: Buenos días. Como presidente de la Asociación de Consumidores El Prado, me han pedido que los llame y, como consumidor anónimo, no tolero que se hagan ciertas cosas con nosotros, como en este caso vendernos productos adulterados. Por todo ello, no exijo, les ordeno que prohíban en el mercado la leche Laitosa, porque es peligrosa para la salud.

Sr. D: Tomo nota de su queja, pero me gustaría que en sucesivas ocasiones fuera menos directo en sus demandas. Yo solo soy un intermediario.

Sr. M: ¿Podría perdonarme? Estoy muy nervioso.

Sr. D: No se preocupe. Mándeme un correo electrónico con su queja, de forma detallada, y yo me encargo de cursar la denuncia.

Sr. M: Muchas gracias, muy amable.

Sr. D: Gracias a usted. Estaremos en contacto.

Ejercicio 16

Mensaje 1: Hola, hijo. No salgas sin abrigo. Ayer estabas muy resfriado.

Mensaje 2: ¡Qué pasa, tío! Ven a cenar mañana. Mi casa está en la c/ Doctor Oliva. Coge el autobús número 8, bájate en la parada de la plaza, camina 100 m y en el n.° 7 vivo yo. Te espero a las nueve.

Mensaje 3: Sr. González, ¿podría telefonear o venir directamente a la agencia? Hay un problema con su reserva. No hay plazas en el hotel Emperador.

Mensaje 4: Te prohíbo que me llames más. Me he enterado de lo tuyo con mi mejor amiga. Te odio. ¡Hemos terminado!

Mensaje 5: Ya tenemos sus libras. Pásese cuando quiera por el banco.

Mensaje 6: Juan, estoy con el niño en casa. Tiene gripe. Baja al supermercado y cómprame una caja de leche. Ya sabes: Zulesa, la de siempre. Gracias. Un beso.

Mensaje 7: Ayer salí con María y me lo contó todo. Te ordeno que la llames para pedirle perdón. No estuvo bien lo que hiciste.

ámbito ❷ Haz un curso de informática

Ejercicio 4

A: Para mí es mejor estar apuntada en una ETT porque, por lo menos, te llaman para trabajar. Yo llevo apuntada más de 2 años en una oficina de empleo y no me han ofrecido un trabajo ni por equivocación.

B: Recomiendo a los jóvenes que se apunten a una oficina de empleo. Ahora se están firmando muchos contratos indefinidos, mientras que en las ETT se firman, sobre todo, contratos «basura».

C: Hace poco que han cambiado las leyes para equiparar los contratos que se firman en una empresa temporal y en una oficina de empleo, pero hoy por hoy son peores en las temporales.

Ejercicio 5

1. ¡No le gustan!
2. Escribe más despacio.
3. ¿Se casa?
4. ¡Hablamos en español!
5. ¿Llama a los chicos?
6. ¿Suena el teléfono?
7. Se van a casa.
8. Sí, sale conmigo.
9. ¿Por qué? ¿Estudia?
10. ¡Qué dolor!

Ejercicio 6

Miguel: ¡Estoy contentísimo! ¡Me ha salido un trabajo estupendo!

Juan: Pues yo estoy pensando en dejar el mío.

Luis: ¿Por qué dices eso?

Juan: ¡Porque me ha tocado la lotería!

Luis: Vaya, chico, ¡enhorabuena! Yo, por el contrario, estoy preocupado: mi suegra está en el hospital y tengo que ir para allá.

LECCIÓN 9 ¿Habrá alguien en casa?

ámbito 1 Será la casa ideal

Ejercicio 5
1.
¡Magnífico!, es un cuadro estupendo. ¿En la segunda planta está Picasso?

2.
Lo siento, Elena. No te oigo absolutamente nada. En la próxima tenemos que hacer transbordo.

3.
Hacía un sol increíble, estábamos paseando por la zona de los animales salvajes y de pronto… vi a Carmen. Estaba sentada en un banco, echando de comer a los tigres.

4.
¡Buenas tardes! Vamos al primero.

5.
Se pasó toda la proyección comiendo palomitas y bebiendo un refresco de cola. Al final tuve que llamarle la atención.

Ejercicio 9
1. ¿Quién ha venido?
2. ¿Qué dice?
3. ¡Magnífico!
4. ¿Hablas español?
5. ¿Podrás ayudarme?
6. ¿Qué estás haciendo?
7. ¡Qué estás haciendo!
8. ¿Te gusta?
9. ¡Sal inmediatamente!
10. ¡Silencio!

ámbito 2 Me extraña que haya llegado tan pronto

Ejercicio 3
1.
Noticias de última hora. Aumenta considerablemente el número de embarazos no deseados entre las jóvenes. Desde el Ministerio de Educación se va a elaborar un programa de información sexual para los jóvenes en los centros.

2.
España destinará el 0,7 % de la recaudación de impuestos para ayudar a los afectados en catástrofes naturales, según ha señalado el portavoz del Gobierno.

3.
La Comisión Europea ha aprobado una propuesta para endurecer las condiciones de venta de tabaco. Ha decidido que en todas las cajetillas figure la advertencia de que «el tabaco mata».

4.
Según la Organización Mundial de la Salud, el 20% de los suicidios que se registran cada día en el mundo se producen como consecuencia de una depresión.

Ejercicio 5
1. ¡Cómo lo has hecho!
2. ¿Dónde? Está tu tío.
3. ¿Vendrán?
4. ¡Quién ha venido!
5. ¿Despierto a los chicos?
6. ¿Mañana es el examen?
7. Cuando vas a tu casa.
8. ¿Puedo contar con él?
9. ¿Por qué? ¿Habla?
10. ¿Qué hora es?

Maneras de vivir
Ejercicio 2
Fiesta del sol
La fiesta de Inti Rayme o fiesta del sol es originaria del pueblo inca. Hace cientos de años los incas adoraban el sol porque hacía crecer las cosechas. Hoy en día la fiesta se celebra el 24 de junio, como día de inicio del nuevo año solar. La población se reúne a ver la salida del sol y más de 500 actores y artistas hacen presentaciones de danzas, música y teatro, donde se recrean las batallas de los incas durante la dominación española.

Día de los muertos
El día de los muertos se celebra en este país el 2 de noviembre y en esta fiesta se mezclan las tradiciones indígenas milenarias de las culturas maya y azteca con la tradición cristiana. Se considera la muerte como un paso hacia la otra vida. Ese día las familias honran a sus muertos de una manera que no lo hace ninguna otra cultura: se les rinde homenaje y se les recuerda con una fiesta multicolor en los propios cementerios para familiarizar a niños y adultos con la muerte.

El carnaval
En esa isla, el carnaval es un acontecimiento que se prepara durante todo el año. Comienzan con la cabalgata y con una gran demostración de fuegos artificiales. Miles de personas salen a la calle cada año durante más de una semana. El martes de carnaval se celebra el coso, una larga cabalgata que va dando vueltas por la principal avenida de la ciudad. Al día siguiente, Miércoles de Ceniza, se realiza el tradicional entierro de la sardina, que en esta ciudad se llama el entierro del chicharro. El siguiente fin de semana, sábado y domingo de piñata, continúan los bailes en las calles. Fue declarado Fiesta de Interés Turístico Internacional.

LECCIÓN 10 Tenemos nuevas noticias

ámbito 1 Mensajes

Ejercicio 3
a) Un estudio reciente sobre el impacto de la crisis en la economía familiar establece que las familias invierten en la formación de sus hijos ahora mucho más dinero que hace veinte años. Además, las familias deben costear la manutención de sus hijos durante un periodo de tiempo más prolongado, pero este esfuerzo económico es considerado por los padres una inversión de futuro de los hijos. Esta formación académica la están pagando con los ingresos que podrían necesitar para sus años de jubilación.

b) Para la próxima semana el horóscopo anuncia que el signo de la suerte será Cáncer. Todos los hombres y mujeres que tienen el signo de Cáncer tendrán una magnífica semana en el amor y en el trabajo. Será una buena semana para realizar un viaje.

c) La dieta mediterránea es una dieta muy sana e incluye gran variedad de frutas, legumbres, cereales, pescado, carne, etc. Si quiere estar en forma y no sufrir ninguna enfermedad, siga esta dieta. En ella se aconseja beber un vaso diario de vino en todas las comidas.

d) Según las últimas tendencias, la moda del próximo año traerá faldas muy cortas y zapatos con mucho tacón. Los colores serán divertidos y el color negro dejará de utilizarse.

Ejercicio 5
1. El coche, el horno, la aspiradora, todo se ha roto al mismo tiempo.
2. Tus hijos son traviesos, simpáticos, cariñosos.
3. Las margaritas, las rosas y las azucenas son mis flores preferidas.
4. Paco Ruiz cocina, monta a caballo, escribe novelas y corre 10 km diarios.

Ejercicio 11
Entrevista A
Entrevistadora: Para empezar, ¿puedes decirme cómo eres?
Maribel: ¡Uf! Es difícil contestar a esta pregunta. Mira, yo creo que soy una persona sencilla, amable, alegre y, sobre todo, amiga de mis amigos.
Entrevistadora: ¿Alguna vez soñaste con triunfar como has triunfado en el mundo del cine?
Maribel: Sí, algunas veces, pero nunca creí que este sueño se cumpliera algún día.
Entrevistadora: Sé que cada una de tus películas es un éxito. ¿Seguirás haciendo películas durante mucho tiempo?
Maribel: Creo que sí, porque el cine es mi trabajo y adoro la profesión que he elegido.

Entrevista B
Entrevistadora: Eres un gran tenista, pero aparte del tenis, ¿qué otro deporte te gusta?
Rafa: El fútbol; de hecho, jugué al fútbol hasta los doce años. Ahora ya no lo hago por miedo a lesionarme.
Entrevistadora: ¿Y cuándo empezaste a jugar al tenis?
Rafa: A los cuatro años.
Entrevistadora: ¿Sí? ¿Desde tan pequeño?
Rafa: Sí, mi tío Toni empezó a enseñarme a jugar al tenis con tan solo cuatro años.

Entrevistadora: Y ya vemos que eso ha dado sus buenos frutos, ja, ja…

Entrevista C

Entrevistadora: ¿Cómo te sientes con este último disco?

Juanes: Muy feliz, aunque con miedo por la respuesta del público. Eso siempre me pasa, ja, ja.

Entrevistadora: Bueno, seguro que será otro éxito más en tu larga carrera. Oye, ¿y cómo llevas estar separado de tu familia durante las giras?

Juanes: Pues bastante mal. El público te llena un poco el vacío de no estar con tu familia, pero nada más. Reconozco que es difícil.

ámbito ❷ Dicen que…

Ejercicio 3

1.
Por fin han apagado el fuego que arrasaba la sierra de Gredos desde hace tres días.

2.
Anuncian que los precios de los coches subirán el año que viene un 3%.

3.
Se confirma que más de cuatro mil personas recibirán mañana a los reyes en el aeropuerto.

4.
Han encontrado el coche en el que huyeron los ladrones.

Ejercicio 6

- Anoche llovía y hacía mucho viento.
- Ana está en su casa o está en la biblioteca.
- Me acuesto temprano y siempre me levanto tarde.
- Duérmete o levántate.

Ejercicio 7

- El sol salía y la luna se escondía.
- Todas las mañanas, Marta bebe leche o toma un poco de zumo.
- Natalia trabaja y Silvia está en paro.
- Esta noche voy al teatro o me quedo en casa.

Ejercicio 12

Presentador: Buenas tardes a todos nuestros oyentes y bienvenidos, una vez más, al programa de debate *Hablamos claro*. El programa de hoy está dedicado a la prensa rosa y a los programas televisivos que se ocupan de difundir y contar la vida de los famosos españoles. Para hablar de este tema, contamos en nuestro estudio con la presencia de Jesús Montero, *paparazzi* de 39 años, y de Amalia González, modelo de 27 años, que lucha por defender su intimidad día a día. Para comenzar, Jesús Montero, ¿cómo es tu trabajo?

Jesús Montero: Mi trabajo es apasionante. En España el número total de lectores de la prensa rosa es de doce millones y, por eso, yo les ofrezco las fotos que acompañan los escándalos de la gente que es famosa en este país.

Presentador: Y tú, Amalia, ¿qué opinas sobre estas revistas?

Amalia González: Detesto todos los programas «telebasura» que aparecen cada día en televisión y que sobreviven de los cotilleos sobre personas que somos conocidas o famosas y que también queremos tener una vida normal.

Jesús Montero: Perdona, Amalia. No debes olvidar que a muchos famosos os gusta el sensacionalismo. Además, algunos buscáis a los fotógrafos para vender una exclusiva y provocar el escándalo. Te recuerdo, Amalia, que la prensa del corazón es un fenómeno generalizado en todo el mundo y hoy en España se venden tres millones de revistas.

Amalia González: Sí, Jesús. Pero yo también te recuerdo que la prensa rosa o prensa del corazón destroza a las personas que tienen un trabajo público y que son conocidas por la gente.

Jesús Montero: Amalia, estás equivocada. Es la prensa amarilla la que destroza a los personajes públicos, pero nosotros, los que trabajamos para la prensa rosa, necesitamos mitos para enseñar al resto de la gente y que la gente os admire por todo lo que hacéis. Nosotros contamos vuestras cosas con una gran y sincera admiración.

Amalia González: No estoy de acuerdo contigo. Creo que, si realmente los *paparazzi* y presentadores de televisión que hacéis estos programas admiráis a los famosos, lo que debéis hacer es hablar de nuestro trabajo y respetar nuestra vida privada, y no buscar siempre el sensacionalismo con vuestras noticias y fotografías.

Jesús Montero: Amalia, ha sido un placer hablar contigo. Nos veremos en el próximo desfile de moda en el que participes.

Amalia González: Eso espero.

Ejercicio 19

Reportero de televisión: Buenas tardes, ¿qué opinan ustedes sobre la libertad de prensa?

Persona 1: Yo creo que debe existir una total libertad en la prensa, en la televisión y en la radio, porque los derechos humanos dicen que todo el mundo puede decir lo que quiera.

Persona 2: Pues yo no estoy totalmente de acuerdo contigo. Pienso que la censura también debe proteger los derechos humanos y no hay que publicar noticias que supongan discriminación por motivos de raza, religión o ideología. Pienso que debe existir una censura para que no se publiquen cosas en contra de las ideas de los demás.

Persona 3: Yo pienso que por encima de todo hay que respetar a los demás y creo que sí debe existir una censura que proteja siempre la intimidad de las personas. Solo hay que publicar lo que es importante para el bienestar de una sociedad, pero nunca hay que publicar los trapos sucios de las personas, es decir, si tienen un amante, si han comprado un coche nuevo, etc.

Persona 4: Yo creo que no debe existir ninguna censura, porque todas las personas tenemos el derecho de estar informados y saber la verdad por encima de todo. Aunque las noticias sean malas y puedan tener consecuencias negativas sobre otras personas, tenemos el derecho de conocer todo lo que ocurre en el mundo.

glosario

glosario

Este glosario recoge una selección de los términos aprendidos en cada lección.
No pretende ser un diccionario, sino una herramienta de consulta que facilite a
los alumnos y al profesor el trabajo en clase. En la traducción a cinco idiomas se
ha incluido la variante brasileña entre paréntesis a continuación del portugués.

ESPAÑOL	INGLÉS	FRANCÉS	ALEMÁN	ITALIANO	PORTUGUÉS (BRASILEÑO)
LECCIÓN 1 ámbito 1					
acogedor	welcoming	accueillant	gemütlich	accogliente	acolhedor
antiguo	old	ancien	alt	antico	antigo
artificial	artificial	artificiel	künstlich	artificiale	artificial
bullicioso	noisy	bruyant	lärmend	chiassoso	buliçoso (agitado)
calor	heat	chaleur	Hitze	caldo	calor
caluroso	hot	chaleureux	heiß	caloroso	caloroso
capital	capital	capitale	Hauptstadt	capitale	capital
chubasco	shower	averse	Regenschauer	acquazzone	aguaceiro (pancada de chuva)
ciudad	city	ville	Stadt	città	cidade
confortable	comfortable	confortable	bequem	confortevole	confortável
continente	continent	continent	Kontinent	continente	continente
cosmopolita	cosmopolitan	cosmopolite	Kosmopolit, kosmopolitisch	cosmopolita	cosmopolita
costa	coast	côte	Küste	costa	costa
desierto	desert	désert	Wüste	deserto	deserto
despejado	cloudless	dégagé	wolkenlos	sereno	limpo (claro)
elegante	elegant	élégant	elegant	elegante	elegante
este	east	est	Osten	Est	este (leste)
estresante	stressful	stressant	stressig	stressante	estressante
isla	island	île	Insel	isola	ilha
lago	lake	lac	See	lago	lago
llanura	plain	plaine	Ebene	pianura	planície
llover	to rain	pleuvoir	regnen	piovere	chover
lluvia	rain	pluie	Regen	pioggia	chuva
lluvioso	rainy	pluvieux	regnerisch	piovoso	chuvoso
mar	sea	mer	Meer	mare	mar
meseta	plateau	plateau	Hochebene	altopiano	planalto
moderno	modern	moderne	modern	moderno	moderno
montaña	mountain	montagne	Berg	montagna	montanha
monumental	huge, monumental	monumental	monumental	monumentale	monumental
nevar	to snow	neiger	schneien	nevicare	nevar
niebla	fog	brouillard	Nebel	nebbia	névoa
nieve	snow	neige	Schnee	neve	neve
noroeste	northwest	nord-ouest	Nordwesten	nord-ovest	noroeste
norte	north	nord	Norden	nord	norte
nube	cloud	nuage	Wolke	nuvola	nuvem
nublado	clouded	nuageux	bewölkt	nuvoloso	nublado
océano	ocean	océan	Ozean	oceano	oceano
oeste	west	ouest	Westen	ovest	oeste
paisaje	landscape	paysage	Landschaft	paesaggio	paisagem
peligroso	dangerous	dangereux	gefährlich	pericoloso	perigoso
población	population	population	Bevölkerung	popolazione	população
provincia	province	province	Provinz	provincia	província
pueblo	village	village	Dorf	paese	povo (cidade)
río	river	fleuve	Fluss	fiume	rio
ruidoso	noisy	bruyant	laut	rumoroso	ruidoso (barulhento)
selva	forest, jungle	forêt, jungle	Dschungel	selva	selva
sol	Sun	soleil	Sonne	sole	sol
solitario	solitary	solitaire	einsam	solitario	solitário
sudeste	southeast	sud-est	Südosten	sud-est	sueste (sudeste)
sur	south	sud	Süden	sud	sul
temperatura	temperature	température	Temperatur	temperatura	temperatura
tormenta	storm	orage	Sturm	tempesta	tempestade
tranquilo	quiet	tranquille	ruhig	tranquillo	tranquilo (tranqüilo)
viento	wind	vent	Wind	vento	vento

ESPAÑOL	INGLÉS	FRANCÉS	ALEMÁN	ITALIANO	PORTUGUÉS (BRASILEÑO)

ámbito ❷

ESPAÑOL	INGLÉS	FRANCÉS	ALEMÁN	ITALIANO	PORTUGUÉS (BRASILEÑO)
abuelo	grandfather	grand-père	Großvater	nonno	avô
agradable	nice	agréable	angenehm	gradevole, piacevole	agradável
animado	lively	animé	lebhaft	animato	animado
artificial	artificial	artificiel	künstlich	artificiale	artificial
astuto	astute, cunning	astucieux	schlau	astuto, furbo	astuto
bondadoso	kind	plein de bonté	gütig	buono	bom
casado	married	marié	verheiratet	sposato	casado
casarse	to get married	se marier	heiraten	sposarsi	casar-se
cobarde	coward	lâche	Feigling	codardo	covarde
cuñado	brother-in-law	beau-frère	Schwager	cognato	cunhado
débil	weak	faible	schwach	debole	fraco
desagradable	disagreeable	désagréable	unangenehm	sgradevole	desagradável
divorciado	divorced	divorcé	geschieden	divorziato	divorciado
divorciarse	to get divorced	divorcer	sich scheiden lassen	divorziarsi	divorciar-se
enviudar	to become a widower	devenir veuf	Witwe(r) werden	rimanere vedovo	enviuvar
eufórico	euphoric	euphorique	euphorisch	euforico	eufórico
frívolo	frivolous	frivole	leichtlebig	frivolo	frívolo (fútil)
fuerte	strong	fort	stark	forte	forte
generoso	generous	généreux	großzügig	generoso	generoso
hermano	brother	frère	Bruder	fratello	irmão
hijo	son	fils	Sohn	figlio	filho
impulsivo	impulsive	impulsif	triebhaft, impulsiv	impulsivo	impulsivo
ingenioso	ingenious	ingénieux	erfinderisch	ingegnoso	engenhoso
ingenuo	naïve	naïf	naiv	ingenuo	ingénuo (ingênuo)
irónico	ironical	ironique	ironisch	ironico	irónico (irônico)
madre	mother	mère	Mutter	madre	mãe
natural	natural	naturel	natürlich	naturale	natural
optimista	optimistic	optimiste	optimistisch	ottimista	optimista (otimista)
padre	father	père	Vater	padre	pai
perezoso	lazy	paresseux	träge	pigro	preguiçoso
pesimista	pessimistic	pessimiste	pessimistisch	pessimista	pessimista
sensato	sensible	sensé	vernünftig	sensato	sensato
separado	separated	séparé	getrennt	separato	separado
separarse	to split up	se séparer	(sich)trennen	separarsi	separar-se
sobrino	nephew	neveu	Neffe	nipote di zio	sobrinho
soltero	single	célibataire	ledig	celibe, nubile	solteiro
tacaño	stingy	avare	geizig	taccagno	tacanho (avaro)
tío	uncle	oncle	Onkel	zio	tio
trabajador	handworking, worker	travailleur	fleißig	lavoratore	trabalhador
triste	sad	triste	traurig	triste	triste
viudo	widower	veuf	Witwe	vedovo	viúvo

LECCIÓN 2 ámbito ❶

ESPAÑOL	INGLÉS	FRANCÉS	ALEMÁN	ITALIANO	PORTUGUÉS (BRASILEÑO)
aclarar	to clarify	éclaircir	aufklären	chiarire	esclarecer
acordarse de	to remember	se souvenir de	sich erinnern an	ricordarsi	lembrar-se (lembrar-se de)
afirmar	to assert	affirmer	behaupten	affermare	afirmar
alumno	pupil, student	élève	Schüler	alunno	aluno
aprender	to learn	apprendre	lernen	imparare	aprender
aprobar	to pass	réussir	billigen	promuovere	aprovar
argumentar	to argue	argumenter	schließen	argomentare	argumentar
asignatura	subject	matière	Fach	materia	cadeira (disciplina)
clase de	lesson on	cours de	Unterricht	lezione di	aula de
clasificar	to classify	classer	klassifizieren	classificare	classificar
compañero	companion, partner	camarade de classe	Freund, Kumpel, Gefährte	compagno	colega
completar	to complete	compléter	ergänzen	completare	completar
conocer	to know	connaître	kennen	conoscere	conhecer
contar	to tell	raconter	zählen, erzählen	raccontare	contar
contestar	to answer	répondre	antworten	rispondere	responder
corregir	to correct	corriger	korrigieren	correggere	corrigir
curso	course	cours	Kurs	corso	curso
debate	debate	débat	Debatte	dibattito	debate
deberes	homework	devoirs	Hausaufgaben	compito	dever de casa
describir	to describe	décrire	beschreiben	descrivere	descrever

ESPAÑOL	INGLÉS	FRANCÉS	ALEMÁN	ITALIANO	PORTUGUÉS (BRASILEÑO)
diccionario	dictionary	dictionnaire	Wörterbuch	dizionario	dicionário
enseñar	to teach	apprendre	lehren	insegnare	ensinar
entender	to understand	comprendre	verstehen	capire	entender
error	mistake	erreur	Fehler	errore	erro
escuela	school	école	Schule	scuola	escola
esforzarse	to make an effort	s'efforcer	sich anstrengen, sich bemühen	sforzarsi	esforçar-se
estudiante	student	étudiant	Student	studente	estudante
estudiar	to study	étudier	studieren	studiare	estudar
examen	examination	examen	Prüfung	esame	exame (prova)
explicar	to explain	expliquer	erklären	spiegare	explicar
exponer	to state	exposer	darstellen	esporre	expor
expresarse	to express oneself	s'exprimer	sich ausdrücken	esprimersi	expressar-se
fin de curso	end of term	fin de l'année scolaire	Kursende	fine anno scolastico	fim do ano lectivo (final do ano letivo)
hacer	to make/to do	faire	machen, tun	fare	fazer
inteligente	intelligent	intelligent	intelligent	intelligente	inteligente
intervenir	to intervene	intervenir	eingreifen	intervenire	intervir
lápiz	pencil	crayon de papier	Bleistift	matita	lápis
lengua	language	langue	Sprache	lingua	língua
ordenar	to tidy up	ranger, ordonner	ordnen	ordinare	arrumar
practicar	to practise	pratiquer	praktizieren	praticare	praticar
preguntar	to ask	demander	fragen	domandare	perguntar
prestar	to lend	prêter	(aus)leihen	prestare	emprestar
profesor	teacher	professeur	Lehrer	professore	professor
recordar	to remember	se rappeler	(sich)erinnern	ricordare	recordar
repetir	to repeat	répéter	wiederholen	ripetere	repetir
rotulador	felt-tipped pen	crayon-feutre	Filzstift	pennarello	marcador (pincel atômico)
suspender	to fail	échouer	durchfallen	bocciare, sospendere	reprovar
tarea	task	tâche	Aufgabe	compito	tarefa, dever

ámbito ❷

ESPAÑOL	INGLÉS	FRANCÉS	ALEMÁN	ITALIANO	PORTUGUÉS (BRASILEÑO)
acostarse	to go to bed	se coucher	sich hinlegen, zu Bett gehen	coricarsi	deitar-se
afeitarse	to shave	se raser	(sich)rasieren	farsi la barba	fazer a barba (barbear-se)
arreglar la casa	to clean the house	faire le ménage	die Wohnung aufräumen	sistemare la casa	limpar a casa (arrumar a casa)
barrer	to sweep	balayer	kehren	spazzare	varrer
citarse con	to arrange/to meet someone	prendre rendez-vous avec	sich verabreden	avere appuntamento con	encontrar-se com (encontrar-se com)
cocinar	to cook	cuisiner	kochen	cucinare	cozinhar
comenzar	to begin	commencer	beginnen	cominciare	começar
conocer	to know	connaître	kennen	conoscere	conhecer
dar plantón	to stand someone up	poser un lapin	versetzen	dare buca	não acudir a um encontro (deixar plantado)
desayunar	to have breakfast	déjeuner	frühstücken	fare colazione	tomar o pequeno almoço (tomar café da manhã)
despedirse	to say goodbye	prendre congé	sich verabschieden	accomiatarsi	despedir-se
dormir	to sleep	dormir	schlafen	dormire	dormir
encerar el suelo	to wax the floor	cirer le plancher	den Boden bohnern	dare la cera al pavimento	encerar o chão
escuchar la radio	to listen to the radio	écouter la radio	Radio hören	ascoltare la radio	ouvir o rádio
fregar el suelo	to scrub the floor	laver le sol	den Boden wischen	lavare il pavimento	esfregar o chão (limpar o chão)
fregar los cacharros	to do the dishes	faire la vaisselle	das Geschirr spülen	lavare le pentole	esfregar os pratos (lavar a louça)
hacer deporte	to play sports	faire du sport	Sport treiben	fare sport	fazer desporto (fazer esporte)
hacer gimnasia	to do gymnastics	faire de la gymnastique	Gymnastik machen	fare ginnastica	fazer ginástica
hacer la cama	to make the bed	faire le lit	das Bett machen	fare il letto	fazer a cama (arrumar a cama)
hacer la compra	to do the shopping	faire les courses	einkaufen	fare la spesa	fazer a compra (ir às compras)
horno eléctrico	electric oven	four électrique	Elektroofen	forno elettrico	forno eléctrico (forno elétrico)
lavar la ropa	to wash the clothes/ to do the laundry	laver le linge	die Wäsche waschen	fare il bucato	lavar a roupa
lavarse	to wash	se laver	sich waschen	lavarsi	lavar-se
levantarse	to get up	se lever	aufstehen	alzarsi	levantar-se
limpiar el polvo	to dust	essuyer la poussière	Staub wischen	spolverare	limpar o pó
llamar por teléfono	to make a phone call	téléphoner	telefonieren, anrufen	telefonare	telefonar (ligar)
microondas	microwave	micro-onde	Mikrowelle	forno a microonde	microonda
montar en bicicleta	to ride a bicycle	monter à bicyclette	Fahrrad fahren	montare in bicicletta	andar de bicicleta
pasar la aspiradora	to vacuum, to hoover	passer l'aspirateur	Staub saugen	passare l'aspirapolvere	passar o aspirador
pasar la fregona	to mop the floor	passer la serpillière	den Boden wischen	passare il moccio	passar a esfregona
planchar	to iron	repasser (le linge)	bügeln	stirare	passar a ferro
poner la lavadora	to put the washing machine on	mettre la machine à laver	die Waschmaschine anstellen	caricare la lavatrice	pôr a máquina de lavar a roupa (ligar a máquina de lavar roupa)
preparar	to prepare	préparer	vorbereiten	preparare	preparar
salir	to go out	sortir	aus-, hinaus-, herausgehen	uscire	sair

ESPAÑOL	INGLÉS	FRANCÉS	ALEMÁN	ITALIANO	PORTUGUÉS (BRASILEÑO)
tener una cita	to have an appointment	avoir un rendez-vous	mit jdm verabredet sein	avere un appuntamento	ter um encontro, um compromisso
tomar una copa	to have a drink	prendre un verre	etw. trinken gehen	bere qualcosa	tomar uns copos (tomar um drink)
trabajar	to work	travailler	arbeiten	lavorare	trabalhar
verse con	to see someone	voir quelqu'un	sich sehen	incontrarsi con	ter com (encontrar-se com)

LECCIÓN 3 ámbito 1

ESPAÑOL	INGLÉS	FRANCÉS	ALEMÁN	ITALIANO	PORTUGUÉS (BRASILEÑO)
abogado	lawyer	avocat	Rechtsanwaltnwältin	avvocato	advogado
actor	actor	acteur	Schauspieler	attore	actor (ator)
ama de casa	housewife	femme au foyer	Hausfrau	casalinga	dona de casa
analista	analyst	analyste	Analytiker	analista	analista
arquitecto	architect	architecte	Architekt	architetto	arquitecto (arquiteto)
arquitectura	architecture	architecture	Architektur	architettura	arquitectura (arquitetura)
bombero	fireman	pompier	Feuerwehrmann	pompiere	bombeiro
cantante	singer	chanteur	Sänger	cantante	cantor
carpintería	carpenter's workshop	charpenterie	Schreinerei	falegnameria	carpintaria
carpintero	carpenter	charpentier	Schreiner	falegname	carpinteiro
centralita	telephone switchboard	standard	Telefonzentrale	centralino	central telefónica (central telefônica)
comerciante	merchant	commerçant	Geschäftsmann	commerciante	comerciante
comercio	shop	commerce	Handel	commercio	comércio
comisaría	police station	commissariat	Kommissariat	commissariato	delegacia de polícia
componer	to compose	composer	komponieren	comporre	compor
construir	to construct, to build	construire	bauen	costruire	construir
contestar	to answer	répondre	antworten	rispondere	responder
cura	priest	curé	Priester, Pfarrer	prete	padre
defender	to defend	défendre	verteidigen	difendere	defender
dependiente	salesman, shop assistant	commis, vendeur	Verkäufer	commesso	dependente (vendedor)
despacho	office	bureau	Büro	ufficio	escritório
director	director	directeur	Direktor	direttore	director (diretor)
escenario	stage	scène	Bühne	scenario	cenário
escritor	writer	écrivain	Schriftsteller	scrittore	escritor
esculpir	to sculpt	sculpter	meißeln, schnitzen	scolpire	esculpir
escultura	sculpture	sculpture	Skulptur	scultura	escultura
estadio	stadium	stade	Stadium	stadio	estádio
estudio	study	étude	Studium	studio	estudo
farmacéutico	pharmacist	pharmacien	Apotheker	farmacista	farmacêutico
farmacia	pharmacy	pharmacie	Apotheke	farmacia	farmácia
fundar	to establish, to found	fonder	gründen, stützen	fondare	fundar
futbolista	footbal / soccer player	footballeur	Fußballspieler	calciatore	jogador de futebol
ganar	to win	gagner	gewinnen	guadagnare, vincere	ganhar
globo	globe, balloon	ballon	Luftballon	globo	balão (de gás)
guardia	guard	garde	Wache	guardia	guarda
hogar	home	foyer	Heim	focolare	lar
hospital	hospital	hôpital	Krankenhaus	ospedale	hospital
iglesia	church	église	Kirche	chiesa	igreja
ingresar	to join	entrer	eintreten	accedere, aderire	entrar para
instituto	secondary school	Lycée	Institut, Gymnasium	istituto	instituto
médico	doctor	médecin	Arzt, Ärztin	medico	médico
misa	mass	messe	Messe	messa	missa
morir	to die	mourir	sterben	morire	morrer
multa	fine	amende	Geldstrafe	multa	multa
músico	musician	musicien	Musiker	musicista	músico
nacer	to be born	naître	geboren werden	nascere	nascer
oficina	office	bureau	Büro	ufficio	escritório
panadería	bakery	boulangerie	Bäckerei	panetteria	padaria
panadero	baker	boulanger	Bäcker	panettiere	padeiro
parque	park	parc	Park	parco	parque
periodista	journalist	journaliste	Journalist	giornalista	jornalista
pescadero	fishmonger	poissonnier	Fischverkäufer	pescivendolo	peixeiro
policía	police	police	Polizei	polizia	polícia
poner	to put	mettre	legen	mettere	pôr
preparar	to prepare	préparer	vorbereiten	preparare	preparar
presentador	compere, presenter	présentateur	Ansager	presentatore	apresentador
presidente	president	président	Präsident	presidente	presidente
publicar	to publish	publier	veröffentlichen	pubblicare	publicar
redacción	newspaper office	rédaction d'un journal	Zeitungsredaktion	redazione del giornale	redacção do jornal (redação)
secretaría	secretary's office	secrétariat	Sekretariat	segreteria	secretaria
secretario	secretary	secrétaire	Sekretär	segretario	secretário

ESPAÑOL	INGLÉS	FRANCÉS	ALEMÁN	ITALIANO	PORTUGUÉS (BRASILEÑO)
telefonista	telephone operator	téléphoniste	Telefonist/in	telefonista	telefonista
tendero	shopkeeper	commerçant	Ladenbesitzer	bottegaio	comerciante
tener	to have	avoir	haben	avere	ter
terminar	to finish	terminer	beenden	finire	terminar
vender	to sell	vendre	verkaufen	vendere	vender

ámbito ❷

ESPAÑOL	INGLÉS	FRANCÉS	ALEMÁN	ITALIANO	PORTUGUÉS (BRASILEÑO)
axila	armpit	aisselle	Achselhöhle	ascella	axila
boca	mouth	bouche	Mund	bocca	boca
brazo	arm	bras	Arm	braccio	braço
cabeza	head	tête	Kopf	testa	cabeça
ceja	eyebrow	sourcil	Augenbraue	sopracciglio	sobrancelha
codo	elbow	coude	Ellenbogen	gomito	cotovelo
cortar	to cut	couper	schneiden	tagliare	cortar
cuerpo	body	corps	Körper	corpo	corpo
dedo	finger	doigt	Finger	dito	dedo
depilarse	to depilate, to wax	s'épiler	depilieren	depilarsi	costas
escondite	hiding place	cache(tte)	Versteck	nascondiglio	esconderijo
espalda	back	dos	Rücken	schiena	costas
hacerse la manicura	to do one's nails	se faire la manicure	sich maniküren lassen	farsi la manicura	fazer a manicura
hombro	shoulder	épaule	Schulter	spalla	ombro
jugar	to play	jouer	spielen	giocare	jogar
juguete	toy	jouet	Spielzeug	giocattolo	brinquedo
lima	file, nail	lime	Feile	lima	lixa de unha
limarse	to file (the nails)	se limer	sich feilen	limarsi	lixar
mano	hand	main	Hand	mano	mão
maquinilla (de afeitar)	razor	rasoir	Rasierapparat	rasoio	lâmina de barbear (gilete)
melena	long hair	cheveux longs	Mähne	capelli lunghi, zazzera	madeixa (cabelos)
muñeca	wrist	poignet	Handgelenk	polso	pulso
nariz	nose	nez	Nase	naso	nariz
ojo	eye	œil	Auge	occhio	olho
ombligo	navel	nombril	Bauchnabel	ombelico	umbigo
oreja	ear	oreille	Ohr	orecchia	orelha
pantorrilla	calf	mollet	Wade	polpaccio	barriga da perna (batata da perna)
pecho	breast, chest	poitrine	Brust	petto	peito
peinarse	to comb one's hair	se coiffer	sich kämmen	pettinarsi	pentear-se
peine	comb	peigne	Kamm	pettine	pente
pelo	hair	poil, cheveu	Haar	capelli	cabelos
pelota	ball	balle	Ball	palla	bola
pestaña	eyelash	cil	Wimper	ciglio	pestana (cílio)
pie	foot	pied	Fuß	piede	pé
pierna	leg	jambe	Bein	gamba	perna
pintalabios	lipstick	rouge à lèvres	Lippenstift	rossetto	baton
pintarse	to put on one's makeup	se maquiller	sich schminken	truccarsi	pintar-se
rizador	curler	fer à friser	Lockenstab	arricciacapelli	modelador de cabelo
rizarse (el pelo)	to curl one's hair	friser	Locken legen lassen	arricciarsi (i capelli)	encaracolar (os cabelos) (enrolar)
rodilla	knee	genou	Knie	ginocchio	joelho
secador	hair-dryer	sèche-cheveux	Haartrockner	asciugacapelli	secador
secarse (el pelo)	to dry one's hair	sécher	sich trocknen	asciugarsi (i capelli)	secar-se (secar)
tijeras	scissors	ciseaux	Schere	forbici	tesoura
tinte	dye	teinture	Farbstoff, Färbemittel	tintura	tintura (tinta de cabelo)
tobillo	ankle	cheville	Fußknöchel	caviglia	tornozelo
tronco	trunk	tronc	Rumpf	tronco	tronco
uña	nail	ongle	Nagel	unghia	unha

LECCIÓN 4 ámbito ❶

ESPAÑOL	INGLÉS	FRANCÉS	ALEMÁN	ITALIANO	PORTUGUÉS (BRASILEÑO)
anillo	ring	anneau	Ring	anello	anel
blusa	blouse	chemisier	Bluse	blusa	blusa
bolso	handbag	sac à main	Handtasche	borsa	saco (bolsa)
bota	boot	botte	Stiefel	stivale	bota
broche	brooch	agrafe, broche	Brosche	fermaglio	broche
cadena	chain	chaîne	Kette	catena	colar, corrente, cadeia
calcetín	sock	chaussette	Socke	calzino	meia
camiseta	T-shirt	t-shirt	T-Shirt	maglietta	camiseta
cazadora	jacket	blouson	Windjacke	giubbotto	casaco (jaqueta)
chándal	jogging suit, tracksuit	survêtement	Jogginganzug	tuta	fato-de-treino (roupa de jogging)
chaqueta	jacket	veste	Jacke	giacca	jaqueta (casaco)

ESPAÑOL	INGLÉS	FRANCÉS	ALEMÁN	ITALIANO	PORTUGUÉS (BRASILEÑO)
chaquetón	long jacket	veste longue	Winterjacke	giaccone	sobretudo
cinturón	belt	ceinturon, ceinture	Gürtel	cintura	cinto
colgante	necklace, pendant	pendentif	Anhänger	pendente	pingente
collar	necklace	collier	Kette	collana	colar
corbata	tie	cravate	Kravatte	cravatta	gravata
deportivas	tennis shoes, trainers	chaussures de sport	Turnschuhe	scarpette	ténis (tênis) (esportivas)
falda	skirt	jupe	Rock	gonna	saia
gabardina	raincoat	gabardine	Trenchcoat	impermeabile	gabardina
gafas	glasses	lunettes	Brille	occhiali	óculos
medias	stocking	bas	Strumpf	calze	meia
mocasín	moccasin	mocassin	Mokassin	mocassino	mocassina (mocassim)
mochila	backpack, knapsack	sac à dos	Rucksack	zaino	mochila
pantalón	pants, trousers	pantalon	Hose	pantalone	calça
pendiente	earring	boucle d'oreille	Ohrring	orecchino	brinco
pulsera	bracelet	bracelet	Armband	braccialetto	pulseira
sandalia	sandal	sandale	Sandale	sandalo	sandália
sortija	ring	bague	Fingerring	anello	anel
traje	suit	costume, tailleur	Anzug	abito	fato (terno)
vaqueros	jeans	blue-jeans	Jeans	blue-jeans	jeans (calça jeans)
zapatilla	slipper	pantoufle	Pantoffel	pantofola	chinelas (chinelos de casa)
zapato	shoe	chaussure	Schuh	scarpa	sapato

ámbito ❷

ESPAÑOL	INGLÉS	FRANCÉS	ALEMÁN	ITALIANO	PORTUGUÉS (BRASILEÑO)
aeropuerto	airport	aéroport	Flughafen	aeroporto	aeroporto
autobús	bus	autobus	Bus	autobus	autocarro (ônibus)
avión	airplane	avion	Flugzeug	aereo	avião
barca	small boat	barque	Boot	barca	barca
bicicleta	bicycle	bicyclette	Fahrrad	bicicletta	bicicleta
bote	boat	barque	Boot	barca	bote
buque	ship	navire	Schiff	nave	navio
camión	lorry, truck	camion	Lastwagen	camion	camião (caminhão)
coche	car	voiture	Wagen	macchina	automóvel (carro)
conducir	to drive	conduire	fahren	guidare	conduzir (dirigir)
conductor	driver	conducteur	Fahrer	conduttore, autista	condutor (motorista)
crucero	cruise	croisière	Kreuzfahrt	crociera	cruzeiro
descapotable	convertible	décapotable	Kabrio(-lett)	decappottabile	descapotável (conversível)
estancia	stay	séjour	Aufenthalt	soggiorno	estadia
excursión	excursion	excursion	Ausflug	escursione	excursão
gasolina	gas, petrol	essence	Benzin	benzina	gasolina
hacer autostop	to hitchhike	faire du stop	trampen	fare autostop	pedir boleia (pedir carona)
helicóptero	helicopter	hélicoptère	Hubschrauber	elicottero	helicóptero
llegada	arrival	arrivée	Ankunft	arrivo	chegada
perder el avión	to miss the plane	rater l'avion	den Flug verpassen	perdere l'aereo	perder o avião
ruta	route	route	Route	itinerario	itinerário
taxi	taxi	taxi	Taxi	taxi	táxi
tocar el claxon	to sound the horn	klaxonner	hupen	usare il claxon	buzinar
velero	sailing ship	voilier	Segelschiff	veliero	veleiro
viajar en avión	to travel by plane	voyager en avion	fliegen	viaggiare in aereo	viajar de avião
viaje de fin de curso	academic year's trip, end of term trip	voyage de fin d'année scolaire	Schulreise	viaggio di fine anno scolastico	excursão de final de ano
visitar	to visit	visiter	besuchen	visitare	visitar
vuelo	flight	vol	Flug	volo	voo (vôo)

LECCIÓN **5** ámbito ❶

ESPAÑOL	INGLÉS	FRANCÉS	ALEMÁN	ITALIANO	PORTUGUÉS (BRASILEÑO)
acostarse con	to sleep with	coucher avec	schlafen mit	andare a letto con	deitar-se com
adulterio	adultery	adultère	Ehebruch	adulterio	adultério
alianza	wedding ring	alliance	Ehering	fede	aliança
biografía	biography	biographie	Biographie	biografia	biografia
boda	wedding	mariage, noce	Hochzeit	nozze	casamento
ceremonia	ceremony	cérémonie	Zeremonie	cerimonia	cerimónia (cerimônia)
convertirse en	to become	devenir	sich bekehren	diventare	tornar-se
despedida de soltero	stag night/hen night	enterrer son célibat	Junggesellenabschied	addio al celibato	despedida de solteiro
divorciarse de	to divorce	divorcer de	sich scheiden lassen von	divorziare da	divorciar-se de
engañar	to cheat on, to deceive	tromper	betrügen	ingannare	enganar
enlace	marriage	mariage	Vermählung	matrimonio	enlace matrimonial
excéntrico	eccentric	excentrique	exzentrisch	eccentrico	excêntrico
famoso	famous	fameux	berühmt	famoso	famoso
fecha	date	date	Datum	data	data

ESPAÑOL	INGLÉS	FRANCÉS	ALEMÁN	ITALIANO	PORTUGUÉS (BRASILEÑO)
ganancia	gain	gain	Gewinn	guadagno	lucro, ganho
hacerse	to become	se faire	werden	farsi	tornar-se, ficar
líder	leader	leader	Anführer	leader	líder
llegar a ser	to become	devenir	werden	diventare	chegar a ser
morir	to die	mourir	sterben	morire	morrer
noviazgo	courtship	fiançailles	Verlobungszeit, Beziehung	fidanzamento	noivado
ponerse	to become, to get	se mettre	anziehen	diventare, farsi	pôr-se
portada	cover	couverture	Titelseite	copertina	capa
prensa rosa	gossip press	presse du coeur	Klatschpresse	stampa rosa	imprensa sensacionalista
prometido	fiancé	fiancé	Verlobter	fidanzato	noivo
romance	romance	romance	Romanze	romanzo	romance
volverse	to become	devenir	werden	diventare	tornar-se, ficar

ámbito ❷

ESPAÑOL	INGLÉS	FRANCÉS	ALEMÁN	ITALIANO	PORTUGUÉS (BRASILEÑO)
agresión	attack	agression	Angriff	aggressione	agressão
asalto	assault	assaut	Überfall	assalto	assalto
atacar	to attack	attaquer	angreifen	attaccare	atacar
atracador	attacker/mugger	malfaiteur	Räuber	rapinatore	assaltante
atracar	to hold up	voler, attaquer	überfallen	rapinare	assaltar
atraco	hold-up	agression pour voler	Überfall	rapina	assalto
autor	author	auteur	Autor	autore	autor
cadáver	corpse	cadavre	Leiche	cadavere	cadáver
coche de policía	police car	voiture de police	Polizeiauto	macchina della polizia	carro de polícia
cometer	to commit	commettre	begehen	commettere	cometer
comisario	commissary	commissaire	Kommissar	commissario	delegado de polícia
crónica periodística	news report	chronique de journal	Zeitungschronik	cronaca giornalistica	crónica jornalística
					crônica jornalística
culpable	guilty	coupable	schuldig	colpevole	culpado
declarar	to declare	déclarer	erklären	dichiarare	declarar
denunciar	to report	dénoncer, porter plainte	anzeigen	denunciare	denunciar
detective	detective	détective	Detektiv	detective	detective *(detetive)*
detener	to arrest	arrêter	festnehmen	arrestare	deter *(prender)*
inspeccionar	to examine	inspecter	untersuchen	ispezionare	inspeccionar *(inspecionar)*
noticia	news	nouvelle	Nachricht	notizia	notícia
ocurrir	to happen	survenir	geschehen	succedere	ocorrer
pista	clue	piste	Spur	pista	pista
robar	to rob, to steal	voler	rauben, ausrauben	rubare	roubar
robo	robbery	vol	Raub	furto	roubo
sospechoso	suspicious	suspect	verdächtig	sospettoso	suspeito
suceder	to happen	succéder	geschehen	succedere	acontecer
suceso	event, incident	fait divers	Ereignis	successo	acontecimento, fato
víctima	victim	victime	Opfer	vittima	vítima

LECCIÓN 6 ámbito ❶

ESPAÑOL	INGLÉS	FRANCÉS	ALEMÁN	ITALIANO	PORTUGUÉS (BRASILEÑO)
agua	water	eau	Wasser	acqua	água
basura	garbage, rubbish	ordures	Abfall	immondizia	lixo
cartón	cardboard	carton	Pappe	cartone	papelão
central nuclear	nuclear power station	centrale nucléaire	Atomkraftwerk	centrale nucleare	central núclear *(usina nuclear)*
contaminación	pollution	contamination, pollution	Verschmutzung	contaminazione, smog	poluição
contaminar	to pollute	contaminer, polluer	verschmutzen	inquinare	poluir
cristal	glass	cristal, verre	Glas	cristallo	vidro
ecología	ecology	écologie	Ökologie	ecologia	ecologia
ecologista	ecologist	écologiste	Umweltschützer	ecologista	ecologista
fábrica	factory	usine	Fabrik	fabbrica	fábrica
humo	smoke	fumée	Rauch	fumo	fumo *(fumaça)*
incendio	fire	incendie	Brand	incendio	incêndio
limpiar	to clean	nettoyer	putzen	pulire	limpar
manifestación	demonstration	manifestation	Demonstration	manifestazione	manifestação
medio ambiente	environment	environnement	Umwelt	l'ambiente	meio ambiente
ozono	ozone	ozone	Ozon	ozono	ozono *(ozônio)*
papel	paper	papier	Papier	carta	papel
planeta	planet	planète	Planet	pianeta	planeta
plástico	plastic	plastique	aus Plastik	plastica	plástico
reciclar	to recycle	recycler	wiederverwerten	riciclare	reciclar
repoblar	to repopulate	repeupler	wiederaufforsten	ripopolare	repovoar
residuo	waste	déchet	Abfall	residuo	resíduo
ruido	noise	bruit	Lärm	rumore	ruído *(barulho)*
sociedad	society	société	Gesellschaft	società	sociedade
suciedad	dirt	saleté	Schmutz	sporcizia	sujidade *(sujeira)*

ESPAÑOL	INGLÉS	FRANCÉS	ALEMÁN	ITALIANO	PORTUGUÉS (BRASILEÑO)
tierra	Earth	terre	Erde	terra	terra
tirar	to throw	jeter	(weg) werfen	buttare, gettare	deitar fora (jogar)
vidrio	glass	verre	Glas	vetro	vidro

ámbito ❷

ESPAÑOL	INGLÉS	FRANCÉS	ALEMÁN	ITALIANO	PORTUGUÉS (BRASILEÑO)
agencia	agency	agence	Agentur	agenzia	agência
billete	ticket	billet	Schein, Fahrkarte	biglietto	bilhete (passagem)
comer	to eat	manger	essen	mangiare	comer
estancia	room	chambre	Raum	stanza	estadia
gazpacho	gazpacho	gazpacho	Gazpacho	gazpacho	gazpacho
guía	guide	guide	(Fremden-)Führer	guida	guia
hotel	hotel	hôtel	Hotel	hotel, albergo	hotel
jamón serrano	cured Spanish ham	jambon serrano	luftgetrockneter Schinken	prosciutto crudo	presunto curado
maleta	suitcase	valise	Koffer	valigia	mala
montaña	mountain	montagne	Berg	montagna	montanha
monumento	monument	monument	Denkmal	monumento	monumento
museo	museum	musée	Museum	museo	museu
paella	paella	paella	Paella	paella	paelha
playa	beach	plage	Strand	spiaggia	praia
queso	cheese	fromage	Käse	formaggio	queijo
recuerdo	souvenir	souvenir	Souvenir	ricordo	recordação (lembrança)
restaurante	restaurant	restaurant	Restaurant	ristorante	restaurante
rural	rural	rural	ländlich	rurale	rural
tapas	tapas	tapas	kleine Häppchen	assaggini, tapas	petiscos (aperitivos)
tortilla de patatas	Spanish omelette	omelette aux pommes de terre	span. Kartoffelomelette	frittata di patate	tortilha de batatas
tren	train	train	Zug	treno	comboio (trem)
turismo	tourism	tourisme	Tourismus	turismo	turismo
turista	tourist	touriste	Tourist	turista	turista
vacaciones	holidays, vacation	vacances	Ferien	vacanze	férias
viaje	travel, trip	voyage	Reise	viaggio	viagem

LECCIÓN 7 ámbito ❶

ESPAÑOL	INGLÉS	FRANCÉS	ALEMÁN	ITALIANO	PORTUGUÉS (BRASILEÑO)
atletismo	athletics	athlétisme	Leichtathletik	atletismo	atletismo
bailarín	dancer	danseur	Tänzer	ballerino	bailarino
baile	dance	bal	Ball	ballo	baile
baloncesto	basketball	basket-ball	Basketball	pallacanestro	basquetebol
cabaré	cabaret	cabaret	Kabarett	cabaret	cabaret
canasta	basket	panier	Korb	canestro	cesta
cantante	singer	chanteur	Sänger	cantante	cantor
ciclismo	cycling	cyclisme	Radrennsport	ciclismo	ciclismo
cine	cinema	cinéma	Kino	cinema	cinema
concierto	concert	concert	Konzert	concerto	concerto (show)
dopaje	doping	dopage	Doping	doping	dopagem (doping)
entrada	ticket	billet	Eintrittskarte	biglietto	bilhete (ingresso)
espectáculo	show	spectacle	Schauspiel, Show	spettacolo	espectáculo (espetáculo)
esquí	ski	ski	Ski	sci	esqui
fútbol	football, soccer	football	Fußball	calcio	futebol
interpretar	to interpret	interpréter	deuten	interpretare	interpretar
maratón	marathon	marathon	Marathonlauf	maratona	maratona
motociclismo	motorcycling	motocyclisme	Motorradsport	motociclismo	motociclismo
musical	musical	musical	musikalisch	musicale	musical
natación	swimming	natation	Schwimmen	nuoto	natação
raqueta	racket	raquette	Tennisschläger	racchetta	raqueta (raquete)
reventa	resale	marché noir, revente	Schwarzmarkt	rivendita	revenda
taquilla	booking / ticket office	guichet	(Karten) Schalter	biglietteria	bilheteria
teatro	theatre	théâtre	Theater	teatro	teatro
tenis	tennis	tennis	Tennis	tennis	ténis (tênis)
voleibol	volleyball	volleyball	Volleyball	pallavolo	voleibol

ámbito ❷

ESPAÑOL	INGLÉS	FRANCÉS	ALEMÁN	ITALIANO	PORTUGUÉS (BRASILEÑO)
altavoz	loudspeaker	haut-parleur	Lautsprecher	altoparlante	alto-falante
bolero	bolero	boléro	Bolero	bolero	bolero
canción	song	chanson	Lied	canzone	canção (música)
cantar	to sing	chanter	singen	cantare	cantar
cantautor	singer-songwriter	auteur interprète	Liedermacher	cantautore	compositor
clásica	classical	classique	klassische	classica	clássica
comercial	commercial	commercial	kommerziell	commerciale	comercial

ESPAÑOL	INGLÉS	FRANCÉS	ALEMÁN	ITALIANO	PORTUGUÉS (BRASILEÑO)
compositor	composer	compositeur	Komponist	compositore	compositor
disco	disk	disque	Schallplatte	disco	disco
encantar	to charm	enchanter	bezaubern	piacere molto	adorar
flamenco	flamenco	flamenco	Flamenco	flamenco	flamengo
flauta	flute	flûte	Flöte	flauto	flauta
folclore	folklore	folklore	Folklore	folclore	folclore
género	genre	genre	Genre	genere	género (gênero)
grupo	group	groupe	Gruppe	gruppo	grupo
guitarra	guitar	guitare	Gitarre	chitarra	guitarra (violão)
gustar	to like	aimer	gefallen	piacere	gostar
mánager	manager	manager	Manager	manager	manager, representante
micrófono	microphone	microphone	Mikrophon	microfono	microfone
moderno	modern	moderne	modern	moderno	moderno
música	music	musique	Musik	musica	música
ópera	opera	opéra	Oper	opera	ópera
recital	recital	récital	(Solo) Konzert	recital	recital
rock	rock	rock	Rock	rock	rock
rumba	rumba	rumba	Rumba	rumba	rumba
salsa (baile)	salsa	salsa	Salsa	salsa	salsa
sonar	to sound	sonner	klingen	suonare	soar
tango	tango	tango	Tango	tango	tango
tocar (instrumento)	to play (music)	jouer (musique)	spielen	suonare (strumento)	toca

LECCIÓN 8 ámbito ❶

artículos de tocador	toiletries	objets de toilette	Frisierartikel	articoli di toilette	artigos de toucador
aspirina	aspirin	aspirine	Aspirin	aspirina	aspirina
banco	bank	banque	Bank	banca	banco
botella de agua mineral	bottle of mineral water	bouteille d'eau minérale	Flasche Mineralwasser	bottiglia d'acqua minerale	garrafa de água mineral
botones	bellboy, porter	groom	Laufbursche	fattorino	mensageiro de hotel
boutique	boutique	boutique	Boutique	boutique	butique
caja de leche	milk carton	brick de lait	Milchtüte, Milchpackung	scatola di latte	caixa de leite
camisa	shirt	chemise	Hemd	camicia	camisa
centro comercial	shopping centre, shopping mall	centre commercial	Einkaufszentrum	centro commerciale	centro comercial (shopping center)
Documento Nacional de Identidad (DNI)	ID card	carte nationale d'identité	Personalausweis	Carta d'Identità	Bilhete de Identidade (Carteira de Identidade)
grandes almacenes	department store	grands magasins	Kaufhaus	grandi magazzini	grandes armazéns (loja de departamentos)
habitación doble	double room	chambre double	Doppelzimmer	camera doppia	quarto duplo
habitación simple	single room	chambre simple	Einzelzimmer	camera singola	quarto individual
langostino	prawn	grosse crevette	Garnele, Langustine	gambero	lagostim
llave	key	clef	Schlüssel	chiave	chave
media pensión	half-board	demi-pension	Halbpension	mezza pensione	meia pensão
mercería	haberdashery	mercerie	Kurzwarenhandlung	merceria	retrosaria
oficina de Correos	post-office	bureau de poste	Postamt	ufficio postale	posto dos correios (agência de correios)
pañuelos de papel	paper tissues	mouchoir en papier	Papiertaschentücher	fazzoletti di carta	lenços de papel
parador	inn	auberge	staatliches Hotel	locanda	parador espanhol (estalagem)
pasaporte	passport	passeport	Reisepass	passaporto	passaporte
periódico	newspaper	journal	Zeitung	giornale	jornal
quiosco de prensa	newspaper stand	kiosque à journaux	Zeitungskiosk	edicola	banca de jornal
recepción	reception	réception	Empfang	accettazione	recepção
renovar	to renew	renouveler	erneuern	rinnovare	renovar
reserva	reservation	réservation	Reservierung	riserva	reserva
revista	magazine	revue, magazine	Zeitschrift	rivista	revista
salir de compras	to go shopping	faire les courses	einkaufen gehen	uscire a fare spese	sair para fazer compras
sello	stamp	timbre	Briefmarke	francobollo	selo
servicio	restroom toilet	toilettes	Toilette	servizio	serviço
supermercado	supermarket	supermarché	Supermarkt	supermercato	supermercado
teléfono público	public telephone	téléphone public	öffentlicher Fernsprecher	telefono pubblico	telefone público

ámbito ❷

aconsejar	to advise	conseiller	beraten	consigliare	aconselhar
administrativo	administrative officer	administratif	Verwaltungsangestellte	amministrativo	administrativo
anuncio	announcement	annonce	Bekanntmachung, Anzeige	annuncio	anúncio

ESPAÑOL	INGLÉS	FRANCÉS	ALEMÁN	ITALIANO	PORTUGUÉS (BRASILEÑO)
contable	accountant	comptable	Buchhalter	ragioniere	contabilista (contador)
contrato fijo	full-time contract	contrat à durée indéterminée	fester Arbeitsvertrag	contratto indefinito	contrato efectivo (contrato efetivo)
contrato temporal	temporary contract	contrat temporaire	Zeitarbeitsvertrag	contratto a termine	contrato temporário
currículum	currículo vitae	curriculum vitae	Lebenslauf	curriculum	curriculum
Empresa de Trabajo Temporal (ETT)	temporary work agency	agence d'emploi temporaire	Zeitarbeitsfirma	Agenzia di Lavoro Temporale	emp. de trabalho temporário
entrevista	interview	entretien	Besprechung	intervista, riunione	entrevista
experiencia	experience	expérience	Erfahrung	esperienza	experiência
fontanero	plumber	plombier	Klempner	idraulico	canalizador (encanador)
horario de trabajo	working hours	horaire de travail	Arbeitszeiten	orario di lavoro	horário de trabalho (expediente de trabalho)
idioma	language	langue	Sprache	lingua	idioma
informática	computer science	informatique	Informatik	informatica	informática
instancia	request	requête, sollicitation	Antrag, Gesuch	istanza	instância (requerimento)
Instituto Nacional de Empleo (INEM)	National Labour Institute	Agence Nationale Pour l'Emploi (ANPE)	Bundesanstalt für Arbeit	Instituto Nazionale del Lavoro	Instituto Nacional do Emprego (Instituto Nacional de Emprego)
intérprete	interpreter	interprète	Dolmetscher	interprete	intérprete
licenciado	graduated	licencié	mit einem abgeschlossenen Studium	laureato	licenciado (formado)
oposición	civil service exam, competitive examination	concours administratif	Auswahlprüfung für den öffentlichen Dienst	concorso	concurso
ordenador	computer	ordinateur	Computer	computer	computador
perfil	profile	profil	Profil	profilo	perfil
plantilla	staff	personnel	Belegschaft	organico	quadro de pessoal
recomendar	to recommend	recommander	empfehlen	raccomandare	recomendar
requisito	requirement	condition requise	Erfordernis	requisito	requisito
sugerir	to suggest	suggérer	vorschlagen	suggerire	sugerir

LECCIÓN 9 ámbito ❶

dormitorio	bedroom	chambre à coucher	Schlafzimmer	alcova, camera da letto	alcova (quarto)
aparador	sideboard	buffet	Anrichte	cassettone	aparador
apartamento	apartment	appartement	Appartement	appartamento	apartamento
baño	bath	bain	Bad	bagno	banho
bidé	bidet	bidet	Bidet	bidè	bidé (bidê)
buhardilla	garret, loft	mansarde	Dachboden, (Dachgeschoss)	mansarda	água-furtada
butaca	armchair	fauteuil	Lehnstuhl	poltrona	poltrona
cenicero	ashtray	cendrier	Aschenbecher	portacenere	cinzeiro
chalé	chalet, cottage, house	chalet, villa	Villa	villa	chalé (casa)
chimenea	chimney	cheminée	Schornstein	caminetto	chaminé
cocina	kitchen	cuisine	Küche	cucina	cozinha
comedor	dining room	salle à manger	Esszimmer	sala da pranzo	sala de jantar
cómoda	commode, chest of drawers	commode	Kommode	comò	cómoda
pasillo	corridor	couloir	Gang	corridoio	corredor
cortina	curtain	rideau	Vorhang	tenda	cortina
cuadro	picture	tableau	Gemälde	quadro	quadro
cuarto de estar	living room	salle de séjour	Wohnzimmer	soggiorno	sala de estar
decorar	to decorate	décorer	schmücken	decorare	decorar
desván	loft, garret	grenier	(Dach-)Boden	soffitta	desvão
dormitorio	bedroom	chambre à coucher	Schlafzimmer	camera da letto	dormitório
entrada	hall, entrance	entrée	Eingang	entrata	entrada
equipo de música	hi-fi	chaîne hi-fi	Musikanlage	stereo	aparelhagem de som (aparelho de som)
escurreplatos	plate rack	égouttoir	Geschirrständer	scolapiatti	escorre-pratos (escorredor de pratos)
espejo	mirror	miroir	Spiegel	specchio	espelho
estor	roller blind	store	Stor	paravento, estore	estore
fastidiar	to annoy, to bother	ennuyer	belästigen	infastidire	aborrecer (chatear)
flexo	adjustable table lamp	lampe de table	Tischlampe	lampada di tavola	lâmpada de mesa
florero	vase	vase à fleurs	Blumenvase	vaso da fiori	jarra de flores
fobia	phobia	phobie	Phobie	fobia	fobia
galán	clothes hanger	valet de nuit	Kleiderständer	appendiabiti	cabide de pé
habitación	room	chambre	Zimmer	stanza, camera	quarto
hall	hall	hall	(Eingangs) Halle	hall	vestíbulo (hall)
horno	oven	four	Backofen	forno	forno
inodoro	water-closet	water closet	Wasserklosett	gabinetto	sanita (vaso sanitário)
lámpara	lamp	lampe	Lampe	lampada	lâmpada
litera	bunk bed	lit superposé	Etagenbett	cuccetta	liteira (beliche)

ESPAÑOL	INGLÉS	FRANCÉS	ALEMÁN	ITALIANO	PORTUGUÉS (BRASILEÑO)
marco	frame	cadre	Rahmen	cornice	moldura
mesa	table	table	Tisch	tavola	mesa
mesilla	bedside table	table de nuit	Nachttisch	tavolino	mesinha-de-cabeceira (mesa de cabeceira)
nevera	refrigerator	réfrigérateur	Kühlschrank	frigorifero	frigorífico (geladeira)
odiar	to hate	haïr	hassen	odiare	odiar
pasamanos	handrail	rampe	Treppengeländer	corrimano	corrimão
pasillo	corridor	couloir	Flur	corridoio	corredor
patio	yard	cour	(Innen) Hof	cortile	pátio
percha	clothes hanger	cintre	Kleiderbügel	gruccia	cabide
piso	floor, flat	étage, appartement	Stockwerk, Wohnung	piano, appartamento	andar, piso
ratón	mouse	souris	Maus	mouse	mouse
rellano	landing	palier	Treppenabsatz	pianerottolo	patamar de escada
revistero	magazine rack	porte-revues	Zeitungsständer	portariviste	porta-revistas
sala	(living) room	salle	Raum, Saal	sala	sala
salón	living room, sitting room	salon	Wohnzimmer	salone	sala de estar
sillón	armchair	fauteuil	Sessel	poltrona	poltrona
sofá	couch, sofa	sofa	Sofa	divano	sofá
teja	roof tile	tuile	Dachziegel	tegola	telha
terraza	balcony, terrace	terrasse	Terrasse	terrazza	terraço
toallero	towel rack	porte-serviettes	Handtuchhalter	portasciugamano	toalheiro
visillo	small curtain	brise-bise	Gardine	tendina	cortina (fina, de renda)
vitrocerámica	vitroceramic	vitrocéramique	Glaskeramik	vetroceramica	vitrocerâmica

ámbito ❷

ESPAÑOL	INGLÉS	FRANCÉS	ALEMÁN	ITALIANO	PORTUGUÉS (BRASILEÑO)
acera	pavement	trottoir	Bürgersteig	marciapiede	passeio (calçada)
acueducto	aqueduct	aqueduc	Aquädukt	acquedotto	aqueduto
ayuntamiento	city council	mairie	Gemeindeverwaltung, Rathaus	comune	câmara municipal (prefeitura)
barrio	neighbourhood, district	quartier	Stadtviertel	quartiere	bairro
bocacalle	entrance to a street	entrée d'une rue	Straßeneinmündung, Seitenstraße	imbocco di una strada	embocadura (entrada ou boca de uma rua)
buzón	mailbox	boîte aux lettres	Briefkasten	buca delle lettere	caixa de correio
cajero automático	ATM, cashpoint	distributeur automatique	Bankautomat	bancomat	caixa automático (caixa eletrônico)
calle	street	rue	Straße	via	rua
catedral	cathedral	cathédrale	Kathedrale	cattedrale	catedral
cruce	crossing	croisement	Kreuzung	incrocio	cruzamento
esquina	corner	angle, coin	Ecke	angolo	esquina
farola	streetlamp	lampadaire	Straßenlaterne	fanale	poste de luz
glorieta	roundabout	rond-point	Kreisverkehr	rotonda	rotunda
jardín	garden, yard	jardin	Garten	giardino	jardim
papelera	wastepaper basket	corbeille à papiers	Papierkorb	cestino	papeleira (cesto do lixo)
parque	park	parc	Park	parco	parque
paso de peatones	crosswalk, pedestrian crossing	passage clouté	Fußgängerüberweg	passaggio pedonale	faixa para peões (faixa de pedestres)
plaza	square	place	Platz	piazza	praça
puente	bridge	pont	Brücke	ponte	ponte
quiosco	kiosk, newsstand	kiosque	Kiosk	edicola	quiosque
rezar	to pray	prier	beten	pregare	rezar
rotonda	roundabout	rond-point	Kreisverkehr	rotonda	rotunda (rótula)
semáforo	traffic lights	feu de signalisation	Ampel	semaforo	semáforo
señal (de tráfico)	(traffic) signal	panneau de signalisation	Verkehrszeichen	segnale (di fraffico)	placa de trânsito

LECCIÓN 10 ámbito ❶

ESPAÑOL	INGLÉS	FRANCÉS	ALEMÁN	ITALIANO	PORTUGUÉS (BRASILEÑO)
anunciar	to announce	annoncer	bekanntmachen, werben	annunciare	anunciar
anuncio (publicitario)	advertisement	publicité	Anzeige	spot (pubblicitario)	anúncio (publicitário)
artículo	article	article	Artikel	articolo	artigo
carta	letter	lettre	Brief	lettera	carta
censura	censorship	censure	Zensur	censura	censura
censurar	to censure	censurer	zensieren	censurare	censurar
comentar	to comment on	commenter	besprechen	commentare	comentar
comunicar	to communicate	communiquer	mitteilen	comunicare	comunicar
correo certificado	registered mail	pli recommandé	Einschreiben, Einschreibebrief	posta raccomandata	correio registrado
correo electrónico	e-mail	courrier électronique, email	Email	E-mail	E-mail
correo normal	ordinary mail	courrier normal	normale Post	posta normale	correio normal
correo urgente	express mail	courrier exprès	Eilpost	posta urgente	correio urgente
corresponsal	correspondent	correspondant	Korrespondent	corrispondente	correspondente
cotilleo	gossip	commérage	Tratsch, Klatsch	pettegolezzo	mexerico (fofoca)

ESPAÑOL	INGLÉS	FRANCÉS	ALEMÁN	ITALIANO	PORTUGUÉS (BRASILEÑO)
decir	to say	dire	sagen	dire	dizer
diario cultural	cultural magazine	journal culturel	Kulturzeitung	rivista culturale	jornal cultural (diário cultural)
difundir	to spread	divulguer	verbreiten	diffondere	divulgar
dirección de correo electrónico	e-mail address	adresse électronique	Email-Adresse	indirizzo elettronico	endereço electrónico (e-mail)
escándalo	scandal	scandale	Skandal	scandalo	escândalo
exclusiva	scoop	exclusivité	Exklusivbericht	esclusiva	entrevista exclusiva
fax	fax	fax	Fax	fax	fax
información	information	information	Information	informazione	informação
lector	reader	lecteur	Lektor	lettore	leitor
libertad de prensa	freedom of the press	liberté de presse	Pressefreiheit	libertà di stampa	liberdade de imprensa
medio(s) de comunicación	the media	média(s)	Medien	mezzo di comunicazione	meio de comunicação
medio de información	news agency	média	Nachrichtenmedien	mezzo d'informazione	meio de informação
mensaje	message	message	Nachricht	messaggio	mensagem
mensajero	messenger	messager, coursier	Bote, Kurier	messaggero	mensageiro
nota (de prensa)	press note	communiqué (de presse)	(Presse-) Nachricht	nota (di stampa)	comunicação (de imprensa) (nota)
paquete	packet	paquet	Paket	pacco	pacote
postal	postcard	carte postale	Postkarte	cartolina	cartão-postal
prensa	press	presse	Presse	stampa	imprensa
presentar	to present	présenter	präsentieren	presentare	apresentar
programa de radio	radio programme	programme de radio	Radioprogramm	programma radiofonico	programa de rádio
programa de televisión	television programme	programme de télévision	Fernsehprogramm	programma di televisione	programa de televisão
publicar	to publish	publier	veröffentlichen	pubblicare	publicar
publicidad	advertising	publicité	Werbung	pubblicità	publicidade
radio	radio	radio	Radio	radio	rádio
recado	message	commission	Nachricht	messaggio	recado
reportaje	report	reportage	Reportage	cronaca	reportagem
reportero	reporter	reporter	Reporter	reporter	repórter
revista	magazine	revue	Zeitschrift	rivista	revista
revista del corazón	gossip magazine	presse du coeur	Klatschzeitschrift	rivista rosa	revista de fofocas
telediario	television news bulletin	journal télévisé	Tagesnachrichten	telegiornale	telejornal
telegrama	telegram	télégramme	Telegramm	telegramma	telegrama
teletipo	teletype	télétype	Fernschreiber	telescrivente	telétipo teletipo
televisión	television	télévision	Fernsehen	televisione	televisão
titular	headline	manchette, gros titre	Schlagzeile	titolo di testa	manchete